学界翘楚虔心推荐

我国的土地增值税问题既需要从理论上进行规律寻找性研究，也需要从实务上进行操作有效性研究。本书以土地增值税运行实务为基调，通过各地有关实际情况的比较，在提炼并理清我国土地增值税有效的实操脉络方面做了很有意义的探索。这是一本值得从事有关房地产经营管理、土地增值税实务工作者一读的业务书籍，对有关理论研究工作者而言，也是一本有参考价值的专业书籍。

中南财经政法大学房地产研究所所长、博导　张东

土地增值税
清算实务指南

刘熠　编著

图书在版编目(CIP)数据

土地增值税清算实务指南/刘熠编著. —上海:立信会计出版社,2018.6

ISBN 978-7-5429-5811-2

Ⅰ.①土… Ⅱ.①刘… Ⅲ.①土地增值税—税收管理—中国—指南 Ⅳ.①F812.424-62

中国版本图书馆 CIP 数据核字(2018)第 120366 号

策划编辑　王斯龙
责任编辑　王斯龙　杨帆
封面设计　南房间

土地增值税清算实务指南

出版发行	立信会计出版社		
地　　址	上海市中山西路 2230 号	邮政编码	200235
电　　话	(021)64411389	传　　真	(021)64411325
网　　址	www.lixinaph.com	电子邮箱	lxaph@sh163.net
网上书店	www.shlx.net	电　　话	(021)64411071
经　　销	各地新华书店		
印　　刷	深圳市雅佳图印刷有限公司		
开　　本	787 毫米×1092 毫米	1/16	
印　　张	19	插　　页	1
字　　数	377 千字		
版　　次	2018 年 6 月第 1 版		
印　　次	2018 年 6 月第 1 次		
印　　数	1—5000		
书　　号	ISBN 978-7-5429-5811-2/F		
定　　价	79.00 元		

如有印订差错,请与本社联系调换

序　言

编者长期从事土地增值税相关工作，在改革开放的前沿阵地、一个有创新型政府和有拼搏精神企业聚集的城市——深圳，遇到很多在房地产税收方面难以解决的问题，这些问题需要深度掌握税法和税种的本源，需要在不违背现有政策的基础上寻求突破，也有一些问题是常年无法解决的。从事税收工作的人一般是站在两个维度思考，一个是企业维度，另一个是税务机关维度。做好税收工作，有时需站在税收政策制定者的维度。不同的税种有不同的“圈”，只能在“圈”内操作。不明确的地方，也可能需要借助其他税种的“圈”。中央出台的土地增值税有效、有用文件不足30个，难以解决高速发展的房地产行业下的所有问题。站在巨人的肩上可以看得更远，编者不断学习其他兄弟省市的做法，搜集了不同地区土地增值税相关文件，深入理解并编辑成册。

本书搜集了截至2018年5月31日全国37个地区有效的土地增值税文件240个，通过整理、加工、提炼，将各地政策执行情况展现出来。本书包含十三章，第一、第二章主要对相关名词进行解释，第三至第九章按照土地增值税管理的流程，全面梳理项目登记、预征申报、清算受理、清算审核、扣除项目、清算申报、清算后转让房地产七个环节的实务操作难点，第十至第十二章聚焦旧房转让、核定征收以及其他相关问题，第十三章整理了常见的100个土地增值税疑难问题进行解答，附录一汇编全国240个土地增值税文件目录以供大家学习和查询。

本书有以下几个特点：**一是单税种全地区覆盖。**涵盖了各地99%以上发文公布的土地增值税文件。**二是提炼问题全面深入。**将不同地区对相同事项的做法异同进行汇总，以法条为依据进行解释，并对各地做法总结提炼。**三是重点内容精华解析。**整理了房地产开发全流程131类疑难问题，并明确

以各地政策口径进行解析。**四是疑难问题重点答疑。**整理了100个常见疑难问题进行精炼解答，集中解决纳税人对土地增值税政策理解的痛点、堵点。这是一本可以让您成为土地增值税专家的经典教材。

本书是编者多年实践经验的积累和总结，各地土地增值税朋友们给予编者在政策来源和政策理解等多方面的指导和帮助，编者在此表示衷心的感谢！特别感谢国家税务总局财产行为税司二处的领导和同志们对编者工作的巨大帮助和支持。感谢编者所在单位领导及同事们对编者思路的启发。同时，衷心感谢立信税务师事务所有限公司深圳分所税务合伙人芦德玲老师在房地产税收实操方面的指导和帮助。

由于编者精力、水平有限，书中纰漏之处在所难免，恳请广大读者批评指正。

刘　熠

2018年6月

目　录

第一章
房地产相关基本概念

1. 什么是经济适用房或保障性住房

政策解读

全国大部分地区对保障性住房或经济适用房采取不预征土地增值税的规定，主要源于："当地税务机关规定不预征土地增值税的，也应在取得收入时先到税务机关登记或备案"（财税字〔1995〕48 号）以及"除保障性住房外，东部地区省份预征率不得低于 2%，中部和东北地区省份不得低于 1.5%，西部地区省份不得低于 1%……"（国税发〔2010〕53 号）的规定。当前，各地具有保障性质的住房多种多样，例如：安居房、人才保障房、政府公租房等。因此，掌握土地增值税旦对"保障性住房"的定义很重要。国家税务总局文件未有相关规定，所以，部分地区出台了土地增值税中关于保障性住房的解释。

各地政策

河南规定，经济适用房是经政府批准建设的具有保障性质的普通标准住宅。（河南省地方税务局公告 2011 年第 10 号，第二条）

内蒙古规定，经济适用住房是指由政府指定的房地产开发公司开发、按照当地政府部门规定的建筑标准建造、建成后的商品房实行国家定价或限价、为解决住房困难户住房困难、由政府指定销售对象的住宅。经济适用住房须由房地产开发公司凭有关文件，经当地主管部门税务部门审核后确认。（内地税字〔2005〕116 号，第四条）

云南规定，经济适用住房，是指政府提供政策优惠，限定建设标准、供应对象和销售价格，具有保障性质的政策性商品住房。（云南省地方税务局公告 2010 年第 3 号，第二条）

海南规定，保障性住房须经政府相关部门批准性文件认定（不含限价商品住房，详见：琼地税函〔2014〕589 号）。（海南省地方税务局公告 2014 年第 21 号，第一条）

黑龙江规定，保障性住房包括符合规定条件的经济适用住房、公租房以及城市棚户区、国有工矿（含煤矿）棚户区、国有林区棚户区和国有林场危旧房、国有垦区危房等改造安置住房。（黑龙江省地方税务局公告 2016 年第 1 号，第九条）

吉林规定，经济适用住房、限价商品房等保障性住房，凭发展和改革部门立项、各级政府审批备案的相关材料进行认定。（吉地税发〔2010〕184 号，第二条）

北京规定，保障性住房是指各级人民政府或者指定经营单位回购的廉租住房、公共租赁住房，以及按照政策规定向特定对象销售的经济适用住房、限价商品房（含比照经济适用住房、限价商品房管理）等具有保障性质的各类住房。（北京市地方税务局 北京市住房和城乡建设委员会公告 2013 年第 3 号，第一条）

山西规定，经济适用住房，经政府计划主管部门批准。（山西省地方税务局公告 2012 年第 3 号，第八条）

甘肃规定，经济适用住房，是指由政府提供政策优惠，限定建设标准、供应对象和销售价格，具有保障性质的政策性商品住房。（甘地税函发〔2006〕206 号，第六条）

安徽规定，保障性住房，包括廉租住房、经济适用住房、公共租赁住房、限价商品住房、棚户区改造安置住房等。（皖地税〔2010〕38 号，第一条）

2. 什么是土地增值税的“竣工”

政策解读

是否“竣工”影响房地产项目是否达到应清算条件或者可清算条件，主要源于：应清算条件有一种情况是“房地产开发项目全部竣工、完成销售的”以及可清算条件有一种情况是“已竣工验收的房地产开发项目，销售比例在 85%以上的……”（国税发〔2006〕187 号）。如果房地产项目未竣工，则达不到土地增值税清算条件。但总局文件对“竣工”未有明确定义，各地出台的“竣工”标准：一种是要求实际已竣工，并取得《建筑工程竣工验收备案书》；另一种是与企业所得税“完工”概念保持一致（国税发〔2009〕31 号）。从条文来看，“完工”包含了“竣工”，这使税务机关启动清算掌握了更多的主动权。

各地政策

北京规定，竣工是指除土地开发外，纳税人建造、开发的房地产开发项目，符合下列条件之一的，属于“已竣工验收”：(1)房地产开发项目竣工证明材料已报房地产管理部门备案。(2)房地产开发项目已开始投入使用。开发项目无论工程质量是否通过验收合格，或是否办理竣工（完工）备案手续以及会计决算手续，当纳税人开始办理开发项目交付手续（包括入住手续）、或已开始实际投入使用时，为开发项目开始投入使用。

(3)房地产开发项目已取得了初始产权证明。(北京市地方税务局公告 2016 年第 7 号,第十四条)

广州规定,房地产开发项目符合下列条件之一的,应视为已竣工验收:(1)开发产品竣工证明材料已报政府有关部门备案。(2)开发产品已取得初始产权登记证明。(穗地税函〔2012〕198 号,第二条)

青岛规定,"全部竣工""已竣工验收"是指房地产开发项目符合下列条件之一的情形:(1)开发产品竣工证明材料已报房地产管理部门备案;(2)开发产品已开始投入使用(包括交付购买方);(3)开发产品已取得了初始产权证明。(青岛市地方税务局公告 2016 年第 1 号,第二十七条,已废止;青岛市地方税务局公告 2018 年第 4 号)

天津规定,"全部竣工"和"已竣工验收"是指除土地开发外,房地产开发项目已取得《天津市建设工程竣工验收备案书》。(天津市地方税务局公告 2016 年第 24 号,第九条)

"竣工验收"时点的认定、以政府建设部门核发的《天津市建设工程竣工验收备案书》的日期为准。(津地税地〔2011〕24 号,第一条)

贵州规定,"已竣工验收"是指符合下列条件之一的房地产开发项目:(1)开发产品竣工证明材料已报房地产管理部门备案。(2)开发产品已开始投入使用。(3)开发产品已取得初始产权证明。(贵州省地方税务局公告 2016 年第 13 号,第二十条)

宁波规定,"房地产开发项目全部竣工、完成销售的"是指所有开发产品经有关部门竣工验收、全部销售并收讫营业收入款项或者已开具索取营业收入款项凭据的项目。对开发产品虽未销售但已发生自用、出租、出借等情形,在统计口径上视同已完成销售,但对未发生产权转移的不征收土地增值税。(甬地税二〔2009〕104 号,第一条)

安徽规定,竣工是指除土地开发外,其房地产开发项目符合下列条件之一:(1)房地产开发项目竣工证明材料已报房地产管理部门备案;(2)房地产开发项目已开始交付购买方;(3)房地产开发项目已取得了初始产权证明。(安徽省地方税务局公告 2017 年第 6 号,第十九条)

辽宁规定,根据辽宁省房屋建筑工程竣工验收备案的有关规定,以工程验收部门核发《辽宁省房屋建筑工程竣工验收备案书》之日,作为土地增值税清算项目竣工的时限。(辽地税发〔2007〕102 号,第五条)

山东规定,"全部竣工""已竣工验收"是指房地产开发项目符合下列条件之一的情形:(1)开发产品竣工证明材料已报房地产管理部门备案;(2)开发产品已开始投入使用;(3)开发产品已取得了初始产权证明。(山东省地方税务局公告 2017 年第 5 号,第二十三条)

厦门规定,竣工是指除土地开发外,其开发产品符合下列条件之一:(1)开发产品竣工证明材料已报房地产管理部门备案;(2)开发产品已开始交付购买方;(3)开发产品已取得了初始产权证明。(厦门市地方税务局公告〔2016〕7 号,第十五条)

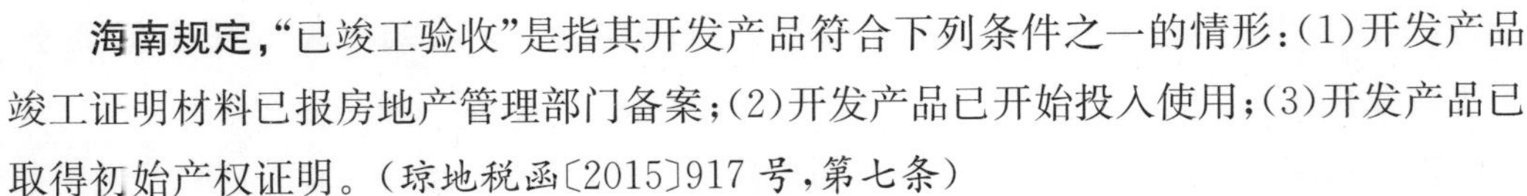

海南规定，“已竣工验收”是指其开发产品符合下列条件之一的情形：(1)开发产品竣工证明材料已报房地产管理部门备案；(2)开发产品已开始投入使用；(3)开发产品已取得初始产权证明。(琼地税函〔2015〕917 号，第七条)

湖北规定，“已竣工验收”是指其开发产品符合下列条件之一的情形：(1)开发产品竣工证明材料已报房地产管理部门备案；(2)开发产品已开始交付购买方；(3)开发产品已取得初始产权证明。(鄂地税发〔2013〕44 号，第二条)

3. 土地增值税的金融机构和金融机构证明

政策解读

土地增值税清算扣除利息费用时，需要用到“金融机构”的概念，主要源于：“财务费用中的利息支出，凡能够按转让房地产项目计算分摊并提供金融机构证明的，允许据实扣除，但最高不能超过按商业银行同类同期贷款利率计算的金额。”(财法字〔1995〕6 号)提供“金融机构证明”是扣除利息费用的依据之一。

总局文件未对“金融机构”进行明确定义，中国人民银行对金融机构进行了定义，部分税务机关也发文明确了土地增值税中金融机构的含义。

此外，金融机构证明并不一定是指金融机构的贷款合同或利息证明。金融机构中的银行有一种业务叫委托贷款业务，不属于银行的贷款业务，但可以提供利息证明。业界对委托贷款支付的利息能否扣除，一直有争议，天津曾经出台相关文件规定：“通过银行取得委托贷款的，允许据实扣除，但最高不能超过按商业银行同类同期贷款利率计算的金额”(天津市地方税务公告 2015 年第 9 号，已作废)。笔者认为：委托贷款利息难以扣除虽然不太合理，但文件是有出处的。国税函〔2010〕220 号提到了：“房地产开发企业既向金融机构借款，又有其他借款的，其房地产开发费用计算扣除时不能同时适用本条(一)、(二)项所述两种办法。”该法条所指“向金融机构借款”可以理解为金融机构的法定贷款业务。

《中国人民银行关于印发〈金融机构管理规定〉的通知》(银发〔1994〕198 号)附件总则第三条规定：

“第三条　本规定所称金融机构是指下列在境内依法定程序设立、经营金融业务的机构：

(一)政策性银行、商业银行及其分支机构、合作银行、城市或农村信用合作社、城市或农村信用合作社联合社及邮政储蓄网点；

(二)保险公司及其分支机构、保险经纪人公司、保险代理人公司；

(三)证券公司及其分支机构、证券交易中心、投资基金管理公司、证券登记公司；

（四）信托投资公司、财务公司和金融租赁公司及其分支机构，融资公司、融资中心、金融期货公司、信用担保公司、典当行、信用卡公司；

（五）中国人民银行认定的其他从事金融业务的机构。”

各地政策

广州规定，金融机构应持有中国银行业监督管理委员会发放的允许进行金融贷款业务许可证。（穗地税函〔2012〕198号，第十一条）

安徽规定，金融机构是指有关部门按照规定许可进行金融贷款业务的金融单位。（安徽省地方税务局公告2017年第6号，第四十四条）

厦门规定，金融机构是指取得中国银行业监督管理委员会发放的允许进行金融贷款业务许可证的金融单位。（厦门市地方税务局公告〔2016〕7号，第四十一条）

青岛规定，房地产开发企业向金融机构贷款使用的借据（借款合同）、利息结算单据等，视同金融机构证明。（青岛市地方税务局公告2018年第4号，第六条）

4. 什么是“房地产开发企业”和“从事房地产开发”

政策解读

“对从事房地产开发的纳税人可按规定计算的金额之和，加计20%的扣除。”（财法字〔1995〕6号）

“凡所投资、联营的企业从事房地产开发的，或者房地产开发企业以其建造的商品房进行投资和联营的，均不适用暂免征收土地增值税的规定。”（财税〔2006〕21号）

上述文件提到从事房地产开发的纳税人可以加计扣除，并未说从事房地产开发的房地产开发企业可以加计扣除，是否可以理解为：自建房销售的也可以加计扣除？因为自建房也是从事房地产开发，所以，笔者认为“房地产开发企业”与“从事房地产开发”不应简单的画等号。这一推论从财税〔2006〕21号也可以得到佐证。

各地政策

大连规定，从事房地产开发的纳税人是指从工商部门领取从事房地产开发的营业执照，并取得建设主管部门颁发资质等级证书的企业。房地产开发是指在依据国家有关法律、法规取得国有土地使用权的土地上进行基础设施、房屋建设的行为。转让土地使用权的土地必须已达到工业用地或其他建设用地条件的。否则，不予加计20%的扣除。（大地税一〔1995〕121号，第十四条）

5. 什么是“投资主体相同”和“投资主体续存”

政策解读

财税〔2015〕5号已执行到期，2018年5月16日财政部发布了《关于继续实施企业改制重组有关土地增值税政策的通知》（财税〔2018〕57号），该文件对财税〔2015〕5号文未明确的投资主体续存或相同的概念进行了明确。投资主体续存或相同是指原权利人需要维持不变，但股权比例可以变化。由于该条款可以通过后续的股权转让规避土地增值税。建议增加享受该优惠转让时间的限制。

各地政策

广州规定，(1)企业整体改建投资主体“不变”和企业分立投资主体“相同”均要求前后的投资主体一样，不得增加新投资主体，也不得减少旧投资主体，至于投资主体间出资比例的变化，不影响条款的适用。企业合并投资主体“存续”要求合并前的投资主体要全部作为合并后企业的投资主体，可以增加新投资主体，但原投资主体不得退出。(2)企业整体改建后投资主体由各级政府、直属机构等国有资本出资人变更为其他政府部门、国有企业或国有独资公司，但仍属国有资本出资人的，属于投资主体“不变”。（穗地税函〔2015〕146号，第三条）

山东规定，“投资主体存续”是指原企业的出资人必须存在于合并后的企业，出资人的出资比例可以发生变动。“投资主体相同”是指公司分立前后出资人不发生变动，出资人的出资比例可以发生变动。（鲁财税〔2015〕15号，第一条）

6. 建筑面积、可售建筑面积、已售建筑面积

政策解读

“纳税人成片受让土地使用权后，分期分批开发、转让房地产的，其扣除项目金额的确定，可按转让土地使用权的面积占总面积的比例计算分摊，或按建筑面积计算分摊，也可按税务机关确认的其他方式计算分摊。”（财法字〔1995〕6号）

“属于多个房地产项目共同的成本费用，应按清算项目可售建筑面积占多个项目可售总建筑面积的比例或其他合理的方法，计算确定清算项目的扣除金额。”（国税发〔2006〕187号）

建筑面积既决定了项目是否达到可清算条件，也决定了土地增值税扣除项目的分

摊。一般来说：

总建筑面积＝不可售面积＋可售面积

可售面积＝已售面积＋未售面积

未售面积＝可售但未售面积＋暂时不可售但产权归开发商所有的面积(绿本)

举例说明：

某项目总可售面积 10 000 平方米，其中出租 4 000 平方米，已售 6 000 平方米，按照北京的规定，已售面积÷总可售面积＝6 000÷(10 000－4 000)＝100%，销售比例 100%，达到了应清算条件，应启动清算。假设总扣除项目 1 000 万元，并符合上述条文分摊的规定，1 000 万元在总可售面积 6 000 平方米中分摊，实际效果是所有成本全部可以扣除，并未预留 4 0C0 平方米出租的成本。这种理解可能存在偏差，相关文件条款如下：

“房地产开发企业将开发的部分房地产转为企业自用或用于出租等商业用途时，如果产权未发生转移，不征收土地增值税，在税款清算时不列收入，不扣除相应的成本和费用。”(国税发〔2009〕91 号)

各地政策

北京规定，对房地产开发企业建造商品房，已使用(包括自用、出租等)年限在一年以上再出售的，应按照转让旧房及建筑物的政策规定征收土地增值税，不再列入该项目土地增值税的可销售总建筑面积范围，在清税计算销售比例时予以扣除。(京地税地〔2005〕557 号，第六条)

青岛规定，房地产开发项目的建筑面积以政府规划部门的批复文件(详细规划总平面图等)为准，对于项目最终测绘面积与政府规划部门批复文件不相符的，经规划等政府部门确认后，以测绘面积为准。房地产开发项目的可售面积以销(预)售许可证确认的面积为准，对于实际可售面积与销(预)售许可证面积不一致的，应由房地产开发企业提供政府相关部门的证明，按实际可售面积为准。(青岛市地方税务局公告 2016 年第 1 号，第五十八条，已废止；青岛市地方税务局公告 2018 年第 4 号)

广州规定，对于房地产开发企业清算单位内部分可售房地产用于出租或自用的，则上述可售房地产建筑面积为已减去出租或自用的可售房地产建筑面积。(穗地税函〔2014〕175 号，第五条)

土地增值税清算过程中，建筑物面积是指建筑面积，而不是套内建筑面积。(穗地

税函〔2013〕179号,第四条)

重庆规定,"整个项目可售建筑面积"具体是指以发改委或《建设工程规划许可证》上注明的可售建筑面积为准。(已废止,重庆市地方税务局公告2016年第5号)

湖北规定,"已转让的房地产建筑面积",是指已签订转让合同的房地产的建筑面积,"可售建筑面积"是指《商品房销(预)售许可证》中的《预售商品房明细》所登记的可售面积。已竣工验收的房地产开发项目并进行项目决算。(鄂地税发〔2008〕211号,第九条)

云南规定,"已转让的房地产建筑面积"包括房地产开发企业将开发产品用于职工福利、奖励、对外投资、分配给股东或投资人、抵偿债务、换取其他单位和个人的非货币性资产等,发生所有权转移时应视同销售的房地产的建筑面积。(云地税发〔2007〕180号,第三条)

大连规定,(1)房地产开发项目的建筑面积原则上以规划部门的批复文件(详细规划总平面图等)为准,对于项目最终测绘面积与规划部门批复文件不相符的,经规划等政府部门确认后,以测绘面积为准。(2)房地产开发项目的可售面积原则上以销(预)售许可证确认的面积为准,对于实际可售面积与销(预)售许可证面积不一致的,应由房地产开发企业提供政府相关部门的证明,按实际可售面积确认。(大连市地方税务局公告2014年第1号,第六条)

福建规定,"已转让的房地产建筑面积"包括房地产开发企业将开发产品用于职工福利、奖励、对外投资、分配给股东或投资人、抵偿债务、换取其他单位和个人的非货币性资产等,发生所有权转移时应视同销售的房地产面积。(闽地税发〔2007〕24号,第二条)

贵州规定,房地产开发企业将开发产品用于职工福利、奖励、对外投资、分配给股东或投资人、抵偿债务、换取其他单位和个人的非货币性资产等视同销售的房地产面积,一并计入已转让房地产建筑面积计算销售比例。(贵州省地方税务局公告2016年第13号,第十九条)

7. 如何理解销售比例达到85%

政策解读

销售比例是否达到85%的争议在于如何划分出租和自用部分的建筑面积的归属,一种理解是在计算销售比例时,出租和自用不属于已售面积,且排除在总可售面积之外;另一种理解是出租和自用包含在已售面积内,且包含在总可售面积内。

各地政策

重庆规定,销售比例达到85%具体是指已转让和已出租或自用的房地产建筑面积

之和占整个项目可售建筑面积的比例在85%以上。(已废止,重庆市地方税务局公告2016年第5号)

湖北规定,已竣工验收的房地产开发项目并进行项目决算,已转让的房地产建筑面积占整个项目可售建筑面积的比例在85%以上,或该比例虽未超过85%,但已转让的房地产建筑面积与已经出租或自用的建筑面积之和达到可销建筑面积的比例在85%(含)以上的,属于可清算项目。(鄂地税发〔2008〕207号,第六条)

云南规定,"85%以上"包含85%即以上。(云地税发〔2007〕180号,第三条)

贵州规定,"该销售比例虽未超过85%,但剩余的可售建筑面积已经自用或出租的"是指已转让的房地产建筑面积与出租或自用的可售建筑面积合计占房地产开发项目总可售建筑面积的比例在85%以上。(贵州省地方税务局公告2016年第13号,第十九条)

海南规定,土地增值税清算条件中"该比例虽未超过85%,但剩余的可售建筑面积已经出租或自用的",是指已售建筑面积和用于出租与自用的可售建筑面积之和÷项目总可售建筑面积×100%≥85%。(琼地税发〔2014〕205号,第三条)

广东规定,已竣工验收(备案)的房地产开发项目,已转让的房地产建筑面积占整个项目可售建筑面积的比例(以下简称"销售比例")在85%以上,或该比例虽未超过85%,但剩余的可售建筑面积已经出租或自用的。(广东省地方税务局公告2014年第3号,第七条)

天津规定,已转让的房地产建筑面积占整个项目可售建筑面积的比例在85%以上,或该比例虽未超过85%,但剩余的可售建筑面积已经出租或自用的。(天津地方税务局2016年第24号公告,第八条)

青岛规定,房地产开发企业在已转让的房地产建筑面积占整个项目可售建筑面积的比例在85%以上,或该比例虽未超过85%,但剩余的可售建筑面积已经出租或自用的。(青岛市地方税务局公告2016年第1号,第十二条,已废止;青岛市地方税务局公告2018年第4号)

安徽规定,已竣工验收的房地产开发项目,已转让(含视同销售)的房地产建筑面积占整个项目可售建筑面积的比例85%以上,或该比例虽未超过85%,但剩余的可售建筑面积已经出租或自用的。(安徽省地方税务局公告2017年第6号,第十八条)

8. 土地增值税的合法有效凭证

政策解读

土地增值税文件中并未解释哪些凭证属于合法有效凭证,但应不仅局限于发票,还包括:银行回单、拆迁补偿协议、财政票据、收据等。

各地政策

北京规定，合法有效凭证，一般是指：(1)支付给境内单位或者个人的款项，且该单位或者个人发生的行为属于营业税或者增值税征收范围的，以开具的发票为合法有效凭证。(2)支付的行政事业性收费或者政府性基金，以开具的财政票据为合法有效凭证。(3)支付给境外单位或者个人的款项，以该单位或者个人的签收单据为合法有效凭证，税务机关对签收单据有疑义的，可以要求纳税人提供境外公证机构的确认证明。属于境内代扣代缴税款的，按税务机关相关规定执行。(4)财政部、国家税务总局规定的其他合法有效凭证。(北京市地方税务局公告 2016 年第 7 号，第三十二条)

青岛规定，合法有效凭证是指：(1)支付给境内单位或者个人的款项，且该单位或者个人发生的行为属于营业税或者增值税征收范围的，以该单位或者个人开具的发票为合法有效凭证；(2)支付的行政事业性收费或者政府性基金，以相关部门开具的财政票据为合法有效凭证；(3)支付给境外单位或者个人的款项，以该单位或者个人的签收单据为合法有效凭证，税务部门对签收单据有疑义的，可以要求其提供境外公证机构的确认证明；(4)其他合法有效凭证。(青岛市地方税务局公告 2016 年第 1 号，第五十四条，已废止；青岛市地方税务局公告 2018 年第 4 号)

安徽规定，合法有效凭证包括但不限于：(1)支付给境内单位或者个人的款项，且属于《中华人民共和国发票管理办法》第十九条规定的开具发票范围的，以取得的发票或者按照规定视同发票管理的凭证为合法有效凭证。(2)支付的行政事业性收费或者政府性基金，以取得的财政票据为合法有效凭证。(3)支付给境外单位或者个人的款项，以该单位或者个人的签收单据及境外公证机构的确认证明为合法有效凭证；属于境内代扣代缴税款的，按国家税务总局有关规定执行。(4)法院判决书、裁定书、调解书，以及仲裁裁决书、公证债权文书。(5)财政部、国家税务总局规定的其他合法有效凭证。(安徽省地方税务局公告 2017 年第 6 号，第三十六条)

山东规定，合法有效凭证是指：(1)支付给境内单位或者个人的款项，且该单位或者个人发生的行为属于营业税或者增值税征收范围的，以该单位或者个人开具的发票为合法有效凭证；(2)支付的行政事业性收费或者政府性基金，以相关部门开具的财政票据为合法有效凭证；(3)支付给境外单位或者个人的款项，以该单位或者个人的签收单据为合法有效凭证，税务部门对签收单据有疑义的，可以要求其提供境外公证机构的确认证明；(4)其他合法有效凭证。(山东省地方税务局公告 2017 年第 5 号，第三十二条)

厦门规定，合法有效凭证，是指：(1)支付给境内单位或者个人的款项，且该单位或者个人发生的行为属于营业税或者增值税征收范围的，以该单位或者个人开具的发票为合法有效凭证；(2)支付的行政事业性收费或者政府性基金，以开具的财政票据为合法有效凭证；(3)支付给境外单位或者个人的款项，以该单位或者个人的签收单据为合法有效凭证，税务机关对签收单据有疑义的，可以要求纳税人提供境外公证机构的确认证明；(4)国家税务总局规定的其他合法有效凭证。（厦门市地方税务局公告 2016 年第 7 号，第三十一条）

海南规定，合法凭证是指印制、领购、开具（填制内容、方式）符合有关税收和会计法律、法规、规章规定的会计凭证（包括原始凭证和记账凭证）。其中，合法的原始凭证包括：套印税务机关发票监制章的发票以及经省级税务机关批准不套印发票监制章的专业发票，财政部门管理的行政性收费收据以及经财政部门、税务部门认可的其他凭证。具体包括：发票、财政票据、签收单据、售付汇凭证、会计凭证、合同（协议）、收据、收款证明等。（琼地税函〔2015〕917 号，第十条）

9. 普通住宅的认定标准和时点

政策解读

“纳税人建造普通标准住宅出售，增值额未超过扣除项目金额 20%的，免征土地增值税。”（国务院令第 138 号）

“个人销售住房暂免征收土地增值税。”（财税〔2008〕137 号）

普通住宅的标准决定了是否可享受免征土地增值税。一般包括：容积率、面积和价格三项因素，由于房价的持续上涨，部分省市的中心区域小面积、高单价的房产出现了“被豪宅”的情况。因此，有些地区已将单价改成总价，有些地区直接取消了价格标准。

各地政策

北京规定，土地增值税政策中普通住宅依照北京市公布的标准确认。纳税人进行土地增值税清算时，税务机关应按单套房屋销售时同级别土地上适用的普通住房标准进行审核确认。（北京市地方税务局公告 2016 年第 7 号，第四十八条）

房地产开发企业进行项目清算时，普通标准住宅的价格应按当期同级别土地上的普通住房平均交易价格 1.2 倍以下确定。（京地税地〔2005〕557 号，第一条）

上海规定，普通住房应同时满足以下条件：(1)五层以上（含五层）的多高层住房，以及不足五层的老式公寓、新式里弄、旧式里弄等；(2)单套建筑面积在 140 平方米以下；(3)实际成交价格：低于同级别土地上住房平均交易价格 1.44 倍以下，坐落于内环线以内的低于 450 万元/套，内环线与外环线之间的低于 310 万元/套，外环线以外的低于 230 万元/套。（沪房管规范市〔2014〕6 号）

天津规定，房地产开发项目中普通住宅与非普通住宅的认定，以政府建设部门核发的《天津市建设工程竣工验收备案书》记载的时间所确认的标准为依据。（津地税地〔2011〕24 号，第二条）

大连规定，普通标准住宅是指一般民用的居住用住宅（不超过普通标准住宅规定的）。凡是从事工业、商业用房以及娱乐用房地产如：高尔夫球场、娱乐城、游乐中心等都不属于免税范围；对那些虽属于住宅范畴但造价昂贵、装修豪华、占地面积很大、建筑面积超过正常水平的花园别墅、度假村、高级小洋楼、高级公寓等，均不属于免税范围。（大地税一〔1995〕121 号，第十条）

对于网上签订房地产转让合同的，以合同签订时间作为享受土地增值税优惠的普通标准住宅标准适用时间；对于非网上签订房地产转让合同的，以房地产转让合同在大连市国土与房屋局的备案时间作为享受土地增值税优惠的普通标准住宅标准适用时间。（大连市地方税务局公告 2014 年第 1 号，第十六条）

贵州规定，"普通标准住宅"标准为：住宅小区建设容积率在 1.0 以上；单套住宅建筑面积 144 平方米（含 144 平方米）以下；实际成交价格低于同级别土地上住房平均交易价格 1.44 倍以下。（黔地税发〔2006〕168 号）

黑龙江规定，自 2014 年 11 月 28 日起，普通标准住宅的认定标准为：住宅小区建筑容积率在 1.0 以上、单套建筑面积在 144 平方米及以下、实际成交价格低于同级别土地上住房平均交易价格 1.2 倍及以下的住房。判定时间以商品房销售合同签订日期为准。（黑龙江省地方税务局公告 2016 年第 1 号，第二条）

厦门规定，纳税人建造转让的住宅符合下列各项标准的视为普通标准住宅：(1)住宅小区建筑容积率在 1.0 以上；(2)单套建筑面积在 140 平方米以下；(3)实际成交价格低于同级别土地上住房平均较易价格 1.38 倍以下（已废止）。2014 年 8 月 15 日起，凡同时符合以下条件的界定为享受优惠政策的普通住宅：(1)住宅小区建筑容积率在 1.0 以上；(2)单套建筑面积在 144 平方米（含）以下。（厦国土房〔2014〕312 号，第二条）

辽宁规定，纳税人承受平房住宅可视同承受普通住房。涉及相关税收，按普通住房的相关税收政策执行。（辽地税发〔2009〕57 号，第一条）

宁波规定，(1)住宅小区建筑容积率在 1.0 以上；(2)单套建筑面积在 140 平方米以下；(3)实际成交价格低于上月同级别土地住房平均交易价格 1.44 倍以下。（甬政办发〔2005〕104 号，第一条）

四川规定，(1)没有制定普通住房标准的地区，严格按省政府办公厅川办发〔2005〕22 号文件公布的普通住房标准执行。即享受优惠政策的普通住房标准必须同时满足以下条件：住宅小区容积率在 1.0 以上；单套建筑面积在 140 平方米以下；实际成交价格低于同级别土地上住房平均交易价格 1.2 倍以下。(2)在省政府规定范围内制定并

已报有权机关备案普通住房标准的地区，按照本地政府确定的标准执行。（川地税函〔2005〕399 号，第一条、第二条）

青岛规定，按照国务院、省政府规定，界定普通住宅应同时满足三个条件，即：2005 年 5 月 31 日以前由各省、自治区、直辖市人民政府规定。2005 年 6 月 1 日起，普通标准住宅应同时满足：住宅小区建筑容积率在 1.0 以上；单套建筑面积在 120 平方米以下；实际成交价格低于同级别土地上住房平均交易价格 1.2 倍以下。我市普通住宅界定条件包括“实际成交价格低于同级别土地上住房平均交易价格 1.44 倍以下”（实际按容积率 1.0 以上，面积 144 平以下执行。）（青财源〔2010〕2 号，第三条）

10. 房地产类型的划分标准

政策解读

“对纳税人既建普通标准住宅又搞其他房地产开发的，应分别核算增值额。”（财税字〔1995〕48 号）

区分不同类型房地产，决定了土地增值税预征和清算税负的高低。特别是公寓是否能认定为住宅，更决定了纳税人是否达到土地增值税相关减免税条件。

各地政策

大连规定，“住宅”和其他类型房地产按《商品房销（预）售许可证》中的《预售商品房明细》所列明的项目类别进行区分，凡未列明“住宅”的，如“公寓”“公建”等，均不能按“住宅”的相关政策执行。[大地税函〔2007〕200 号，第一条第（七）项]

青岛规定，房地产类型的划分标准，按照房地产销（预）售登记和权属登记的有关规定执行；普通住宅与非普通住宅的划分界限，按照青岛市人民政府的有关规定执行。（青岛市地方税务局公告 2014 年第 1 号，第一条）出具清算结论后随房屋一并转让的配套设施的，凡转让的房屋为普通住宅的，配套设施按照普通住宅进行计算；凡转让的房屋为非普通住宅的，配套设施按照非普通住宅进行计算。单独转让的配套设施按照非普通住宅进行计算。（青地税发〔2016〕1 号，第六十三条，已废止；青岛市地方税务局公告 2017 年第 3 号）

天津规定，居住用房的认定以房地产管理部门核发的房地权证所载的房屋用途为准，房屋用途不明确或混合用途的，不得认定为居住用房。（天津市地方税务局公告 2016 年第 22 号，第十二条）

海南规定，判断房产属住宅或非住宅，以规划报建资料和房产证记载的房产用途为准。（琼地税函〔2007〕356 号，第十条）

江西规定，同一房地产项目的车库等附属设施不属于普通住宅，应按其他类型的房地产计算土地增值额。（赣地税发〔2008〕76号，第一条）

重庆规定，非普通住宅包括：非普通住宅、车库、营业用房。（已废止，重庆市地方税务局公告2015年第5号）

青海规定，非普通住宅是指除普通标准住宅以外的其他住宅，但不包括别墅。其他商品房是指除普通住宅和非普通住宅以外的其他类型房地产项目（如商铺、别墅、车库、写字楼等）。（青海省地方税务局公告2016年第5号，第一条）

山东规定，转让的地下室（储藏室）、停车位（车库）等附属设施按照其他房地产类型进行清算。（山东省地方税务局公告2017年第5号，第三十条）

深圳规定，分类标准以国土产权管理部门产权证书的分类为准。（深圳市地方税务局公告2015年第1号，第五十八条）

11. 什么是土地增值税的合作建房

政策解读

"对于一方出地，一方出资金，双方合作建房，建成后按比例分房自用的，暂免征收土地增值税；建成后转让的，应征收土地增值税。"（财税字〔1995〕48号）

合作建房有广义概念和狭义概念两种。广义的合作建房包括：成立项目公司、双主体开发和权益合作。是否符合上述减免税条件要以各地实际执行标准为准。有些执行标准并未明确发文，例如，深圳的合作建房要求双主体开发。

案例1-1

2012年4月，××市地税局稽查局对××市××房地产开发有限公司进行立案检查。证实××公司与另一公司开发的某商业大厦项目，从取得土地、规划报建到销售均以××公司作为法律主体，不符合税收法律关系上的合作建房规定。××公司取得的房产，应认定为销售的实现，少缴了营业税、企业所得税等税款。同时，认定该公司存在编造虚假企业所得税计税依据、发票违章等问题。税务机关对该公司追缴税款及附加967万元，罚款386万元，加收滞纳金611万元，查补收入合计1 964万元。

各地政策

广州规定，合作建房的形式有两种：

第一，一方出地、一方出资合作开发房地产项目，双方不成立合营企业，合作中出地方以转让部分土地使用权（房地产）为代价，换取部分房地产所有权，出资方以转让部分房地产所有权为代价，换取部分土地使用权（房地产）。（穗地税函〔2012〕198 号，第八条）

计税方法有两种：(1) 出地方已取得国有土地使用权证，需出资方办理转让加名手续的。①房屋建成后，合作双方按约定比例分房自用的，出地方发生了以转让部分土地使用权为代价换取部分房地产所有权的行为，出资方发生了以转让部分房地产所有权为代价换取部分土地使用权的行为。根据《关于土地增值税一些具体问题规定的通知》（财税字〔1995〕48 号）第一条规定，对出地方向出资方转让土地使用权、出资方向出地方转让房地产所有权的行为，免征土地增值税。②对出地方分回房产后再转让的，适用旧房转让的规定计算征收土地增值税。对出资方分回房产后再转让的，适用新建房转让的规定计算征收土地增值税。③出资方进行土地增值税清算时，应以房屋建成后交付使用时点，出地方分回房地产的市场公允价值计入出资方的土地成本，同时作为出资方的收入。（穗地税函〔2014〕175 号，第六条）

(2) 出地方需联合出资方共同与国土部门签订土地使用权出让合同的。①房屋建成后，合作双方按约定比例分房自用的，属于共有产权的分割，没有发生出地方“以地换房”、出资方“以房换地”的行为，不征收土地增值税。②对出地方分回房产后再转让的，适用旧房转让的规定计算征收土地增值税。对出资方分回房产后再转让的，适用新建房转让的规定计算征收土地增值税。③出资方进行土地增值税清算时，出地方分回开发产品（不含土地）的建安成本计入出资方的土地成本，且出地方分得的房地产不作为出资方的收入。（穗地税函〔2014〕175 号，第六条）

第二，出地方以土地使用权（房地产）、出资方以货币资金作价入股，成立合营企业，从事房地产开发，建成后双方采取分配方式为：①风险共担，利润共享的；②按销售收入一定比例提成或提取固定利润的；③按一定比例分配房地产的。

计税方法：合营企业以出地方土地使用权（房地产）作价入股时确认的评估价值作为取得土地使用权所支付金额；对于出地方，以土地使用权（房地产）作价入股时确认的评估价值作为转让土地使用权（房地产）所取得土地增值税计税收入。（穗地税函〔2012〕198 号，第八条）

四川规定，合作建房是指一方出资金，一方出土地，共同修建房屋，双方共同投资，共担风险，共享利润的行为。如一方只收取固定利益，不承担责任和风险，不能视为合作建房。（四川省地方税务局公告 2015 年第 5 号，第五条）

重庆规定，一方出部分土地，一方出资金，双方合作建房，出土地方取得货币性收入的，应对其取得收入部分按规定征收土地增值税。［重庆市地方税务局公告 2014 年第 9 号，第四条第（三）项］

对一方出部分土地，一方出资金，双方合作建房的，适用以下征免规定：(1) 对出土地方按合作建房的约定转移土地权属的，暂免征收土地增值税。(2)对房屋建成后，按约定比例房屋初始确权仍为出土地方和出资金方的，不属于土地增值税征管范围，不征收土地增值税。(3)对出土地方房屋初始确权后再转让的，应按规定征收土地增值税，同时将合作建房时转让出的土地历史成本调整为房屋建造成本，按规定予以计算扣除。(4)对出资金方房屋初始确权后再转让的，应按规定征收土地增值税，同时将合作建房时发生的还建房支出调整为取得土地使用权支付的地价款，按规定予以计算扣除。(5)对按照合作建房约定进行了价款结算支付的，出土地方和出资金方应按结算支付或收到的价款，相应调整其房屋建造成本和取得土地使用权支付的地价款。(渝地税发〔2011〕221 号，第四条)

12. 可清算项目与应清算项目

政策解读

应清算项目与可清算项目的其中一个区别是由不同主体发起清算。应清算项目在达到清算条件时企业应主动到税务机关办理清算手续，可清算项目则由税务机关确定是否纳入清算范围，若启动清算一般需要向企业发放《税务事项通知书》。总局将“纳税人申请注销税务登记但未办理土地增值税清算手续的”项目列入可清算项目，部分省市将该部分列入应清算项目，源于企业注销前若不清算，注销后无法管理。

各地政策

北京规定，纳税人申请注销税务登记的房地产开发项目属于应清算项目，而总局国税发〔2009〕91 号文列入可清算项目；同时规定，销售比例虽未超过 85%，但剩余的可售建筑面积已经出租或自用 1 年以上的，属于可清算项目，而总局国税发〔2009〕91 号文对剩余出租或自用时间没有限制。(北京市地方税务局公告 2016 年第 7 号，第十二条、第十三条)

青岛规定，“申请注销税务登记但未办理土地增值税清算手续的”属于应清算项目。(青岛市地方税务局公告 2016 年第 1 号，第二十五条，已废止；青岛市地方税务局公告 2018 年第 4 号)

贵州规定，申请注销税务登记但未办理土地增值税清算手续的，属于应清算项目。(贵州省地方税务局公告 2016 年第 13 号，第十八条)

湖北规定，申请注销税务登记但未办理土地增值税清算手续的，属于应清算项目。(鄂地税发〔2008〕207 号，第五条)

广东规定，申请注销税务登记但未办理土地增值税清算手续的，属于应清算项目。

（广东省地方税务局公告 2014 年第 3 号，第六条）

主管税务机关有根据认为纳税人有逃避纳税义务行为，可能造成税款流失，经县以上地方税务局局长批准的，属于可清算项目。（广东省地方税务局公告 2014 年第 3 号，第七条）

山西规定，申请注销税务登记但未办理土地增值税清算手续的，属于应清算项目。（山西地方税务局公告 2014 年第 3 号，第六条）

厦门规定，申请注销税务登记但未办理土地增值税清算手续的，属于可清算项目。（厦门市地方税务局公告〔2016〕7 号，第五条）

深圳规定，申请注销税务登记但未办理土地增值税清算手续的，属于可清算项目。（深圳市地方税务局公告 2015 年第 1 号，第十八条）

宁夏规定，申请注销税务登记但未办理土地增值税清算手续的，属于可清算项目。（宁政发〔2015〕43 号，第八条）

江西规定，申请注销税务登记但未办理土地增值税清算手续的，属于可清算项目。（赣地税发〔2007〕22 号，第二条）

江苏规定，申请注销税务登记但未办理土地增值税清算手续的，属于可清算项目。（苏地税发〔2009〕72 号，第十条）

吉林规定，申请注销税务登记但未办理土地增值税清算手续的，属于可清算项目。（吉林省地方税务局公告 2014 年第 1 号，第十条）

天津规定，申请注销税务登记但未办理土地增值税清算手续的，属于可清算项目。（天津地方税务局公告 2016 年第 24 号，第八条）

辽宁规定，增加了“地方税务机关认定有可能造成税款流失、经县级（含县级）以上主管地方税务机关批准清算的开发项目”属于可清算项目。（辽地税发〔2007〕102 号，第六条）

13. 如何理解“预售许可证满三年”

政策解读

“取得销售（预售）许可证满三年仍未销售完毕的，属于可清算项目”（国税发〔2006〕187 号）

房地产开发企业取得预售许可证是分批次取得的，该条款并未明确以哪一次取得的预售许可证的时间为准。以最后一张预售许可证的时间为判断依据的做法在全国比较统一，只不过有些地方并未明确发文确定。

各地政策

黑龙江规定，"预售许可证满三年"是指取得最后一张销售（预售）许可证满三年仍未销售完毕的。（黑龙江省地方税务局公告2016年第2号，第九条）

海南规定，土地增值税清算条件中"预售许可证满三年"是指自房管部门核发的属于该清算项目的最后一个预售许可证所载的发证日期起算满三年，"最后一个预售许可证"不包括换发或续办的预售许可证。（琼地税发〔2014〕205号，第三条）

山东规定，取得销售（预售）许可证满三年仍未销售完毕的，是指取得最后一份销售（预售）许可证满三年仍未销售完毕的情形。（山东省地方税务局公告2017年第5号，第二十二条）

贵州规定，"预售许可证满三年"是指取得房地产开发项目最后一张销（预）售许可证满三年仍未销售完毕的。（贵州省地方税务局公告2016年第13号，第十九条）

天津规定，"取得预售许可证满三年"是指最末一张销售许可证满三年。（天津地方税务局2016年第24号公告，第八条）

青岛规定，取得销售（预售）许可证满三年仍未销售完毕的，是指取得最后一份销售（预售）许可证满三年仍未销售完毕的情形。（青岛市地税局公告2016年第1号，第二十六条，已废止；青岛市地方税务局公告2018年第4号）

黑龙江规定，对于房地产开发项目分次取得多个销（预）售许可证的，"销（预）售许可证满3年，地税机关可要求纳税人进行土地增值税清算"规定中的"满3年"，以其取得最后一个销（预）售许可证的时间算起。（黑龙江地方税务局公告2016年第1号，第三条）

山西规定，取得销售（预售）许可证满三年仍未销售完毕的。同一清算单位，分多次取得销售（预售）许可证的，在确定三年期限时应当从最后一次取得销售（预售）许可证的时间算起。[山西省地方税务局公告2014年第3号，第七条第（二）项]

广东规定，取得清算项目最后一份销售（预售）许可证满三年仍未销售完毕的。（广东省地方税务局公告2014年第3号，第七条）

深圳规定，取得销售（预售）许可证满三年仍未销售完毕的，起始时间为最后一张预售许可证取得时间。（深圳市地方税务局公告2015年第1号，第十八条）

14. 什么是"能够按转让房地产项目计算分摊"

政策解读

"财务费用中的利息支出，凡能够按转让房地产项目计算分摊并提供金融机构证明

的，允许据实扣除，但最高不能超过按商业银行同类同期贷款利率计算的金额。”（国税函〔2010〕220 号）

房地产开发企业借入资金的渠道是多样的，借款的用途是多样的，借款的利息是有差异的，据实扣除的前提是要准确确认资金利息的项目归属。

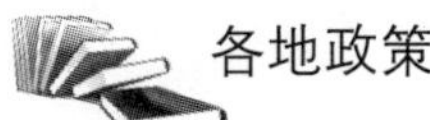

各地政策

广州规定，“能够按转让房地产项目计算分摊”按照以下顺序确定：(1)能够按照转让房地产项目准确分摊。准确分摊是指以该房地产项目名义取得的金融机构资金，直接全部用于该项目的开发。该部分资金从取得到归还的流向清晰，没有和自有资金、企业间拆借资金等其他资金发生混合。(2)能够按照转让房地产项目合理分摊。合理分摊是指在一个独立企业法人范围内，可以合理方法对从金融机构取得并实际用于广州市范围内开发项目的项目开发贷款资金在不同开发项目之间进行分摊。合理方法是指按照不同的开发项目占用上述项目开发贷款金额和时间（即是积数）进行合理分配。（穗地税函〔2013〕179 号，第一条）

厦门规定，“能够按转让房地产项目计算分摊”是指纳税人能够按照《企业会计准则》或《企业会计制度》的规定准确核算不同开发项目应当予以资本化的利息。（厦门市地方税务局公告〔2016〕7 号，第四十一条）

15. 什么是“同类同期贷款利率”

政策解读

“财务费用中的利息支出，凡能够按转让房地产项目计算分摊并提供金融机构证明的，允许据实扣除，但最高不能超过按商业银行同类同期贷款利率计算的金额。”（国税函〔2010〕220 号）

贷款用途是否局限于开发贷款，或者其他用途的流动资金贷款也可扣除，总局文件未明确规定。人民银行和银行业监督管理委员会（简称银监会）对银行等主流金融机构的贷款利率水平有约束，因此，一般来说向银行等主流金融机构的贷款利率以实际利息水平扣除。但信托公司作为金融机构，其贷款利率水平较高，15％～20％亦算正常，是否允许据实扣除也有争议。

各地政策

广州规定，“商业银行同类同期贷款利率”是指企业在签订开发贷款合同时，由广东省内任何一家商业银行提供的同类同期贷款利率。“同类同期贷款利率”是指在贷款期限、贷款金额、贷款担保以及企业信誉等条件基本相同的前提下，商业银行提供贷款的利率。该利率既可以是商业银行公布的同类同期平均利率，也可以是商业银行对某些企业提供的实际贷款利率。（穗地税函〔2013〕179 号，第一条）

安徽规定，“同类同期贷款利率”是指在贷款期限、贷款金额、贷款担保以及企业信誉等条件基本相同下，商业银行提供贷款的利率。（安徽省地方税务局公告 2017 年第 6 号，第四十四条）

16. 什么是“国家建设需要依法征用、收回房地产”

政策解读

“因国家建设需要依法征用、收回的房地产，免征土地增值税。”（国务院令第 138 号）

有些省市，政府因国家建设需要征用、收回房地产，仅有政府城市更新的相关公告，企业并未取得征用或收回房地产的相关批文，纳税人提供什么资料证明符合上述减免税条件存在一定难度。

各地政策

新疆规定，因国家建设需要依法征用、收回的房地产，具体是指城市供排水、节水设施、城市煤气、集中供热、城市道路、桥梁、地下铁道、防止污染等市政建设以及国家能源、交通、通讯等基础产业需要征用的房地产或收回的土地使用权，且符合《城市房屋拆迁管理条例》和《中华人民共和国土地管理法》的有关规定。（新地税三〔1997〕27 号，第七条）

17. 什么是“将土地使用权归还给土地所有者行为”

政策解读

将土地使用权归还土地所有者（政府）的实现路径有以下几种：一是与政府进行土地置换；二是政府收回农村集体土地时给予补偿指标；三是政府下属土地储备中心强制收回；四是政府下属土地储备中心通过市场行为（如拍卖渠道）取得后注销土地使用权。

以上四种情况，若属于土地置换和以市场行为取得土地使用权，容易被认定为转让土地使用权，构成土地增值税的纳税义务。

各地政策

新疆规定，(1)“纳税人将土地使用权归还给土地所有者时，只要出具县级(含)以上地方人民政府收回土地使用权的正式文件，无论支付征地补偿费的资金来源是否为政府财政资金，该行为均属于土地使用者将土地使用权归还给土地所有者的行为，不征收营业税。”按照同一行为应适用同一解释的原则，对其取得的征地补偿费亦不征收土地增值税。(2)县级(含)以上地方人民政府收回土地使用权的正式文件，包括县级(含)以上地方人民政府出具的收回土地使用权文件，以及土地管理部门出具的收回土地使用权文件。土地管理部门是指县级(含)以上地方人民政府土地行政主管部门，不包括土地行政主管部门下设的土地储备机构。(3)纳税人应持县级(含)以上地方人民政府收回土地使用权的正式文件及相关资料，到主管地方税务机关审核认定(审批类)。(新地税函〔2012〕76 号，第一条)

18. 什么是“同类房地产平均价格”

政策解读

“按本企业在同一地区、同一年度销售的同类房地产的平均价格确定。”(国税发〔2006〕187 号)

同类房地产的划分，第一种观点是房地产开发企业的整个项目为同类房地产；第二种观点是按照现有申报的三种类型，普通住宅、非普通住宅、其他进行划分。当然这有一个前提也很重要，就是当地对清算是否分类型进行项目清算。若企业无法按不同房地产类型进行清算，则坚持第二种观点也无法操作。笔者建议是：同类房地产的划分以清算申报的房地产类型划分为标准。

各地政策

河南规定，“同类房地产平均价格”是指：按普通标准住宅、除普通标准住宅以外的其他住宅和除住宅以外的其他房地产项目分为三类，分别计算的平均价格确定。[河南省地方税务局关于《调整土地增值税预征率、核定征收率的公告》政策解读，第六点第(三)项]

第二章
土地增值税的基本问题

1. 土地增值税的纳税义务人

政策解读

“转让国有土地使用权、地上的建筑物及其附着物(以下简称转让房地产)并取得收入的单位和个人,为土地增值税的纳税义务人(以下简称纳税人),应当依照本条例缴纳土地增值税。”(国务院令第 138 号)

“所称的单位,是指各类企业单位、事业单位、国家机关和社会团体及其他组织。”(财法字〔1995〕6 号)

纳税人包括政府机关,也包括外国企业等。适用减免税规定时并无境外企业的排他性。

举例说明:

某区政府下属某街道办将其名下的房地产划转给该区政府下属另一个街道办是否要缴纳土地增值税?

答:首先,要看当地对政府机关内部资产划转是否出台了减免税规定,若有规定从其规定;其次,若无规定应按规定缴纳土地增值税时,要看当地对政府机关内部资产划转是否可以适用原价划转不调整计税价格,若不调整,实际上计算差额后无需缴纳土地增值税;最后,若无法按照原价划转并按原价做计税价格,则应按市场价格或当地的评估价调整计税价格缴纳土地增值税。

各地政策

新疆规定,兵团管辖范围内转让国有土地使用权、地上建筑物及其附着物并取得收入的单位和个人亦属于土地增值税的纳税义务人。外商投资企业、单位和外籍个人转让国有土地使用权、地上建筑物及其附着物并取得收入的,属于土地增值税的纳税义务

人。（新地税三〔1997〕27号，第九条）

2. 土地增值税的纳税义务范围

政策解读

"转让国有土地使用权、地上的建筑物及其附着物并取得收入，是指以出售或者其他方式有偿转让房地产的行为。不包括以继承、赠与方式无偿转让房地产的行为。"（财法字〔1995〕6号）

具备土地增值税纳税义务的四个基本条件：一是转让的房地产权属属于国有土地使用权；二是同时转让国有土地使用权或国有土地使用权及其建筑物和附着物；三是房地产权属发生转移；四是取得收入。

转让集体土地不属于纳税义务范围，原因在于：一是集体土地不得转让；二是不属于国有土地使用权转让；三是没有经过房地产登记机关登记并发生转移。

单独转让地上建筑物不属于纳税义务范围，原因在于：一是地上建筑物是贬值的，升值的是土地；二是房地合一之后不允许单独转让地上建筑物。

已经发生房地产权属转移，但是法院判决合同无效，执行回转的，视为房地产权属未发生转移，也不属于纳税义务范围。

已经发生房地产权属转移，但购买方未履行义务支付房款，法院解除合同的，因房地产权属已过户，无法执行回转，应按规定缴纳土地增值税。

各地政策

广州规定，经法院判决解除合同后退还土地使用权的行为，不是转让土地使用权的行为，不属于土地增值税征税范围。（穗地税函〔2013〕179号，第五条）

大连规定，根据国家有关规定，农村和城市郊区的土地除由法律规定属于国家所有的之外，均属于集体所有。集体的土地不得自行转让，只有依法由国家征用成为国有土地后，才能有偿转让。因此，对转让未经国家征用的集体土地及地上建筑物、附着物的行为应由有关部门处理。对于自行将集体土地转让给其他单位和个人的情况，各税务主管机关应在其补办土地征用和出让手续后，可作为国有土地的转让、按规定征收土地增值税。（大地税一〔1995〕121号，第一条）

对于房地产的出租，只取得收入但未发生房地产转移，不征土地增值税。但对于以出租名义转让房地产而逃避土地增值税的，应根据《中华人民共和国税收征收管理法》有关规定，确定其属于土地增值税的征税范围，并计征土地增值税。（大地税一〔1995〕121号，第二条）

以继承、赠与方式转让房地产，因只有房地产的转让而没有取得相对应的收入，所以不征收土地增值税。但对以赠与之名，行出售或交换之实的行为，不能作为赠与对待，应征收土地增值税。并可按《中华人民共和国税收征收管理法》有关规定给予处罚。（大地税一〔1995〕121 号，第三条）

房地产开发公司代客户进行房地产开发，开发完成后向客户收取代建收入，并没发生房地产产权的转移，因此不征土地增值税。（大地税一〔1995〕121 号，第四条）

国有土地使用权出让虽然发生了土地使用权的转移且又取得收入（土地出让金）。但这是由土地使用者向国家支付的土地使用权出让金的行为，因此不征收土地增值税。（大地税一〔1995〕121 号，第五条）

因为房地产的抵押和出典期间产权没有发生完全变更，因此，对办理抵押、出典的房地产在抵押、出典期间内不征收土地增值税。特期满后，如果该房地产赎回则不征税，对于将房地产拍卖清算抵债的应按规定征收土地增值税。（大地税一〔1995〕121 号，第八条）

河北规定，对于转让集体土地的行为，不征土地增值税。房地产开发公司代客户进行房地产开发，待项目全部竣工以后收取一定的代建收入。这种收入属于一种劳务收入，所建房地产的权属关系没有发生转移，因此，不构成土地增值税的纳税义务人。（冀地税函〔1995〕53 号，第一条、第二条）

厦门规定，对转让码头泊位、机场跑道等基础设施性质的建筑物行为，应当征收土地增值税。（国税函〔2010〕347 号）

3. 土地增值税的纳税义务发生时间

政策解读

"纳税人应在转让房地产合同签订后的七日内，到房地产所在地主管税务机关办理纳税申报。"（财法字〔1995〕6 号）

"纳税人因经常发生房地产转让而难以在每次转让后申报，是指房地产开发企业开发建造的房地产、因分次转让而频繁发生纳税义务、难以在每次转让后申报纳税的情况，土地增值税可按月或按各省、自治区、直辖市和计划单列市地方税务局规定的期限申报缴纳。"（国税函〔2004〕938 号）

土地增值税只有纳税申报的期限规定，没有纳税义务发生时间的规定。按上述政策原文理解，只要签订了合同，无论是否收取款项，均应按规定期限缴纳土地增值税。

部分地区采用了增值税纳税义务发生时间的规定，在一定程度上可以保持土地增值税和增值税计税依据的一致性。

各地政策

广州规定，(1)房地产开发企业销售房地产的，以签订房地产销售合同之日确认为转让房地产行为发生时间。(2)法院等有权部门对房地产开发企业的房地产实施强制拍卖、变卖的，以拍卖、变卖成交之日确认为转让房地产行为发生时间。(穗地税函〔2012〕198号，第三条)

企业仅发生名称变更，所有制形式没有发生改变的，不属于土地增值税条例、细则规定的征税范围，不征收土地增值税。(穗地税函〔2015〕146号，第三条)

江西规定，销售收入确认是以双方签订商品房购买合同时间为准。[赣地税发〔2013〕117号，第二条第(二)项]

浙江规定，纳税义务发生时间按如下规定执行：转让房地产并一次性取得收入的为取得收入的当天；以赊销或分期收款方式转让房地产的，为本期收到价款的当天或合同约定本期应收价款日期的当天；采用预收价款方式转让房地产的，为收到预收价款的当天。(浙地税〔1995〕38号，第十条)

新疆规定，土地增值税取得收入的实现时间，按下列规定确定：(1)转让土地使用权、地上建筑物及其附着物的，以取得收入价款的当天；(2)以分期收款方式转让房地产的，以合同约定本期应收价款日期的当天；(3)采用预收价款方式转让房地产的，以收到预收价款的当天。(新地税发〔2002〕150号，第三条)

贵州规定，整体转让未竣工项目或直接转让土地使用权以交易双方签订转让合同或协议的当天作为达到土地增值税清算条件之日。(贵州省地方税务局公告2016年第13号公告，第二十一条)

房地产开发企业将开发产品用于职工福利、奖励、对外投资、赞助、分配给股东或投资人、抵偿债务、换取其他单位和个人的非货币性资产等，应当在产权发生转移时视同销售并确认收入。房地产开发企业以房地产开发项目中的开发产品对被拆迁户进行安置补偿的，安置用房视同销售处理并于产权发生转移时确认收入。以上情形确认收入的时间以双方所签合同或协议的时间为准。(贵州省地方税务局公告2016年第13号，第三十条)

青岛规定，房地产开发企业转让房地产，其清算收入确认时间是指：(1)所销售的房地产，已收讫全部价款或者取得索取全部价款的凭据；(2)对视同销售的房地产，其房地产的所有权发生转移；(3)国家税务总局的其他规定。(青岛市地方税务局公告2016年第1号，第四十二条，已废止；青岛市地方税务局公告2018年第4号)

深圳规定，土地增值税纳税义务发生时间为房地产转让合同签订之日。(1)已签订房地产转让合同，原房产因种种原因迟迟未能过户，后因有关问题解决后再办理房产转移登记，土地增值税纳税义务发生时间以签订房地产转让合同时间为准。(2)法院在进行民事判决、民事裁定、民事调解过程中，判决或裁定房地产所有权转移，土地增值税纳税义务发生时间以判决书、裁定书、民事调解书确定的权属转移时间为准。(3)依法设立的仲裁机构裁决房地产权属转移，土地增值税纳税义务发生时间以仲裁书明确的权属转移时间为准。(4)房地产所有人委托拍卖行拍卖，拍卖成交后双方按照拍卖成交确认书签订房地产转让合同，土地增值税纳税义务发生时间以签订房地产转让合同时间为准。(深地税发〔2006〕266 号，第一条、第二条、第三条、第四条)

纳税人转让房地产的土地增值税应税收入不含增值税，房地产开发企业预缴土地增值税的纳税义务发生时间以转让房地产合同签订时间为准。(深圳市地方税务局公告 2015 年第 1 号，修订后，第十二条)

北京规定，纳税人清算后再转让房地产的，对于买卖双方签订的房地产销售合同有约定付款日期的，纳税义务发生时间为合同签订的付款日期的当天；对于采取预收款方式的，纳税义务发生时间为收到预收款的当天。(北京市地方税务局公告 2016 年第 7 号，第四十六条)

厦门规定，纳税人清算后再转让房地产的，对于买卖双方签订的房地产销售合同有约定付款日期的，纳税义务发生时间为合同签订的付款日期的当天；对于对采取预收款方式的，纳税义务发生时间为收到预收款的当天。(厦门市地方税务局公告 2016 年第 7 号，第四十八条)

4. 土地增值税的纳税地点

政策解读

“纳税人应当自转让房地产合同签订之日起七日内向房地产所在地主管税务机关办理纳税申报，并在税务机关核定的期限内缴纳土地增值税。”(国务院令第 138 号)

纳税人应在房地产所在地主管税务机关申报和缴纳土地增值税。

各地政策

北京规定，以发展改革部门立项批复时间作为划分时点，自 2013 年 7 月 1 日起，转让房地产的纳税人，应向房地产所在地主管地方税务机关办理土地增值税申报纳税手续。(北京市地方税务局公告 2013 年第 5 号)

深圳规定，个人转让房地产土地增值税由国土产权管理部门代征，也可以由纳税人自行到房地产所在地主管税务机关申报缴纳。(深圳市地方税务局公告 2015 年第 1 号，第五十四条)

5. 土地增值税的收入范围

政策解读

“收入,包括转让房地产的全部价款及有关的经济收益。”(财法字〔1995〕6 号)

“审核纳税人在销售不动产过程中收取的价外费用,如天然气初装费、有线电视初装费等收益,是否按规定申报纳税。”(国税发〔2007〕132 号)

《中华人民共和国土地增值税暂行条例实施细则》提到了“有关经济利益”的概念,《土地增值税清算鉴证业务准则》提到了“价外费用”的概念。

各地政策

青岛规定,纳税人在销售开发产品的过程中,随同房价向购房人收取的装修费、设备安装费、管理费、手续费和咨询费等价外收费,应并入房地产转让收入,作为房屋销售计税价格的组成部分,预缴土地增值税。(青岛市地方税务局公告 2014 年第 1 号,第一条)

房地产开发企业在销售开发产品的过程中,向购房人收取的装修费等全部价外收费,应并入房地产转让收入,作为房屋销售计税价格的组成部分,预缴土地增值税。[青岛市地方税务局公告 2018 年第 4 号,第三条第(三)项]

广州规定,房地产开发企业作为委托方以支付代销费、包销费等费用方式委托其他单位或个人作为受托方代销、包销房地产,委托方与受托方之间没有发生房地产产权转移的,房地产开发企业在确认收入时不得扣除相应的代销费、包销费等费用。房地产开发企业在转让房地产时代收的税款,不确认为收入。(穗地税函〔2012〕198 号,第四条)

6. 实物收入和其他收入如何确认

政策解读

“转让房地产的收入包括货币收入、实物收入和其他收入。”(国税函发〔1995〕110 号)

实物收入一般按照市场公允价格计量,没有公允价格的可以通过合理的评估确定。

各地政策

湖北规定,(1)货币收入是指纳税人转让房地产取得的现金、银行存款、支票、银行本票、汇票等各种信用票据和国库券、金融债券、企业债券、股票等。其实质是转让方因转让土地使用权、房屋产权而向取得方收取的价款。(2)实物收入是指纳税人转让房地产而取得的各种实物形态的收入，如钢材、水泥等建材以及房屋、土地等不动产等。实物收入应当通过评估确认其公允价值。(3)其他收入是指纳税人转让房地产而取得的无形资产收入或其他具有财产价值的权利，如专利权、商标权、著作权、专有技术使用权、土地使用权、商誉权等。其他收入应当通过评估确认其公允价值。(鄂地税发〔2008〕207 号，第十三条)

新疆规定，(1)对于纳税人取得的实物收入必须对实物进行估价，应由具有评估资格的评估机构做出评估，经当地地方税务机关审核确认。(2)其他收入主要指取得的专利权、商标权、商誉等无形资产，对其也需进行估价，由具有评估资格的评估机构做出评估，并经当地地方税务机关审核确认。(新地税三〔1997〕27 号，第三条)

7. 以股权转让为名义转让房地产是否征收土地增值税

政策解读

仅有极少部分地区对以股权转让为名义，实质转让房地产的行为征收土地增值税。主要原因源于《国家税务总局关于以转让股权名义转让房地产行为征收土地增值税问题的批复》(国税函〔2000〕687 号)的规定。

土地增值税没有相关反避税条款，按照当前的法律解析，股权转让和房产转让还是有区别的。此外，如对股权转让而导致房产实际控制权发生变化征收土地增值税，在法规和征管上存在一系列问题。一是现有暂行条例和实施细则对国税函〔2000〕687 号文在政策上支持不足；二是以股权转让为名义实质转让房地产的，对持股比例是否有限制；三是股权转让时房产并未过户，若后续需要过户，在征管时如何免除届时的纳税义务；四是再次转让的，应将纳税义务人定性为房地产权属所有人还是实际持股人。

各地政策

湖南规定，对于控股股东以转让股权为名，实质转让房地产并取得了相应经济利益的，应比照国税函〔2000〕687 号、国税函〔2009〕387 号、国税函〔2011〕415 号文件，依法缴纳土地增值税。(湘地税财行便函〔2015〕3 号)

8. 土地增值税的最基本计税单位

政策解读

一个房产证上可能包含多套房产，一套房产也可能只转让一部分的房产比例。在转让部分比例房地产权属时，是按整套计算税款再按比例分摊，还是分别按比例直接计算税款，对计算结果是有影响的。

案例 2-1

有一套商铺，A 个人持有 40%权属，B 企业持有 60%权属，现该套房产整体转让给 C 个人，A 和 C 属于父子关系。房产原取得价款为 100 万元，市场价和计税评估价均为 300 万元，如何操作在税负上更划算？

思路：A 和 C 属于父子关系，在部分地区适用原价转让价格偏低理由合理的政策。40%的产权按原价对应的比例 40 万元转让，60%的产权按市场价格对应的比例 180 万元转让。合计转让总价款 220 万元。那么在计算土地增值税时，若按整套计算税款再按比例分摊的方法下，不考虑其他因素，增值额＝220－100＝120(万元)，增值率＝120÷100＝120%，土地增值税＝120×50%－100×15%＝45(万元)，A 承担税款＝45×40%＝18(万元)，B 承担税款＝45×60%＝27(万元)。若分别直接计算税款，A 的增值额＝40－40＝0(万元)，A 承担税款为零，B 的增值额＝180－60＝120(万元)，增值率＝120÷60＝200%，B 承担土地增值税＝120×50%－60×15%＝51(万元)。两种方法下，后者比前者总共增加 6 万元。

各地政策

新疆规定，土地增值税最小计算单位为一个幢号。(新地税发〔2005〕208 号，第三条)

河南规定，“单套房屋”包括：房地产开发企业转让普通标准住宅、除普通标准住宅以外的其他住宅和除住宅以外的其他房地产项目，不包括购房者随房屋一并购买的地下室、车库。转让普通标准住宅、除普通标准住宅以外的其他住宅以单套为单位确认；除住宅以外的其他房地产项目按交易双方协议约定的房屋对象确认。(河南省地方税务局公告 2017 年第 3 号，解读第六条)

重庆规定，纳税人转让旧房应按照权属登记规定的基本登记单元为计税单位，计算土地增值税。(重庆市地方税务局公告 2014 年第 9 号，第二条)

9. 订金、定金、违约金、赔偿金等问题

政策解读

“收入，包括转让房地产的全部价款及有关的经济收益。”(财法字〔1995〕6 号)

如何定性与转让房地产有关的经济利益，一种解释是只要收取了款项即为收入；另一种解释是如果房地产销售合同未生效，实质上并未发生房地产转让行为，其违约金等收入不属于与转让房地产相关收入，即不属于土地增值税收入。

各地政策

广州规定，房地产开发企业与购买方未签订房地产销售合同，房地产开发企业收取的订金、定金、违约金和赔偿金，不得确认收入；房地产开发企业与购买方签订房地产销售合同后，房地产开发企业收取的订金、定金以及由于购买方违约而产生的违约金和赔偿金，确认为收入。（穗地税函〔2012〕198 号，第四条）

安徽规定，房地产开发企业转让房地产时收取的定金、诚意金等，应一并计入销售收入预征土地增值税。在清算土地增值税时，买受方在签订合同前因撤销购买意向而向销售方支付的违约金，不计入销售收入，不征收土地增值税。（安徽省地方税务局公告 2012 年第 2 号，第十一条）

天津规定，房地产开发项目商品房销售过程中收取的违约金、赔偿金以及其他各种性质的经济利益，应确认为与转让房地产有关的收入。（天津市地方税务局公告 2016 年第 25 号，第一条）

青岛规定，因房地产购买方违约，导致房地产未能转让，转让方收取的定（订）金、违约金不作为与转让房地产有关的经济利益，不确认为房地产转让收入。（青地税发〔2016〕1 号，第三十九条，已废止；青岛市地方税务局公告 2016 年第 7 号）

内蒙古规定，房地产转让收入是指纳税人转让房地产实际取得的转让收入价款、预收款、定（订）金和其他经济利益，包括货币收入、实物收入和其他收入。纳税人“以房抵物”“以房抵息”“以房换房”“以房换地”，且发生产权转移的，应视为取得“房地产转让收入”预缴土地增值税。（内地税字〔2005〕116 号，第六条、第七条）

江苏规定，纳税人因转让房地产收取的违约金、滞纳金、赔偿金、分期付款（延期付款）利息以及其他各种性质的经济收益，应当确认为房地产转让收入。因房地产购买方违约，导致房地产未能转让，转让方收取的该项违约金不作为与转让房地产有关的经济利益，不确认为房地产转让收入。（苏地税规〔2012〕1 号，第三条）

10. 转让房地产成交价格偏低的正当理由

政策解读

“转让房地产的成交价格低于房地产评估价格，又无正当理由的，按照房地产评估价格计算征收土地增值税。”（国务院令第 138 号）

正常的房地产交易应该遵循公平、公允的交易原则，具备商业实质。直系亲属之间的原价转让房地产、法院公开强制拍卖流拍后低于评估价格的底价成交、政府从房地产开发企业购买商品房用于保障住房等行为，一般不具有商业实质。

各地政策

天津规定，对以下情形的房地产转让价格，即使明显偏低，可视为有正当理由：(1)各级人民法院的生效判决或裁定；(2)公开竞价拍卖；(3)个人转让给直系亲属或承担直接赡养义务人；(4)主管税务机关认定的其他情形。(天津市地方税务局公告 2016 年第 22 号，第八条)

安徽规定，对以下情形的房地产转让价格，即使明显偏低，可视为有正当理由：(1)采取政府指导价、限价等非市场定价方式销售的开发产品；(2)法院判决或裁定价格的开发产品；(3)以公开拍卖方式转让的开发产品。(安徽省地方税务局公告 2017 年第 6 号，第三十三条)

重庆规定，对以下情形的房地产转让价格，即使明显偏低，可视为有正当理由：(1)法院判决或裁定转让；(2)公开竞价拍卖转让；(3)按物价部门确定的价格转让；(4)拆迁安置售房；(5)个人转让给直系亲属或承担直接赡养义务人；(6)经税务机关认定的其他合理情形。(重庆市地方税务局公告 2014 年第 9 号，第四条)

海南规定，对以下情形的房地产转让价格，即使明显偏低，可视为有正当理由：(1)人民法院判定或裁定的转让价格；(2)以公开拍卖方式转让房地产的价格；(3)政府有关部门确定的转让价格；(4)经主管税务机关认定的其他合理情形。(琼地税函〔2015〕917 号，第一条)

江苏规定，对以下情形的房地产转让价格，即使明显偏低，可视为有正当理由：(1)法院判定或裁定的转让价格；(2)以公开拍卖方式转让房地产的价格；(3)政府物价部门确定的转让价格；(4)经主管税务机关认定的其他合理情形。[苏地税规〔2012〕1 号，第三条第(三)项]

贵州规定，房地产开发企业销售开发产品的价格低于同类开发产品平均销售价格 30%以上或者低于成本价而又元正当理由的，主管地方税务机关有权核定其销售价格，但下列情形除外：(1)采取政府指导价、限价等非市场定价方式销售的开发产品。(2)由法院判决或裁定价格的开发产品。(3)采取公开拍卖方式确定价格的开发产品。(4)经主管地方税务机关认定的其他合理情形。(贵州省地方税务局公告 2016 年第 13 号，第三十一条)

11. 如何认定房地产转让价格明显偏低

政策解读

“申报的计税依据明显偏低，又无正当理由的，按不低于预征率的征收率核定征收土地增值税。”（国税发〔2006〕187 号）

成交价格低到什么程度算明显偏低？《最高人民法院关于适用〈中华人民共和国合同法〉若干问题的解释（二）》（法释〔2009〕5 号）第十九条规定：“对于合同法第七十四条规定的‘明显不合理的低价’，人民法院应当以交易当地一般经营者的判断，并参考交易当时交易地的物价部门指导价或者市场交易价，结合其他相关因素综合考虑予以确认。转让价格达不到交易时交易地的指导价或者市场交易价 70％的，一般可以视为明显不合理的低价；对转让价格高于当地指导价或者市场交易价 30％的，一般可以视为明显不合理的高价。”

各地政策

北京规定，对于纳税人转让房地产的成交价格明显偏低的，税务机关应要求纳税人提供书面说明。若成交价格明显偏低又无正当理由的，税务机关参照平均价格、市场价格或评估价格确定。（北京市地方税务局公告 2016 年第 7 号，第二十九条）

海南规定，纳税人申报的房地产转让价格低于同期同类房地产平均销售价格 30％且无正当理由的，可认定为房地产转让价格明显偏低。（琼地税函〔2015〕917 号，第一条）

江苏规定，对纳税人申报的房地产转让价格低于同期同类房地产平均销售价格 10％的，税务机关可委托房地产评估机构对其评估。纳税人申报的房地产转让价格低于房地产评估机构评定的交易价，又无正当理由的，应按照房地产评估机构评定的价格确认转让收入。（苏地税规〔2012〕1 号，第三条）

河南规定，申报的计税价格明显偏低，又无正当理由的，该处的“明显偏低”是指低于该项目当月同类房地产平均销售价格的 10％，如当月无销售价格的应按照上月同类房地产平均销售价格计算；无销售价格的，主管税务机关可参照市场指导价、社会中介机构评估价格、缴纳契税的价格和实际交易价格，按孰高原则确定计税价格。（豫地税函〔2010〕202 号，第二条）

青岛规定，房地产开发企业销售房地产价格明显偏低又无正当理由的，其收入按下列顺序确认：（1）按本企业在同一地区、同一年度销售的同类开发产品市场销售的平均价格确定。（2）由主管税务机关参照当地、当年同类开发产品市场售价或评估价格确定。（青岛市地方税务局公告 2018 年第 4 号，第二条）

12. 土地储备中心收地是否缴纳土地增值税

政策解读

按照《土地储备管理办法》第十条规定，国家收储的方式包括：(1)依法收回的国有土地；(2)收购的土地；(3)行使优先购买权取得的土地；(4)已办理农用地转用、土地征收批准手续的土地；(5)其他依法取得的土地。

以市场行为收购房产土地的，应按规定缴纳土地增值税；因国家建设需要执行强制收回的，可适用土地增值税相关减免税政策。

各地政策

湖北规定，土地储备中心收回土地，被收回土地使用权的单位凡能提供下列资料之一的，凡收回的土地用于城市规划及公共设施建设需要的，被收回土地使用权单位取得的全部补偿收入免征土地增值税。不能提供下列资料之一的，被收回土地使用权单位取得的全部补偿收入应按规定征收土地增值税。上述资料是指：(1)县级以上(含)地方人民政府出具的收回土地使用权的正式文件；(2)土地管理部门报经县级以上(含)地方人民政府同意后由该土地管理部门出具的收回土地使用权文件；(3)县级以上(含)地方人民政府作出的《房屋征收决定书》。(鄂地税发〔2013〕97号，第一条)

对土地储备中心收购土地，被收购土地使用权的单位取得的土地、地上建筑物及附着物补偿收入应按规定征收土地增值税。(鄂地税发〔2013〕97号，第二条)

(1) 对土地储备中心纳入储备的土地，通过“招、拍、挂”方式出让土地的行为，不征收土地增值税；对转让土地的行为，应按规定征收土地增值税。(鄂地税发〔2013〕44号，第七条)(2)对城投公司纳入储备的土地，或土地储备中心收储后办理到城投公司名下的土地，其发生转出土地的行为，应按规定征收土地增值税。(鄂地税发〔2013〕44号，第八条)(3)对具有土地收储、整理和供应及土地开发于一体的企业，在旅游景点、房地产开发、交通(城市)基础设施及工业园区建设等投资经营中，其发生转出土地的行为，应按规定征收土地增值税。(鄂地税发〔2013〕44号，第九条)

13. 国有资产无偿划转是否征收土地增值税

政策解读

“转让国有土地使用权、地上的建筑物及其附着物并取得收入，是指以出售或者其

他方式有偿转让房地产的行为。不包括以继承、赠与方式无偿转让房地产的行为。”(财法字〔1995〕6 号)

“赠与是指房产所有人、土地使用权所有人通过中国境内非营利的社会团体、国家机关将房屋产权、土地使用权赠与教育、民政和其他社会福利、公益事业的行为。”(财税字〔1995〕48 号)

路径是:房地产所有人→通过国家机关→赠予社会福利、公益事业。

不含:房地产所有人→直接赠与给国家机关及其下属机构。

也不含:国有资产管理机构房地产所有人→无偿划转给其他国家机关及其下属机构。

除非当地出台相关减免税政策,否则国有资产无偿划转应按规定缴纳土地增值税。

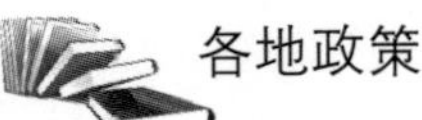
各地政策

广州规定,经县级以上人民政府或国有资产管理部门批准,国家机关、事业单位、国有企业、国有独资公司之间的国有土地、房屋权属的划转,不属于土地增值税条例、细则规定的征税范围,不征收土地增值税。[穗地税函〔2015〕146 号,第三条第(五)项]

重庆规定,经县级以上人民政府或国有资产管理部门批准,按照国有产权无偿划转的相关规定,国有企业、事业单位、国家机关之间无偿划转房地产不征收土地增值税。(重庆市地方税务局公告 2014 年第 9 号,第三条)

14. 同一投资主体内划转房地产是否征收土地增值税

政策解读

财税〔2015〕5 号文发布之前,重庆出台了资产划转相关土地增值税文件,其不征税适用范围更广,深入贯彻了《国务院关于进一步优化企业兼并重组市场环境的意见》(国发〔2014〕14 号)的精神。

各地政策

重庆规定,同一投资主体内部所属企业之间无偿划转(调拨)房地产,不征收土地增值税。“同一投资主体内部所属企业之间”是指母公司与其全资子公司之间;同一公司所属全资子公司之间;自然人与其设立的个人独资企业、一人有限公司之间。(重庆市地方税务局公告 2014 年第 9 号,第三条)

15. 房地产开发自用或出租的处理

政策解读

“房地产开发企业将开发的部分房地产转为企业自用或用于出租等商业用途时，如果产权未发生转移，不征收土地增值税，在税款清算时不列收入，不扣除相应的成本和费用。”（国税发〔2006〕187 号）

自用或出租的房产不同于房地产开发企业的开发产品。土地增值税清算后再转让房地产的，是指转让房地产开发企业的开发产品，而不含自用或出租的房产。出租或自用的房产在计算销售比例是否达到 85％时是否列入已售面积和总可售面积，自用或出租的房产后续再次转让的是按旧房处理还是按清算后再销售房地产处理，未有明确规定。

各地政策

北京规定，纳税人将房地产转为企业自用或用于出租时，如果产权未发生转移，不征收土地增值税，在税款清算时不列收入，不扣除相应的成本和费用。（北京市地方税务局公告 2016 年第 7 号，第二十九条）

广州规定，同一清算单位内的共同成本、费用按照如下方式分摊，对于出租或自用的房地产，清算时按出租或自用房地产建筑面积计算不予扣除的扣除项目金额。（穗地税函〔2014〕175 号，第五条）

黑龙江规定，房地产开发企业将开发的部分房地产转为企业自用或用于出租等商业用途时，如果产权未发生转移，不征收土地增值税，在土地增值税清算时不列收入、不扣除相应的成本和费用。（黑龙江省地方税务局公告 2016 年第 2 号，第十八条）

厦门规定，可售建筑面积已经出租或自用的，主管税务机关可要求其报送《房地产项目销售和自用（含出租）情况表》。（厦门市地方税务局公告 2016 年第 7 号，第十二条）

重庆规定，房地产开发企业将开发的部分房地产开发品留作自用并转为固定资产的，不计征土地增值税。同时不扣除相应的成本费用。待固定资产转让时，再按规定征收土地增值税。（已废止，重庆市地方税务局公告 2015 年第 5 号）

贵州规定，房地产开发企业将开发的部分房地产转为企业自用或用于出租时，如果产权未发生转移，不征收土地增值税。该房地产在清算时不确认收入，不扣除相应的成本和费用。（贵州省地方税务局公告 2016 年第 13 号，第三十三条）

第三章
土地增值税项目登记管理

1. 办理项目登记的时间期限

政策解读

“主管税务机关应加强房地产开发项目的日常税收管理，实施项目管理。主管税务机关应从纳税人取得土地使用权开始，按项目分别建立档案、设置台账，对纳税人项目立项、规划设计、施工、预售、竣工验收、工程结算、项目清盘等房地产开发全过程情况实行跟踪监控，做到税务管理与纳税人项目开发同步。”(国税发〔2009〕91 号)

土地增值税项目登记的时间期限各不相同，如按 10 日、30 日、60 日，按取得立项批复时间开始计算，按取得建筑工程施工许可证时间开始计算，按取得预售时间许可证时间计算，还包括了初始登记、补充登记、变更登记等多种情况。

各地政策

北京规定，自 2016 年 8 月 9 日起，从事房地产开发的纳税人，应在取得土地使用权并获得房地产开发项目开工许可后，根据税务机关确定的时间，向主管税务机关报送《土地增值税项目登记表》，并在每次转让(预售)房地产时，依次填报相应内容。(北京市地方税务局公告 2016 年第 12 号)

青岛规定，(1)房地产开发企业应在取得土地使用权并获得房地产开发项目《建设工程施工许可证》后 10 日内，向主管税务机关办理项目信息登记，填报《土地增值税项目登记表》，同时提供相关书面资料。(2)已开始销售但尚未办理清算申报的房地产开发项目，纳税人应于本办法施行后在主管税务机关规定时限内补报《土地增值税项目登记表》和相关资料。(3)房地产开发企业项目登记内容发生变化或项目建设过程中出现特殊情况导致工程造价偏高，应自变化之日或特殊情况发生之日起 30 日内向主管税务机关报告并提交相应资料。主管税务机关应及时进行实地核查记录，纳税人应予以配合。(青岛市地方税务局公告 2016 年第 1 号，第九条、第十条，已废止；青岛市地方税务局 2018 年第 4 号)

安徽规定，纳税人应在取得土地使用权并获得建筑工程施工许可证后，根据地税机关确定的时间和要求办理土地增值税项目申报，向主管地税机关报送《土地增值税项目报告表（从事房地产开发的纳税人适用）》，并在每月转让（预售）房地产时，依次填报表中规定栏目的内容。（安徽省地方税务局公告2017年第6号，第八条）

山东规定，纳税人应当在取得土地使用权并获得房地产开发项目施工许可后十日内，到主管地税机关办理项目登记，同时报送《土地增值税项目报告表（从事房地产开发的纳税人适用）》及主管地税机关要求报送的其他资料。（山东省地方税务局公告2017年第5号，第六条）

福建规定，(1)土地增值税以纳税人房地产成本核算的最基本的核算项目或核算对象为单位计算。纳税人在取得施工许可证后的30日内，应按每一成本核算项目或对象向主管税务机关办理项目登记。(2)纳税人预售房地产的，应在取得预售许可证明后的15日内，向主管税务机关报送预售许可证明（复印件）及预售商品房分层平面图等资料。(3)纳税人在房地产开发过程中签订的工程施工合同，应在合同签订后30日内向主管税务机关报备。（闽地税发〔2005〕195号，第五条、第六条、第七条）

厦门规定，纳税人应当自取得房地产项目立项批文或取得国有土地使用权之日起30日内，向主管税务机关办理房地产项目信息登记。并在项目建设用地规划许可、建设工程规划许可、建筑工程施工许可、商品房预现售、建筑工程竣工等环节发生之日或取得相关书面文件之日起30日内提供资料。（厦门市地方税务局公告2016年第7号，第十条、第十一条）

四川规定，纳税人在取得土地使用权并获得房地产开发项目开发立项或合同之日起30日内，应按“房地产成本核算最基本的核算项目或者核算对象为单位”向主管税务机关报送《土地增值税项目登记表》，同时向主管税务机关提交房地产开发合同或房地产开发立项批准文件。（川地税发〔2010〕88号，第二条）

河北规定，从事房地产开发的纳税人，在其开发项目审核批准后30日内到项目所在地主管地方税务机关进行登记，填报《土地增值税项目登记表》。（冀地税发〔2006〕37号，第三条）

内蒙古规定，纳税人应在取得土地使用权并获得房地产开发项目开工许可后十日内，向主管地税机关办理纳税项目登记。（内地税字〔2005〕116号，第十条）

宁夏规定，从事房地产开发的纳税人，应在取得土地使用权并获得房地产开发项目开工许可证后10日内，向主管税务机关报送《土地增值税项目登记表》。（宁政发〔2015〕43号，第四条）

山西规定，纳税人应于取得房地产开发项目许可后30日内，向主管地方税务机关填报《土地增值税项目登记表》，办理土地增值税项目登记手续。（山西省地方税务局公告2012年第3号，第四条）

新疆规定，从事房地产开发与建设的纳税人，应在取得土地使用权并获得房地产开发项目开工许可证后，30日内到主管地方税务机关办理土地增值税项目登记。（新地税发〔2002〕150号，第一条）

云南规定，纳税人在签订房地产开发合同或者取得房地产开发项目立项批准文件后30日内，应当以房地产成本核算做基本的核算项目或者核算对象为单位向主管税务机关办理土地增值税纳税项目申报手续，并向主管税务机关提交房地产开发合同或者房地产开发立项批准文件。（云南省人民政府令第22号，第四条）

浙江规定，新开发的房地产开发项目，纳税人应在首次报送《土地增值税预缴纳税申报表》时，附报《房地产开发项目情况登记表》；已开始销售但尚未办理清算申报的房地产开发项目，纳税人应在本公告施行后的2个月内补报《房地产开发项目情况登记表》。（浙江省地方税务局公告2015年第8号，第一条）

甘肃规定，从事房地产开发销售的纳税人应当自取得《房地产预售许可证》后60日内到主管税务机关办理房地产项目登记。（甘地税函发〔2006〕206号，第九条）

深圳规定，项目登记包括三个部分：(1)初始登记。纳税人自房地产项目立项，即取得房地产项目立项批文起30日内登录电子税务局或前往主管税务机关办税服务厅办理项目初始登记。(2)补充登记。纳税人自项目初始登记之后，项目开发完工之前，每次取得以下资料均应当在取得资料之日起30日内，登录电子税务局或前往主管税务机关管理科办理项目补充登记。(3)变更登记。凡已登记项目信息变更的，纳税人应当在信息变更后10日内登录电子税务局自行更改，并将更改情况反馈主管税务机关。（深圳市地方税务局公告2015年第1号，第六条）

2. 项目登记和销售时应提供什么资料

政策解读

土地增值税项目登记的时点不同，其应提供的资料清单也不同。项目登记管理主要为了掌握房地产项目总可售面积、已销售面积、销售单价、销售总价、销售面积比例等情况，以确认该项目是否达到清算条件、土地增值税预征税款是否正确、清算收入是否与预征税款保持一致等情况。

各地政策

北京规定，属于保障房项目的，纳税人需提供政府主管部门制发的相关文件。（北京市地方税务局公告2016年第7号，第九条）

甘肃规定，项目登记应提供以下资料：(1)建筑工程施工合同；(2)土地转让合同；

(3)《项目立项批准书》和《建设工程规划许可证》;(4)《房地产预售许可证》;(5)《土地增值税项目登记表》;(6)需要提供的其他资料。(甘地税函发〔2006〕206号,第九条)

上海规定,房地产开发企业应当在项目的"销售方案"向房屋主管部门申报备案通过后的10日内,将房屋主管部门签发的《商品房销售方案备案证明》及"销售方案"报送主管税务机关。房地产开发企业在本公告发布前已备案通过的在售项目,应于2010年10月底前向主管税务机关报送上述资料。(上海市地方税务局公告2010年第1号,第五条)

吉林规定,纳税人应于取得基本清算单位第一张预售许可证开始,每季终了后15日内向主管税务机关报送《销售明细申报表》。(吉林省地方税务局公告2014年第1号,第七条)

贵州规定,房地产开发企业应当自房地产开发项目取得第一张销(预)售许可证起,于每季度终了及时向主管地方税务机关报送上季度房地产开发项目销售和使用情况说明。(贵州省地方税务局公告2016年第13号,第十七条)

广东规定,纳税人应将取得土地、项目立项、规划设计、施工、预售、竣工验收、工程结算、项目清盘等资料按取得时间顺序向主管税务机关报送。(1)取得土地、立项与规划环节。(2)项目工程施工环节。(3)销(预)售商品房环节。(4)项目竣工验收备案环节。(5)取得房地产权属证明环节。(广东省地方税务局公告2014年第3号,第十条)

安徽规定,纳税人应自取得下列批复、备案、证照或签订相关合同之日起30日内向主管地税机关报送复印件或地税机关认可的其他形式资料:(1)发展改革等有关部门下发的项目立项(备案)文件;(2)取得土地使用权所签订的合同、协议;(3)国有土地使用权证;(4)建设用地规划许可证;(5)建设工程规划许可证;(6)建筑工程施工许可证;(7)建设施工合同;(8)预(销)售许可证;(9)竣工验收备案表;(10)地税机关要求报送的其他资料。(安徽省地方税务局公告2017年第6号,第七条)

青岛规定,(1)房地产开发企业应在取得土地使用权并获得房地产开发项目《建筑工程施工许可证》后10日内,向主管税务机关办理项目信息登记,填报《土地增值税项目报告表(从事房地产开发的纳税人适用)》,同时提供以下书面资料:①房地产项目立项批文;②国有土地使用权出让合同或转让合同;③建设用地规划许可证;④建设工程规划许可证;⑤建筑工程施工许可证;⑥建筑工程施工合同。(2)房地产开发企业在取得工程竣工验收备案证后30日内,向主管税务机关提供以下书面材料:①商品房销售(预售)许可证;②合同成本清单,竣工验收证明,建设方、施工方、咨询企业三方盖章的工程结算审核报告;③证明直接组织、管理开发项目发生开发间接费用的相关资料。(3)房地产开发企业已竣工验收的房地产开发项目,已转让的房地产建筑面积占整个项目可售建筑面积的比例在85%以上,或该比例虽未超过85%,但剩余的可售建筑面积已经出租或自用的,应在其达到该比例之日起30日内向主管税务机关报送房地产项目

销售、自用和出租情况说明。[青岛市地方税务局公告2018年第4号,第十五条第(一)项、第十四条第(二)(三)项]

3. 项目清算单位和分期标准

政策解读

"土地增值税以国家有关部门审批的房地产开发项目为单位进行清算,对于分期开发的项目,以分期项目为单位清算。"(国税发〔2006〕187号)

国家有关部门包括:发展改革部门、城市更新部门、规划部门、城建部门等。明文规定的地区多以《建设工程规划许可证》为清算单位,还有一部分以发展改革部门立项为清算单位。

清算单位的认定决定了项目清算是否需要再进行分期清算,极少部分地区采取以一个预售许可证为清算单位的,基本上不需要再分期清算了。清算单位的规模越大,往下分期清算的可能就越大。分期清算或不进行分期清算,对清算税款是否能递延申报缴纳以及清算整体税负的高低有重大影响。

各地政策

北京规定,以发展改革部门立项批复时间作为划分时点。对于一个房地产开发项目,在开发过程中分期建设、分期取得施工许可证和销售许可证的,主管地方税务机关可以根据实际情况要求纳税人分期进行清算。(京地税地〔2007〕325号,第四条)

广州规定,(1)对于符合土地增值税清算条件,属于分批取得立项批文、整体开发、统一核算的房地产项目,清算时原则上应作为一个清算单位。(2)对于分期开发房地产项目,符合下列情形之一的,应视为分期项目:①同一开发项目内,房地产开发企业以分期销售形式开发并能够分别核算各期收入和扣除项目的。②同一开发项目内,房地产开发企业分期取得初始产权登记证明的。(3)对于分期开发房地产项目,以分期项目作为清算单位;但是,如果分期项目符合土地增值税清算条件且未清算的,清算时应将符合清算条件的各分期项目合并作为一个清算单位。(已废止,广州市地方税务局公告2015年第19号)

青岛规定,土地增值税以政府规划部门颁发的《建设工程规划许可证》确定的建设项目为单位进行清算。房地产开发企业成片受让土地使用权后分期分批开发的项目,以政府规划部门颁发的《建设工程规划许可证》确定的分期分批建设项目为单位进行清算。(青岛市地方税务局公告2016年第1号,第六条,已废止;青岛市地方税务局公告2018年第4号)

具体清算单位原则上由主管税务机关以政府规划部门颁发的《建设用地规划许可证》确认的项目来确定，属于分期开发的项目，参照政府相关部门颁发的《建设工程规划许可证》《建筑工程施工许可证》《商品房（销售）预售许可证》及竣工验收交付、预售资金回笼情况确定。原则上对于不属于“同期规划、同期施工、同期交付”的房地产项目，应分期进行清算。（青岛市地方税务局公告 2018 年第 4 号，第一条）

天津规定，土地增值税以纳税人与国土房管部门签订的土地出让合同所列范围内的房地产开发项目为单位进行清算。对于分期开发的项目以区级（含）以上发展改革部门备案的项目为单位进行清算，各期的清算方式和扣除项目金额的计算分摊方法应保持一致。（天津地方税务局公告 2016 年第 24 号，第五条）

贵州规定，土地增值税以发改部门立项批复确定的房地产开发项目为清算单位。对于分期开发的房地产项目，以房地产开发企业取得的《建设工程规划许可证》确定的分期项目为单位进行清算。（贵州省地方税务局公告 2016 年第 13 号，第四条）

宁波规定，清算项目以规划部门审批的建设工程规划许可证中所列建设项目为准。（甬地税二〔2009〕104 号，第一条）

安徽规定，房地产开发项目是指经国家有关部门审批、备案的项目。上述国家有关部门是指发展改革部门，或者履行项目备案职能的经信委、计经委等部门。对于分期开发的项目，以分期项目为单位清算。上述分期开发的项目，是指规划部门下发的《建设工程规划许可证》中确认的项目。依据《建设工程规划许可证》难以确认分期开发项目的，纳税人应于取得《建设工程规划许可证》之日起 30 日内向主管地税机关报告，主管地税机关应依据《建设用地规划许可证》《建设工程规划许可证》以及相关《建筑工程施工许可证》《预售许可证》及预售资金回笼等情况，经调查核实、集体审议，综合认定分期开发项目。主管地税机关认定分期开发项目，应当于纳税人报送分期项目最后一个《预售许可证》之日起 15 日内书面告知纳税人。（安徽省地方税务局公告 2017 年第 6 号，第十条）

以下情况应当认定为同一分期开发项目：(1)取得多个《建设工程规划许可证》，只取得一个《建筑工程施工许可证》的；(2)取得多个《建设工程规划许可证》，且由若干个《建筑工程施工许可证》确定组织施工，经主管地税机关调查核实该多个《建设工程规划许可证》所确定的项目未利用本分期项目回笼资金开工建造的。（安徽省地方税务局公告 2017 年第 6 号，第十一条）

大连规定，土地增值税应以国家有关部门审批、备案的房地产开发项目为单位进行清算。对于分期开发的项目，应以住建部门或国土规划部门下发的《建设工程规划许可证》确定的分期建设项目作为清算单位。（大连市地方税务局公告 2014 年第 1 号，第一条）

辽宁规定，确定土地增值税清算单位时，地方税务机关应以发改委审批、备案确定的房地产开发项目作为清算单位；对于分期开发的项目，地方税务机关应以住建部门或

国土规划部门下发的《建设工程规划许可证》确定的分期建设项目作为清算单位。（辽地税函〔2012〕92 号，第一条）

山东规定，主管地税机关应当依据国家有关部门审批、备案的项目，结合《建设用地规划许可证》《建设工程规划许可证》确定项目管理单位，对于分期开发的项目，应当以分期项目为单位进行管理。（山东省地方税务局公告 2017 年第 5 号，第五条）

土地增值税以国家有关部门审批、备案的房地产开发项目为单位进行清算，对于分期开发的项目，以分期项目为单位进行清算。具体清算单位由主管地税机关结合《建设用地规划许可证》《建设工程规划许可证》确定。（山东省地方税务局公告 2017 年第 5 号，第二十九条）

厦门规定，土地增值税以国家有关部门审批、备案的项目为单位进行清算；对于分期开发的项目，以政府建设主管部门颁发的《建筑工程施工许可证》作为分期标准，以分期项目为单位清算。2011 年 1 月 1 日后采取分期方式开发、销售的房地产项目，可按政府规划主管部门颁发的《建设工程规划许可证》作为分期标准，以分期项目为单位进行清算。（厦门市地方税务局公告 2016 年第 7 号，第二十五条）

四川规定，土地增值税以城市规划行政主管部门颁发的《建设工程规划许可证》所确认的房地产开发项目为清算单位。（四川省地方税务局公告 2015 年第 5 号，第一条）

重庆规定，房地产开发以规划主管部门审批的用地规划项目为清算单位。用地规划项目实施开发工程规划分期的，可选择以工程规划项目（分期）为清算单位。（重庆市地方税务局公告 2014 年第 9 号，第一条）

纳税人应于房地产项目开工前向主管税务机关报备已选择的清算单位。清算单位一经报备，不得调整；未按规定报备的，以工程规划项目为清算单位。（已废止，重庆市地方税务局公告 2015 年第 5 号）

广东规定，房地产开发项目应以国家有关部门审批、备案的项目为单位进行清算；对于分期开发的项目，原则上以规划建设部门的项目修建性详细规划批准文件确定分期开发的清算单位。（广东省地方税务局公告 2014 年第 3 号，第十三条）

湖北规定，滚动开发项目，以规划部门发放的《建设工程规划许可证》审批的房地产开发项目为单位进行清算。（鄂地税发〔2008〕211 号，第五条）

土地增值税以国家有关部门审批的房地产开发项目为单位进行清算。对于成片受让土地使用权后，分期分批开发、转让房地产的，以分期开发项目为单位清算。（鄂地税发〔2008〕207 号，第四条）

湖南规定，土地增值税以国家有关部门审批的房地产开发项目为单位进行清算，原则上以《建设工程规划许可证》为依据确认清算单位。（湖南省地方税务局公告 2014 年第 7 号，第二条）

吉林规定，最基本清算单位的开发项目或分期开发项目的确认以对房地产业具有管理职能部门核发的证件、文书(立项批准证书、建设工程规划许可证、建设用地批准书、土地使用证、开工许可证、商品房销售许可证、项目竣工验收备案证)为依据。开发项目分期的,为每个分期开发项目。开发项目或分期开发项目的确认以房地产业管理职能部门核发的建设工程规划许可证为主要依据。(吉林省地方税务局公告2014年第1号)

江苏规定,土地增值税以国家有关部门审批、备案的项目为单位进行清算。对于国家有关部门批准分期开发的项目,以分期项目为单位进行清算。对开发周期较长,纳税人自行分期的开发项目,可将自行分期项目确定为清算单位,并报主管税务机关备案。(苏地税规〔2015〕8号,第一条)

清算审核时,应审核房地产开发项目是否以国家有关部门审批、备案的项目为单位进行清算;对于由发改委或规划部门批准的分期开发的项目,是否以分期项目为单位清算;普通标准住宅是否与其他类型的房屋分别计算增值额、增值率,缴纳土地增值税。(苏地税发〔2009〕72号,第十七条)

江西规定,房地产开发项目的土地增值税清算单位应依据发展和改革委员会批准的项目文件确定。(赣地税发〔2013〕117号,第三条)

内蒙古规定,土地增值税清算以国家有关部门审批的房地产开发项目为单位进行清算,对于分期开发的项目,以分期项目为清算单位,原则上以《建设工程规划许可证》为依据确认清算单位。如果企业的分期与《建设工程规划许可证》不一致的,以企业的分期项目为清算单位。(内地税字〔2014〕159号,第二条)

宁夏规定,土地增值税以市、县人民政府所属住房和城乡建设、房管等部门审批(备案)的纳税人房地产开发项目为单位进行清算;对于分期开发的项目,以分期项目为单位清算。(宁政发〔2015〕43号,第九条)

山西规定,土地增值税清算以纳税人初始填报的《土地增值税项目登记表》中房地产开发项目为清算单位。分期开发的项目以分期项目为清算单位。(山西省地方税务局2014年第3号,第四条)

新疆规定,土地增值税以国家有关部门(以规划部门为主,结合发改委、建设部门的相关项目资料)审批、备案的房地产开发项目(分期项目)为单位进行清算。对开发周期较长,纳税人自行分期的开发项目,可将自行分期项目确定为清算单位,并报主管税务机关备案。(新疆维吾尔自治区地方税局2016年第6号,第一条)

云南规定,土地增值税以国家有关部门审批的房地产开发项目为单位进行清算,对于分期开发的项目,以分期项目为单位清算。(云地税发〔2007〕180号,第二条)

浙江规定,土地增值税以国家有关部门审批的房地产开发项目为单位进行清算,对于分期开发的项目,一般以城市建设规划部门颁发的《建设工程规划许可证》所审批确认的分期项目为清算单位。(浙江省地方税务局公告2014年第16号,第一条)

深圳规定,对开发期超过3年的项目,纳税人可以根据其开发进度,选择会计核算

相对独立的部分进行分期清算，并将分期计划报送主管税务机关。（深圳市地方税务局公告2015年第1号，第十六条）

黑龙江规定，房地产开发项目以国家有关部门（以规划部门为主，结合发改委、建设部门的相关项目资料）审批、备案的房地产开发项目（分期项目）为单位。（黑龙江省地方税务局公告2016年第1号，第四条）

4. 项目登记的变更

政策解读

若存在项目登记差错，或项目清算时无法按规定分摊扣除项目的，为便于推进项目清算进度，可能存在需要变更项目登记的情况。

各地政策

安徽规定，纳税人分期开发项目确认后，因有关事项发生变化，确需变更分期开发项目的，应于有关事项发生变化之日起15日内向主管地税机关报告，并报送有关证明材料，主管地税机关应于接到报告之日起15日内调查核实，并通过集体审议的方式确认是否变更分期开发项目。变更分期开发项目的，主管地税机关应于集体审议结果确定之日起7日内书面告知纳税人。（安徽省地方税务局公告2017年第6号，第十二条）

青岛规定，房地产开发企业项目登记内容发生变化或项目建设过程中出现特殊情况的，应自变化之日或特殊情况发生之日起30日内向主管税务机关报告并提交相应资料。主管税务机关应及时进行实地核查记录，纳税人应予以配合。[青岛市地方税务局公告2018年第4号，第十四条第（一）项]

5. 是否需要办理项目登记

政策解读

部分省市开征土地增值税的时间较晚，例如，深圳开征的时间为2005年，在当地开征土地增值税之前已经建设并销售的项目，在开征土地增值税之后继续销售的，因企业在项目投资决策时未考虑土地增值税的因素，可能也未按照土地增值税的要求进行建账和管理，但是依然要按规定缴纳土地增值税。土地增值税清算遵循项目管理制度，因此，依然需要按规定办理土地增值税项目登记。

各地政策

深圳规定，对我市开征土地增值税以前就已经竣工使用的房地产开发项目剩余的少量房产未销售，仍需办理项目登记。（深地税发〔2006〕454 号，第二条）

6. 项目登记信息不全应如何处理

政策解读

"第六十二条　纳税人未按照规定的期限办理纳税申报和报送纳税资料的，或者扣缴义务人未按照规定的期限向税务机关报送代扣代缴、代收代缴税款报告表和有关资料的，由税务机关责令限期改正，可以处二千元以下的罚款；情节严重的，可以处二千元以上一万元以下的罚款。"（《中华人民共和国税收征收管理法》）

各地政策

深圳规定，主管税务机关管理科在纳税人办理项目初始登记后 3 个工作日内确定房地产项目管理员。管理员应当在 10 个工作日内完成项目初始登记资料核对，对项目登记信息不完备的向纳税人发送《税务事项告知书》，并在规定的期限内完成修改、补录。管理员应当将办理项目登记以及补充、变更登记的程序以及规定完整详细告知纳税人。（深圳市地方税务局公告 2015 年第 1 号，第八条）

第四章
土地增值税预征申报

1. 各省市土地增值税预征率

政策解读

“东部地区省份预征率不得低于2%，中部和东北地区省份不得低于1.5%，西部地区省份不得低于1%。”（国税发〔2010〕53号）

预征率较低的地区：江西景德镇、新余、鹰潭的普通住宅0.7%；广西的普通住宅0.5%；河南保障房0.5%；甚至还有河北除别墅外的住房最低可以低到0.3%。

预征率较高的地区：广西规定，对强制拍卖转让土地使用权的，最高按12%的预征率预征土地增值税。除此之外，北京、江苏对预计增值率大于200%的房地产开发项目，预征率为8%。

没出台预征率的地区：山东、广东、黑龙江、西藏。省级税务机关没出台相关规定，不是不预征，而是将出台预征的权限全部下放到各市。

各省市具体情况如表4-1所示。

表4-1 各省市土地增值税预征率

序号	省市	预征率	具体情况
1	北京	2%～8%	①预计增值率≤50%的为2%；②50%＜预计增值率≤100%的为3%；③100%＜预计增值率≤200%的为5%；④200%＜预计增值率的为8%。（北京市地方税务局 北京市住房和城乡建设委员会公告2013年第3号）
2	上海	2%～5%	①销售均价低于上一年度平均价格的为2%；②高于但不超过1倍的为3.5%；(3)超过1倍的为5%。（上海市地方税务局公告2010年第1号，第一条）
3	广州	2%～4%	普通住宅2%、别墅4%、其他非普通住宅3%、写字楼（办公用房）3%、商业营业用房4%、车位4%。房地产开发项目的分类界定按照政府有关部门制定的标准执行。（广州市地方税务局公告2017年第7号，第一条）
4	青岛	2%～5%	①普通标准住宅2%。每平方米售价超2万元不超2.5万元的3%；每平方米售价超2.5万元的5%。②非普通住宅3%。每平方米售价超2万元不超2.5万元的4%；每平售价超2.5万元的，以及别墅（独栋商品住宅），5%。③单独销售车库、车位、阁楼、储藏室等，3%。④商业用房、办公用房，5%。（青岛市地方税务局公告2014年第1号，第一条第二项）

续表

序号	省市	预征率	具 体 情 况
5	天津	2%～5%	每平方米销售价格2万元(含)以下的,土地增值税预征率为2%;每平方米销售价格2万元至3万元(含)的,土地增值税预征率为3%;每平方米销售价格3万元以上的,土地增值税预征率为5%。(津政发〔2011〕2号,第一条)
6	贵州	1%～3%	①普通标准住宅,预征率调整为1%;②非普通标准住宅,预征率调整为2%;③营业用房,预征率调整为3%;④其他房产,预征率调整为1.5%。(黔地税发〔2008〕61号,第一条)
7	宁波	2%～3%	普通住宅预征率2%,除普通住宅外的其他房产预征率3%。(宁波市地方税务局公告2010年第1号,第一条)
8	安徽	1.50%	除保障性住房外的其他类型房地产,预征率为1.5%(皖地税〔2010〕38号,第一条)
9	大连	1.5%～3%	容积率大于1.0(含)的住宅项目,土地增值税预征率调整为1.5%;容积率小于1.0的住宅项目,土地增值税预征率调整为3%;非住宅项目,土地增值税预征率调整为3%。(大地税公告〔2010〕1号,第一条)
10	辽宁	1.5%～3%	①住宅项目,土地增值税预征率不得低于1.5%;②非住宅项目,土地增值税预征率不得低于3%。(辽地税函〔2010〕201号,第一条)
11	山东	无	各市地方税务局应当按照普通住房、非普通住房和其他房地产三种类型,科学合理地确定预征率进行预征,并按规定进行清算。(山东省地方税务局公告2017年第5号,第十四条)
12	福建	2%～6%	①普通住宅2%;非普通住宅,福州、厦门市4%,其他设区市3%;非住宅,福州、厦门市6%,其他设区市5%。②增值率明显偏高,可以实行单项预征率。单项预征率不超过6%(含),由县级地税局领导班子集体审议确定;单项预征率超过6%,报经设区市局领导班子集体审议确定。(福建省地方税务局公告2013年第2号,第一条)
13	厦门	2%～6%	普通标准住宅2%;非普通标准住宅4%;非住宅6%。(厦门市地方税务局公告2013年第7号,第一条)
14	四川	1%～3.5%	①普通住宅预征率为1%～1.5%;②非普通住宅预征率为1.5%～2.5%;③商用房预征率为2.5%～3.5%。(四川省地方税务局公告2010年第1号,第一条)
15	重庆	1%～5%	①普通标准住宅预征率为1%;②非普通标准住宅、非住宅(商业用房、车库等)预征率为3.5%;③独栋商品住宅预征率为5%。(重庆市地方税务局通告2011年第2号,第一条;渝财税〔2014〕247号,第一条;渝财规〔2018〕4号,第二条)
16	海南	2%～5%	①海口市、三亚市、陵水县,普通住宅3%;非普通住宅及非住宅5%。②其他市、县、区,普通住宅2%;非普通住宅及非住宅4%。(3)转让土地使用权5%。(海南省地方税务局公告2014年第21号,第一条)
17	广西	0.5%～5%	①对进驻棚户区改造货币化安置房源信息平台的房地产企业,非普通住宅、商业、车库的土地增值税预征率调整为1.5%,普通住宅土地增值税预征率按1%执行。②普通住房,按0.5%的预征率预征土地增值税。③非普通住宅,按2%～3%的预征率预征土地增值税。④商铺和其他房产,按3%～5%的预征率预征土地增值税。⑤对强制拍卖转让土地使用权的,按5%～12%的预征率预征土地增值税。(桂地税发〔2010〕18号)

续表

序号	省市	预征率	具体情况
18	广东	无	无
19	河北	0.3%～3%	①住房(别墅除外)预征率幅度为0.3%至2%,其中,市区(含县级市)预征率幅度为1%至2%;②各类别墅、写字楼、商用房等预征率幅度为2%至3%。(冀地税发〔2006〕51号)
20	河南	0.5%～4.5%	①普通标准住宅1.5%;②除普通标准住宅以外的其他住宅3.5%;③除上述1、2项以外的其他房地产项目4.5%;④经政府批准建设的保障性住房0.5%;⑤对价格在20 000元/平方米(含)以上的单套房屋,预征率为6%。(豫地税发〔2010〕28号,第一条;河南省地方税务局公告2017年第3号,第一条)
21	黑龙江	无	无
22	湖北	1.5%～6%	①普通住宅1.5%。非普通住宅和非住宅开发产品的预征率,按原规定执行。②非普通住宅及非住宅开发产品三种划分,分别调整为4%、6%。(鄂地税发〔2012〕127号,第一条;湖北省地方税务局〔2014〕7号,第一条)
23	湖南	1.5%～5%	①普通标准住宅:1.5%;②非普通标准住宅:2%;③非住宅:3%;④单纯转让土地使用权:5%。(湖南省地方税务局公告2015年第4号,第三条)
24	吉林	1.5%～4%	普通标准住宅预1.5%,非普通住房及写字楼、商业用房等,每平方米销售收入在5千元以下、5千元至1万元(含)、1万元以上的预征率分别为2%、3%、4%。(吉地税发〔2010〕184号,第二条)
25	江苏	2%～8%	①除本公告第二条、第三条规定的情形外,南京市、苏州市市区(含工业园区)普通住宅、非普通住宅、其他类型房产的预征率分别为:2%、3%、4%;其他地区普通住宅、非普通住宅、其他类型房产的预征率均为2%。②预计增值率大于100%且小于或等于200%的房地产开发项目,预征率为5%;预计增值率大于200%的房地产开发项目,预征率为8%。(苏地税规〔2016〕2号)
26	江西	0.7%～5%	南昌、九江、萍乡、赣州、宜春、上饶、吉安、抚州等8个设区市范围的土地增值税预征率恢复为:转让普通住宅,按1%;转让非普通住宅,按3%;转让非住宅,按5%预征。景德镇、新余、鹰潭等3个设区市范围的土地增值税预征率保持现有水平不变,即:转让普通住宅,按0.7%;转让非普通住宅,按1.5%;转让非住宅,按3%预征。(江西省地方税务局公告2017年第1号)对成片土地、分块转让的,如果对分块转让一时无法清算,先按转让这部分土地收入的5%进行预征土地增值税,待整片土地转让完后,再进行清算。(赣地税发〔2008〕76号,第六条)
27	内蒙古	1%～3%	自2016年2月15日起,将普通住宅、非普通住宅、商业、车库的土地增值税预征率在现行标准上分别降低50%执行(调整后预征率低于1%的按1%执行),进一步减轻企业运行成本,实现房地产降成本。调整后的预征率为:销售价格不超过4 000元/平方米的,土地增值税预征率为1%;销售价格超过4 000元/平方米至6 000元/平方米的,土地增值税预征率为1.25%;销售价格超过6 000元/平方米至8 000元/平方米的,土地增值税预征率为2%;销售价格超过8 000元/平方米以上的,土地增值税预征率为3%。[内地税字〔2016〕136号,第三条第(二)项]

续表

序号	省市	预征率	具体情况
28	宁夏	1%～2%	①普通住宅为1%。②非普通住宅为1.5%。③其他类型房地产为2%。(宁政发〔2015〕43号,第七条)
29	青海	1%～3%	普通住宅、非普通住宅1%,西宁市(含园区不含大通县、湟中县、湟源县)的商铺4%,西宁市(含园区不含大通县、湟中县、湟源县)的其他商品房(不含商铺)3%,海东市、海西州、海南州、海北州、黄南州及大通县、湟中县、湟源县的其他商品房2%,玉树州、果洛州的其他商品房1.5%。(青海省地方税务局公告2016年第5号)
30	山西	0～5%	土地增值税预征率:5%以内(山西省地方税务局公告2012年第3号,第三条)
31	陕西	1%～3%	①设区市的市区,普通住宅1%;非普通住宅(除别墅外)2%;别墅、写字楼、营业用房等3%。②其他市(县),普通住宅1%;非普通住宅(除别墅外)1.5%;别墅、写字楼、营业用房等2.5%。(陕西省地方税务局公告2012年第3号、陕西省地方税务局公告2016年第1号,第一条)
32	新疆	1%～3%	普通住宅土地增值税预征率不得低于1%。非普通住宅和其他类型房地产预征率不得低于3%。(新疆维吾尔自治区地方税务局2016年第6号,第八条) 经济适用房土地增值税按住宅的预征率征收。(新地税发〔2005〕208号)第二条
33	云南	1%～4%	①昆明市的预征率:普通住宅为1%;非普通住宅为2%;写字楼、营业用房、车库等商品房为3%。单纯开发土地使用权转让的为4%。②除昆明市以外的其他州、市的预征率为:普通住宅为1%～1.5%;非普通住宅为1.5%～2.5%;写字楼、营业用房、车库等商品房为2.5%～3.5%;单纯开发土地使用权转让的为3%～4%。(云南省地方税务局公告2010年第3号,第四条)
34	浙江	2%以上	自2010年7月1日(税款所属期)起,除保障性住房外,其他房地产开发项目的土地增值税预征率一律不得低于2%。(浙江省地方税务局公告2010年第2号,第一条)
35	甘肃	1%～2.5%	①销售和转让普通标准住宅。地级市所辖的区为1.5%;其他各县、市为1%。②销售和转让写字楼、高级公寓、营业用房。地级市所辖的区为2%;其他各县、市为1.5%。③销售和转让别墅、度假村。地级市所辖的区为2.5%;其他各县、市为2%。(甘地税函发〔2006〕206号,第五条)
36	深圳	2%～4%	普通标准住宅按销售收入2%预征,别墅为4%,其他类型房产为3%。(深地税告〔2010〕6号)
37	西藏	无	无

2. 各省市不预征土地增值税的规定

政策解读

"除保障性住房外,东部地区省份预征率不得低于2%,中部和东北地区省份不得

低于1.5%，西部地区省份不得低于1%。”（国税发〔2010〕53号）

不预征的主要对象是保障房系列，包括：保障房、经济适用房、棚改安置房、廉租住房、安居工程住宅等。

比较特色的不预征规定：青岛的回迁房、湖北的“双限”“三限”房、山西的政府限价房等。

不预征的方式：第一种叫“不预征”，第二种叫“暂不预征”，第三种叫“暂停预征”，第四种叫“预征率为零”。此外，不是所有地区都出台了不预征的相关规定，对转让土地使用权是否要预征各地做法不同，车库、车位、地下车库是否预征各地做法也不同。

还有一种情形是直接将预征率规定为0。这类地方有：青海和安徽。

各省市具体情况如表4-2所示。

表4-2　各省市不预征土地增值税具体情况

序号	省市	不预征的情况	表述方式
1	北京	各类保障性住房（北京市地方税务局北京市住房和城乡建设委员会公告2013年第3号，第一条）	暂不预征
2	上海	保障性住房（上海市地方税务局公告2010年第1号，第一条）	无
3	广州	廉租住房、公共租赁住房、经济适用住房（含解困房）（广州市地方税务局公告2016年第5号，第一条）	暂不预征
4	青岛	保障性住房和拆迁返还住房[青岛市地方税务局公告2018年第4号，第三条第（二）项]	暂不预缴
5	天津	保障性住房（津政发〔2011〕2号，第一条）	暂不预征
6	贵州	无	无
7	宁波	经济适用房、廉价房、村民拆迁安置房等实行政府指导价且增值率明显低于土地增值税起征点的项目（甬地税二〔2009〕104号，第一条）	可暂不预征
8	安徽	保障性住房（安徽省地方税务局公告2017年第9号）	预征率为0
9	大连	房地产开发企业转让其利用地下基础设施形成的不可售的地下车库（位），取得的转让收入不预征税款，也不计入清算收入（大连市地方税务局公告2014年第1号，第四条）	不预征
10	辽宁	保障性住房（辽地税函〔2010〕201号，第一条）	暂不预征
11	山东	①保障性住房；②房地产开发企业处置利用地下人防设施建造的车库（位）等设施取得的收入不预征土地增值税（山东省地方税务局公告2015年第1号，第九条）	暂不预征
12	福建	保障性住房（福建省地方税务局公告〔2013〕2号，第一条）	不预征
13	厦门	社会保障性住房（厦门市地方税务局公告2013年第7号，第一条）	不预征
14	四川	保障性住房（四川省地方税务局公告2010年第1号，第一条）	暂不预征
15	重庆	以下住宅：①棚户区或危旧房改造安置房项目；②经济适用房项目；③政府实施的征地（拆迁）安置房项目；④符合国家规定的其他保障性住宅项目（重庆市地方税务局公告2014年第9号，第四条第四项）	不预征

续表

序号	省市	不预征的情况	表述方式
16	海南	保障性住房(不包括限价商品房)(海南省地方税务局公告2014年第21号,第一条第三项)	暂不预征
17	广西	廉租住房、经济适用房(桂地税发〔2010〕18号,第一条)	暂不预征
18	广东	无	无
19	河北	经济适用住房(冀地税发〔2006〕37号,第十二条)	不预征
20	河南	对安居工程住宅房的转让所预收房款(定金),暂不预征土地增值税。对安居工程住宅楼房的转让,比照普通标准住宅转让的征税规定执行(豫地税发〔1997〕160号,第三条)	暂不预征
21	黑龙江	保障性住房(黑龙江省地方税务局公告2016年第1号,第九条)	可不预征
22	湖北	限房价、限销售对象等“双限”“三限”房屋(湖北省地方税务局〔2014〕7号,第三条)	暂停预征
23	湖南	保障性住房(湖南省地方税务局2015年第4号,第二条第一项)	不预征
24	吉林	经济适用住房、限价商品房等保障性住房(吉地税发〔2010〕184号,第二条)	暂不预征
25	江苏	公共租赁住房、廉租住房、经济适用房、城市和国有工矿棚区改造安置住房等保障性住房(苏地税规〔2016〕2号,第三条)	暂不预征
26	江西	无	无
27	内蒙古	经济适用住房(内地税字〔2005〕116号,第四条)	不实行预征
28	宁夏	公共租赁住房、廉租住房、经济适用房、城市和国有工矿棚户区改造安置住房等保障性住房(宁政发〔2015〕43号,第七条第四项)	暂不实行预征
29	青海	保障性住房(青海省地方税务局公告2016年第5号,第一条)	预征率为0
30	山西	同时符合以下两个条件的经济适用房:①经政府计划主管部门批准为经济适用住房;②房屋售价不高于政府价格主管部门核定的销售价格(山西省地方税务局公告2012年第3号,第八条)	暂不预征
31	陕西	符合《陕西省保障性住房管理办法(试行)》规定的项目(陕西省地方税务局公告2012年第3号,第二条)	暂不预征
32	新疆	保障性住房,统建房、集资房立项人为非房地产开发企业的,不采取预征方式征收土地增值税,应按规定据实计算缴纳土地增值税(新疆维吾尔自治区地方税务局公告2016年第6号,第七条)	无
33	云南	经济适用住房(云地税发〔2005〕181号,第一条第一项)	不预征
34	浙江	保障性住房(浙江省地方税务局公告2010年第2号,第一条)	无
35	甘肃	①经济适用住房;②因国家建设需要依法征用、收回的房地产给予纳税人的经济补偿;③因城市规划、国家建设需要而搬迁,由纳税人自行转让房地产而取得的收入;④转让国有土地使用权(甘地税函发〔2006〕206号,第五条、第六条)	①至③可以不预征;④不实行预征。
36	深圳	无	无
37	西藏	无	无

3. 视同销售行为是否预征土地增值税

政策解读

“房地产开发企业采取预收款方式销售自行开发的房地产项目的，可按照以下方法计算土地增值税预征计征依据：土地增值税预征的计征依据＝预收款－应预缴增值税税款。”（国家税务总局公告 2016 年第 70 号）

从上述文件所述可知：销售自行开发的房地产项目的，按照预售款预征土地增值税。销售和视同销售还是有区别的，视同销售情况下，没有预售款是不预征还是按照市场价格预征，在国税发〔2006〕187 号文中是没有明确的。

各地政策

大连规定，房地产开发企业将开发产品用于职工福利、奖励、对外投资、分配给股东或投资人、抵偿债务、换取其他单位和个人的非货币性资产等，发生所有权转移时应视同销售房地产，预征土地增值税。（大连市地方税务局公告 2014 年第 1 号，第三条）

山东规定，房地产开发企业将开发产品用于职工福利、奖励、对外投资、分配给股东或投资人、抵偿债务、换取其他单位和个人的非货币性资产等，发生所有权转移时应当视同转让房地产，并预缴土地增值税。（山东省地方税务局公告 2017 年第 5 号，第十五条）

青岛规定，房地产开发企业将开发产品用于职工福利、奖励、对外投资、分配给股东或投资人、抵偿债务、换取其他单位和个人的非货币性资产等，发生所有权转移时应视同转让房地产，并预缴土地增值税。（青地税发〔2016〕1 号，第十八条，已废止；青岛市地方税务局公告 2018 年第 4 号）

4. 预征申报的计税依据

政策解读

“土地增值税纳税人转让房地产取得的收入为不含增值税收入。”（财税〔2016〕43 号）

主要难点在于，转让不动产的增值税计税方法有两种：一是简易计税方法；二是一般计税方法。预征土地增值税时可以直接按照“收入/(1＋适用税率)”进行还原处理。

各地政策

广州规定，(1)纳税人选用增值税简易计税方法计税的，土地增值税预征收入按“含税销售收入/(1+5%)”确认。(2)纳税人选用增值税一般计税方法计税的,土地增值税预征收入按“含税销售收入/(1+11%)”确认。(穗地税函〔2016〕188号,第一条)

山西规定,预征计税依据的预收款包括预售款、定金,实物及其他经济利益。(山西省地方税务局公告2012年第3号,第三条)

云南规定,土地增值税预征的计税依据为转让房地产取得的收入和预收房款。(云南省地方税务局公告2010年第3号,第三条)

5. 什么情况需要预征土地增值税

政策解读

“纳税人在项目全部竣工结算前转让房地产取得的收入,由于涉及成本确定或其他原因,而无法据以计算土地增值税的,可以预征土地增值税,待该项目全部竣工、办理结算后再进行清算,多退少补。具体办法由各省、自治区、直辖市地方税务局根据当地情况制定。”(财法字〔1995〕6号)

根据上述文件理解可有以下两点结论:一是对转让土地使用权,有不预征的,也有预征的。例如,甘肃对转让国有土地使用权不实行预征。而广西对强制拍卖转让土地使用权的,按5%~12%的预征率预征土地增值税;湖南对单纯转让土地使用权的预征率为5%;云南单纯开发土地使用权转让的为4%;海南对纳税人成片受让土地、分期分批进行开发后再分块转让土地使用权的,预征率为5%。二是竣工决算后再销售不用预征。例如,清算后再销售房地产的,直接按规定计算土地增值税。

各地政策

广州规定,对非房地产开发企业销售新建房地产,可先预征土地增值税,后续清算工作参照房地产开发企业的土地增值税清算规定进行。(穗地税函〔2015〕146号,第一条)

青岛规定,纳税人在未取得由主管地税机关作出的开发项目土地增值税清算申报审核结论之前,转让房地产取得的全部价款及有关的经济收益,包括货币收入、实物收入和其他收入,均应按规定的预征率,预缴土地增值税。(青岛市地方税务局公告2014年第1号,第一条)

江西规定,以团购形式销售商品房,是房地产项目开发销售的一种方式,依照现行政策规定,其纳税主体仍为房地产开发企业。因此,对以团购形式销售的商品房,应按有关政策规定预征土地增值税,其预征率暂按1%执行,清算时多退少补。(赣地税函〔2013〕101号,第一条)

吉林规定，对新建房屋整体一次性转让(包括单纯转让国有土地)的，按所取得的增值额查实征收土地增值税；对新建房屋非整体转让的，按实际转让部分的收入预征土地增值税；对转让旧房的，按房屋的评估价格查实征收土地增值税。(吉地税发〔2004〕85号，第三条)

新疆规定，土地增值税预征仅限于房地产开发企业(包括涉外房地产开发企业)，对非房地产开发企业转让房地产的，应核算征收土地增值税。(新地税发〔2005〕208号，第五条)

(1)统建房、集资房立项人为房地产开发企业的，应采取先预征后清算的方式征收土地增值税。(2)统建房、集资房立项人为非房地产开发企业的，不采取预征方式征收土地增值税，应按规定据实计算缴纳土地增值税。(新疆维吾尔自治区地方税务局公告2016年第6号，第七条)

6. 启动清算后再销售房地产是否要预征

政策解读

启动清算后再销售房地产包含三种类型：一是清算审核尚未结束的；二是已经清算审核但尚未补缴税款的；三是已经清算审核并补缴税款的。

各地做法差异主要存在于上述第一种和第二种情况，一种情况是清算结论出来之前应按规定预征；另一种情况是只要进入清算受理程序就不再预征。

各地政策

广州规定，办理清算手续过程中转让房地产取得收入，未取得清算书面审核结果的，应继续按规定预征土地增值税。取得清算书面审核结果后，应按187号文第八条“清算后再转让房地产”的规定处理。(穗地税函〔2012〕198号，第五条)

青岛规定，(1)房地产开发企业清算申报后至收到土地增值税清算审核结论前，应就其销售剩余开发产品取得的收入按月区分普通住宅、非普通住宅和其他类型房地产分别计算增值额、增值率，缴纳土地增值税。次月15日内向主管税务机关申报缴纳土地增值税，其扣除项目金额按申报时的单位建筑面积扣除项目金额乘以销售或转让面积计算。待收到税务机关清算审核结论后，在税务机关规定期限内，根据重新确定的单位建筑面积扣除项目金额，办理税款补退手续。单位建筑面积扣除项目金额＝申报时的扣除项目总金额÷清算的总建筑面积。(2)主管税务机关出具土地增值税清算审核结论后，房地产开发企业取得的转让房地产收入，应当按月区分普通住宅、非普通住宅和其他类型房地产分别计算增值额、增值率，缴纳土地增值税。次月15日内向主管税务机关申报缴纳土地增值税，其扣除项目金额按清算时的单位建筑面积扣除项目金额乘以销售或转让面积计算。单位建筑面积扣除项目金额＝清算时的扣除项目总金额÷清算的总建筑面积。（青岛市地方税务局公告2018年第4号，第十一条）

吉林规定，在土地增值税清算时未转让的房地产，清算后销售或有偿转让的，不再实行预征管理。（吉林省地方税务局公告2014年第1号，第二十六条）

海南规定，对已受理进入土地增值税清算程序的清算项目，自《土地增值税清算受理通知书》送达之日起，不再预征土地增值税。（琼地税发〔2014〕205号，第二条）

大连规定，房地产开发企业在土地增值税清算期间取得转让房地产收入的，应按规定预征税款。（大连市地方税务局公告2014年第1号，第十一条）

黑龙江规定，房地产开发企业在地税机关下达《税务事项通知书（审核结论通知）》前转让房地产取得的收入，应按规定的预征率预缴土地增值税，于每月终了15日内，向主管地税机关申报缴纳。对未按预征规定期限预缴税款的，根据《中华人民共和国税收征收管理法》及其实施细则的有关规定，从限定的缴纳税款期限届满次日起，加收滞纳金。（黑龙江地方税务局公告2016年第1号，第一条）

浙江规定，纳税人在清算申报之日后至清算审核结束期间所发生的房地产转让收入，按预征率预缴土地增值税，并在次月15日内向主管地税机关报送《土地增值税预缴纳税申报表》及其他相关资料；在清算审核结束后的次月15日内，填报《土地增值税已清算项目后续销售纳税申报表》，对上述房地产转让收入按清算后再转让规定重新计算土地增值税后多退少补。（浙江省地方税务局公告2015年第8号，第一条）

7. 回迁房是否预征土地增值税

政策解读

回迁房一般要求第一期开发产品即做回迁处理，后续开发的产品由房地产开发企业正常销售。回迁房属于视同销售行为，做土地增值税清算时，既要确认收入，也要确认拆迁成本。但在回迁环节无现金流流入，所以规定不预征也合理。若土地增值税纳税义务时点以签订合同时间为准，并未考虑现金流的情况，应按规定预征土地增值税。

各地政策

广州规定，办理清算手续前用建造的本项目房地产安置回迁户的，应按规定预征土地增值税。（穗地税函〔2012〕198号，第五条）

青岛规定，拆迁返还住房暂不预征土地增值税。（青岛市地方税务局公告2016年第1号，第十九条，已废止；青岛市地方税务局公告2018年第4号）

8. 预征申报的申报期限

政策解读

“纳税人应当自转让房地产合同签订之日起七日内向房地产所在地主管税务机关办理纳税申报，并在税务机关核定的期限内缴纳土地增值税。”（国务院令第138号）

“纳税人因经常发生房地产转让而难以在每次转让后申报，是指房地产开发企业开发建造的房地产、因分次转让而频繁发生纳税义务、难以在每次转让后申报纳税的情况，土地增值税可按月或按各省、自治区、直辖市和计划单列市地方税务局规定的期限申报缴纳。”（国税函〔2004〕938号）

除了二手房交易按次申报土地增值税之外，房地产开发企业有按月、按季申报缴纳土地增值税的。这里的按月、按季是指预征土地增值税，因为清算申报是一次性行为，不存在按月、按季的问题。具体申报期限主要有月度/季度终了的次月10日内和15日内两种情况。

各地政策

广州规定，符合土地增值税预征规定的纳税人应按月申报预缴土地增值税，申报期为次月15日前。（广州市地方税务局公告2017年第7号，第四条）

上海规定，房地产开发企业应当在每月15日前，以住宅开发项目为单位如实填报《房地产开发企业预缴土地增值税申报表》及附表，向主管税务机关办理土地增值税纳税申报。非住宅开发项目的土地增值税纳税申报按照本条办理。（上海市地方税务局公告2010年第1号，第六条）

大连规定，房地产开发企业预征土地增值税时，应于收到房款的次月，按实际收到款项申报缴纳预征税款。（大连市地方税务局公告2014年第1号，第十一条）

天津规定，土地增值税预缴的纳税期限为一个月，纳税人自期满之日起十五日内到主管税务机关申报缴纳土地增值税。待项目符合清算条件时，纳税人应按照清算规定到主管税务机关办理土地增值税清算手续并结清税款。（天津市地方税务局公告2016年第22号，第四条）

宁夏规定，(1)房地产开发企业分批出售商品房的，可按月办理纳税申报，于次月15日内办理申报纳税。(2)对纳税人预售房地产所取得的收入，纳税人应在取得收入的次月15日内，向主管税务机关办理纳税申报手续，并按规定预缴土地增值税。（宁政发〔2015〕43号，第四条）

浙江规定，纳税人因经常发生房地产转让而难以每次转让后申报的，经主管税务机关审核同意后,可以定期进行纳税申报,具体期限由市、县税务机关确定,但最长不得超过一季度一次。(浙地税〔1995〕38 号,第九条)

湖南规定,纳税人缴纳土地增值税,以季度为一个纳税期的,分别于 3 月、6 月、9 月、12 月 15 日内向主管税务机关申报纳税;以月为一个纳税期的,于次月 15 日内向主管税务机关申报纳税。(湘地税发〔2010〕24 号)

甘肃规定,从事房地产开发的纳税人应在次月的 10 日内向主管税务机关申报缴纳上月的土地增值税,并报送《土地增值税项目销售情况表》和《土地增值税纳税申报表》(从事房地产开发纳税人适用)。(甘地税函发〔2006〕206 号,第七条)

浙江规定,从事房地产开发的纳税人,对其开发项目在清算申报之日前所转让房地产取得的收入,应按月预缴土地增值税,并在次月 15 日内向主管地税机关报送《土地增值税预缴纳税申报表》及其他相关资料。(浙江省地方税务局公告 2015 年第 8 号,第一条)

云南规定,房地产开发企业土地增值税实行按月预征,开发企业取得房地产转让收入(包括预收房款),应在次月 15 日内向房地产所在地主管地方税务机关申报缴纳土地增值税。(云南省地方税务局公告 2010 年第 3 号,第五条)

新疆规定,房地产企业实行按月申报的办法,即:于月后十日内到主管地方税务机关办理纳税申报,缴纳土地增值税;(新地税发〔2002〕150 号,第四条)

陕西规定,土地增值税按月申报预缴。纳税人应于每月 15 日前填报《房地产开发企业预缴土地增值税申报表》等资料,向主管税务机关申报预缴上月土地增值税。(陕西省地方税务局公告 2012 年第 3 号,第三条)

山西规定,纳税人每月取得的预收房地产收入,应于月份终了后十日内向主管地方税务机关如实填报《土地增值税预缴申报表》,申报预缴税款。(山西省地方税务局公告 2012 年第 3 号,第四条)

福建规定,纳税人应于次月 10 日内,将上月同一计税项目转让或预售的房地产汇总后,向房地产所在地主管税务机关办理纳税申报并缴纳税款,同时提供转让或预售的房地产具体销售清单。(闽地税发〔2005〕195 号,第八条)

安徽规定,土地增值税采取按月申报的方式,即纳税人在项目全部竣工结算前转让房地产所取得的收入应在次月 10 日内主动向主管地方税务机关申报纳税。(皖地税函〔2004〕600 号)

四川规定,纳税人在该项目全部竣工结算前转让房地产取得的收入预征土地增值税。纳税人应于每次签订转让或预售房地产合同后的 7 日内,向主管税务机关报送《土地增值税纳税申报表(一)》申报交纳土地增值税,同时提供房地产转让预售合同及有关资料。纳税人因经常发生房地产转让行为而难以每次申报的,经县级地方税务机关同意,可以定期(旬、月、季)申报。(川地税发〔2010〕88 号,第二条)

青岛规定,房地产开发企业应按月预缴土地增值税,于次月 15 日内向主管税务机

关申报缴纳税款。(青岛市地方税务局公告2016年第1号,第二十一条,已废止;青岛市地方税务局公告2018年第4号)

房地产开发企业在土地增值税清算申报前转让房地产取得的收入,应按月预缴土地增值税,并于取得收入次月15日内向主管税务机关申报缴纳税款。[青岛市地方税务局公告2018年第4号,第三条第(一)项]

河北规定,从事房地产开发的纳税人,应于每个月份终了后10日内进行土地增值税纳税申报。对房地产转让次数少且金额较小的纳税人,也可按季申报,在每个季度终了后10日内进行土地增值税纳税申报。纳税人按季或按月进行申报,由县(市、区)地方税务机关确定。(冀地税发〔2006〕37号,第四条)

山东规定,房地产开发企业按月(或季)预缴土地增值税,应当于月(或季)末15日内向项目所在地主管地税机关申报缴纳税款。具体按月或按季由县(市、区)级地税机关确定。(山东省地方税务局公告2017年第5号,第十九条)

9. 从高预征土地增值税的情形

政策解读

"对纳税人既建普通标准住宅又搞其他房地产开发的,应分别核算增值额。"(财税字〔1995〕48号)

"各地要进一步完善土地增值税预征办法,根据本地区房地产业增值水平和市场发展情况,区别普通住房、非普通住房和商用房等不同类型,科学合理地确定预征率,并适时调整。"(财税〔2006〕21号)

为避免纳税人故意混淆不同类型房地产或不分别核算不同类型房地产,预征时就高不就低,从高适用预征率。

现实情况是,有些地区预征率明显偏低,脱离土地增值税清算整体税负。纳税人为避免清算时,缴纳大额土地增值税在抵扣成本之后企业所得税存在退税的情况,纳税人更愿意选择多预征土地增值税。但是有些地区预征率是固定的,多预征的方法也只有故意不准确核算房地产类型,从高预征以达到多缴土地增值税的效果了。

各地政策

甘肃规定,纳税人既从事普通住宅开发,又从事其他类型房地产项目开发的,应分别核算其经营收入,未分别核算或不能准确核算的,从高适用预征率预征税款。(甘地税函发〔2006〕206号,第八条)

云南规定,对房地产开发企业既建普通住宅,又搞其他房地产开发的,应分别核算

销售收入，未分别核算或不能准确核算的，从高适用预征率预征。（云南省地方税务局公告 2010 年第 3 号，第四条）

山西规定，纳税人开发的房地产，对应征和免征土地增值税的项目，应当分别核算；未分别核算的，一律按本办法规定全部预征土地增值税。（山西省地方税务局公告 2012 年第 3 号，第九条）

海南规定，对房地产开发项目既有普通住宅又有非普通住宅及非住宅类房产的，或者既有保障性住房又有非保障性住房的房产的，均应按房产的类型、性质分别核算销（预）售收入，并适用相应的预征率分别计算预征土地增值税；不能分别核算销（预）售收入的，一律从高适用预征率计算预征土地增值税。（海南省地方税务局公告 2014 年第 21 号，第二条）

青海规定，纳税人既建造保障性住房、普通住宅、非普通住宅又建造其他商品房的，应按适用不同预征率的房地产转让项目分别核算，对不能分别核算或核算不清的一律从高适用预征率。（青海省地方税务局公告 2016 年第 5 号，第一条）

吉林规定，对同一开发项目，既有保障性住房，又有商品房的，应分别核算，不能分别核算的，保障性住房按普通标准住宅预征率预征土地增值税。（吉地税发〔2010〕184 号，第二条）

山东规定，纳税人应将普通标准住宅与非普通标准住宅分别核算，普通标准住宅与非普通标准住宅核算划分不清的，一律按非普通标准住宅计算征收增值税。（鲁财税〔2007〕35 号，第一条）

河北规定，纳税人既开发住宅又开发其他房地产的，应按上述预征率分别核算；划分不清的，依率从高预征。（冀地税发〔2006〕37 号，第十条）

贵州规定，纳税人在开发项目中既建普通标准住宅又进行其他类型房地产开发的，应分别核算其增值额。纳税人不分别核算或不能分别核算的，从高适用预征率。（黔地税发〔2008〕61 号）

厦门规定，纳税人对适用不同预征率的房地产开发项目应分别核算，准确申报；对没有分开核算的，应从高适用预征率征收土地增值税。（厦地税发〔2010〕93 号，第一条）

湖北规定，房地产开发项目中既有经济适用房又有非经济适用房开发产品的，经济适用房应并入住宅类并按规定分别计算增值额，进行土地增值税清算。（鄂地税发〔2013〕44 号，第三条）

10. 加收滞纳金的规定

政策解读

“对未按预征规定期限预缴税款的，应根据《税收征管法》及其实施细则的有关规

定，从限定的缴纳税款期限届满的次日起，加收滞纳金。”（财税〔2006〕21 号）

“纳税人按规定预缴土地增值税后，清算补缴的土地增值税，在主管税务机关规定的期限内补缴的，不加收滞纳金。”（国税函〔2010〕220 号）

纳税人清算申报后，通过稽查手段查处的税款，一般自出具清算审核通知书规定的税款缴纳的期限启满的次日起加收滞纳金。

各地政策

北京规定，对未按规定期限预缴土地增值税的房地产开发企业，依法应于缴纳税款期限届满之日的次日起，按日加收应预缴未预缴税款 5‰的滞纳金。（京地税地〔2006〕509 号，第二条）

纳税人按规定预缴土地增值税后，清算补缴的土地增值税，在主管税务机关规定的期限内补缴的，不加收滞纳金。（北京市地方税务局公告 2016 年第 7 号，第二十五条）

青岛规定，对未按预征规定期限预缴税款，或者土地增值税清算后未按规定期限补缴税款，或者未按后续管理规定期限缴纳税款的，根据《中华人民共和国税收征收管理法》第三十二条规定，从限定的缴纳税款期限届满的次日起，按日加收滞纳金。（青岛市地方税务局公告 2016 年第 1 号，第六十六条，已废止；青岛市地方税务局公告 2018 年第 4 号）

土地增值税清算审核结束后，主管税务机关应当出具《税务事项通知书》，将审核结果书面通知纳税人，并确定办理补、退税期限。纳税人未按照主管税务机关规定的期限补缴土地增值税的，按日加收滞纳金。（青岛市地方税务局公告 2016 年第 1 号，第三十七条，已废止；青岛市地方税务局公告 2018 年第 4 号）

天津规定，纳税人应在税务机关规定的预征期限内缴纳土地增值税，对未按规定期限缴纳税款的，从缴纳期限届满的次日起加收滞纳金。（天津市地方税务局公告 2016 年第 22 号，第六条）

宁波规定，纳税人按规定预缴土地增值税后，清算补缴的土地增值税，在主管税务机关规定的期限内补缴的，不加收滞纳金。（甬地税二〔2010〕106 号，第十二条）

安徽规定，纳税人办理清算申报后，主管地税机关通过清算审核补缴的税款，应当自本办法第二十条规定的申报期届满之次日起加收滞纳金。地税机关延长审核时间的，延长审核期间不加收滞纳金。（安徽省地方税务局公告 2017 年第 6 号，第五十条）

辽宁规定，纳税人取得转让房地产收入和预收房款，应按规定期限向房地产所在地主管地方税务机关办理申报纳税。对未按规定期限预缴土地增值税的，从限定缴纳税款期限届满的次日起，按日加收滞纳金。（辽地税发〔2006〕86 号，第四条）

厦门规定，纳税人办理清算申报后，税务机关通过清算审核或税务检查补缴的清算税款，应当自申报期届满之次日起加收滞纳金，其中：(1)符合应清算条件的，申报期届满为满足清算条件之日起 90 日的次日；(2)符合可清算条件的，申报期届满为收到主管税务机关下发《税务事项通知书》之日起 90 日的次日。(厦门市地方税务局公告 2016 年第 7 号，第二十条)

湖北规定，(1)房地产开发项目在日常征管中是按转让房地产取得的收入预征土地增值税，符合条件的进行清算，多退少补；对清算时补缴的税款，凡在主管税务机关规定的期限内补缴的，不加收滞纳金。(2)在日常税收征管中，纳税人转让房地产取得收入时，应按规定的预征率按月申报缴纳土地增值税，逾期缴纳则应按规定加收滞纳金；但考虑到土地增值税征管的历史和客观原因，对原预征不到位的税款，凡按税务机关要求的期限补缴到位的，暂不加收滞纳金。(3)从 2008 年 1 月 1 日起，对纳税人转让房地产取得的收入，应按规定预征税款，逾期缴纳则按规定加收滞纳金。(鄂地税发〔2008〕211 号，第六条)

纳税人在清算申报期内缴纳的税款不加收滞纳金，逾期未申报缴纳税款的，应自申报期届满之次日起加收滞纳金。对清算申报后主管税务机关通过审核查补的税款，应自申报期届满之次日起加收滞纳金。对纳税人拒不申报、虚假申报造成不缴、少缴税款，情节严重的，除加收滞纳金外，应依据《中华人民共和国税收征管法》有关规定进行处罚。(鄂地税发〔2013〕44 号，第四条)

吉林规定，对于纳税人在税务机关规定的期限内补缴的土地增值税，不加收滞纳金。(吉林省地方税务局公告 2015 年第 5 号)

福建规定，纳税人应在主管税务机关规定的预征期限内缴纳土地增值税，对未按预征规定期限缴纳税款的，按《中华人民共和国税收征收管理法》及实施细则的有关规定，从限定的缴纳期限届满的次日起，加收滞纳金。(闽地税发〔2005〕195 号，第十二条)

深圳规定，在收取款项次月纳税期限内缴纳，未按规定缴纳的，根据《中华人民共和国税收征收管理法》等有关规定，从规定的缴纳税款期限届满次日起，加收滞纳金。(深圳市地方税务局公告 2015 年第 1 号，第十二条)

宁夏规定，纳税人应按照该办法规定的申报期限、预征期限和清算期限缴纳土地增值税，对未按规定期限缴纳税款的，按《中华人民共和国税收征收管理法》及其实施细则的有关规定，从限定缴纳税款期限届满的次日起加收滞纳金。(宁政发〔2015〕43 号，第十六条)

江西规定，对未按规定期限预征税款的，应根据《中华人民共和国税收征收管理法》及其实施细则的有关规定，从限定缴纳税款期限届满次日起，加收滞纳金。(赣地税发〔2013〕117 号，第一条)

第五章 土地增值税清算受理

1. 纳税人到税务机关办理清算手续的期限

政策解读

“符合应清算条件的纳税人，须在满足清算条件之日起 90 日内到主管税务机关办理清算手续；符合可清算条件的纳税人，须在主管税务机关限定的期限内办理清算手续。”（国税发〔2006〕187 号）

从上述文件所述可知：符合应清算条件的，纳税人应主动到税务机关办理清算手续；符合可清算条件的，纳税人要等税务机关通知后才到税务机关办理清算手续。

各地政策

宁波规定，凡主管地方税务机关要求纳税人办理土地增值税清算手续的房地产开发项目，主管税务机关应出具《土地增值税清算通知书》（附件二）并送达纳税人。纳税人应在接到《土地增值税清算通知书》之日起 15 日内，填写《土地增值税清算申请表》并报送主管税务机关。经主管税务机关核准后，在 90 日内办理清算税款手续。（甬地税二〔2009〕104 号，第二条）

厦门规定，应清算项目应当在清算条件满足之日起 90 日内至主管税务机关办理清算申报。纳税人开发的房地产项目符合可清算条件且主管税务机关下发通知清算的《税务事项通知书》的，应当在收到通知书之日起 90 日内，至主管税务机关办理清算申报。（厦门市地方税务局公告 2016 年第 7 号，第十七条）

吉林规定，应清算项目须在满足清算条件之日起 90 日内到主管税务机关办理清算手续。可清算项目须在满足清算条件之日起 30 日内向主管税务机关报告满足清算条件的具体时日，同时由主管税务机关确定是否清算，对已确定的清算对象，在确定清算之日起 30 日之内办理清算手续。［吉地税发〔2007〕77 号，第二条第（二）项］

湖北规定，凡主管地方税务机关要求纳税人办理土地增值税清算手续的房地产开发项目，主管地方税务机关应填开《税务事项通知书——土地增值税清算通知书》并送达纳税人。纳税人应在接到《税务事项通知书——土地增值税纳税清算通知书》之日起30日内向主管地方税务机关报送土地增值税清算相关资料。(鄂地税发〔2008〕207号,第十条)

云南规定,(1)应清算项目应在满足清算条件之日起90日内到主管地方税务机关办理清算手续,并据实填写《土地增值税清算申请表》。经主管地方税务机关核准后,即可办理清算税款手续。对纳税人申请不符合受理条件的,应将不予核准的理由在《土地增值税清算申请表》中注明并退回纳税人。(2)可清算项目,主管地方税务机关应出具《土地增值税清算通知书》并送达纳税人。纳税人应在接到《土地增值税清算通知书》之日起30日内,填写《土地增值税清算申请表》报送主管地方税务机关。经主管地方税务机关核准后,即可办理土地增值税清算税款手续。(云地税发〔2007〕180号,第三条)

山西规定,纳税人应于房地产开发项目竣工结算并转让完毕后10日内,向主管地方税务机关填报《土地增值税纳税申报表》(代清算申请),申请办理土地增值税清算手续。(山西省地方税务局公告2012年第3号,第四条)

辽宁规定,凡主管地方税务机关要求纳税人办理土地增值税清算手续的房地产开发项目,主管地方税务机关应向纳税人出具《土地增值税清算通知书》(附件3-01)。纳税人应在接到《土地增值税清算通知书》之日起90个工作日内,到主管地方税务机关办理清算税款手续。(辽地税发〔2007〕102号,第九条)

2. 清算受理后能否撤销申请

政策解读

国家税务总局文件对撤销清算申请无相关规定。

对于应清算项目,纳税人应在满足清算条件之日起90日内主动到税务机关办理清算手续,如果存在在规定期限内到税务机关提交资料时资料不齐全等正当理由,可以申请撤销清算申请。

对于可清算项目,纳税人自税务机关通知的期限内到税务机关办理清算手续,如果存在在规定期限内到税务机关提交资料时资料不齐全等正当理由,可以申请撤销清算申请。

什么是"正当理由",文件也无解。上述理由只能作为"正当理由"的备选之一。对于上述情况,税务机关也可以不撤销清算申请,而要求纳税人采取补正资料的方式解决。

各地政策

青岛规定,主管税务机关已受理的清算申报申请,纳税人无正当理由不得撤销。

(青岛市地方税务局公告 2016 年第 1 号,第三十条,已废止;青市市地方税务局公告 2018 年第 4 号)

天津规定,主管税务机关已受理的清算申请,纳税人无正当理由不得撤销。(天津地方税务局 2016 年第 24 号公告,第十二条)

贵州规定,主管地方税务机关已受理的清算申报,房地产开发企业无正当理由的不得撤销。(贵州省地方税务局公告 2016 年第 13 号,第二十三条)

山东规定,主管地税机关已受理的清算申报申请,纳税人无正当理由不得撤销。(山东省地方税务局公告 2017 年第 5 号,第二十六条)

广西规定,对主管地方税务机关已受理的清算申请,纳税人无正当理由不可撤销清算申请。(桂地税发〔2007〕88 号,第三条)

江苏规定,主管税务机关已受理的清算申请,纳税人无正当理由不得撤销。(苏地税发〔2009〕72 号,第十三条)

辽宁规定,主管税务机关在审查清算项目过程中因需要纳税人进一步补充与清算项目相关的材料时,决定中止审核,应向纳税人开具《土地增值税中止清算审核通知书》,待纳税人重新补充证明材料后,再办理税款清算手续。(辽地税发〔2007〕102 号,第十八条)

黑龙江规定,主管地税机关已受理的清算申请,纳税人无正当理由不得撤销。(黑龙江省地方税务局公告 2016 年第 2 号,第十三条)

3. 清算受理有什么规定

政策解读

各地政策主要规定了清算受理的期限,以及什么情况可以受理清算申请,不同地区对受理期限的规定不同,有 5 日内、10 日内、15 日内等。

各地政策

北京规定,纳税人提交的申请材料齐全的,主管税务机关予以受理,并向纳税人开具《土地增值税清算受理通知书》转入审核程序;资料不完整的,应开具《土地增值税清算补充材料及情况通知书》,通知纳税人补全清算资料。主管税务机关审核中发现疑点、未采信或部分未采信鉴证报告、清算报告的,应填写《土地增值税清算补充材料及情况通知书》要求纳税人限期进行说明。待纳税人说明情况、重新补充证明资料后继续审核。主管税务机关完成审核后,应向纳税人出具《土地增值税清算审核意见书》。(北京市地方税务局公告 2016 年第 7 号,第十九条、第二十二条、第二十四条)

浙江规定，主管地税机关收到纳税人清算资料后，应及时对清算项目是否符合清算条件、报送资料是否齐全等情况进行初审，并在10个工作日内(纳税人补正材料时间不计算在内)做出是否受理的决定。(1)对符合清算条件的项目，且报送的清算资料完备的，予以受理；(2)对清算项目符合清算条件、但报送的清算资料不全的，应制作《补正材料告知书》，要求纳税人在主管地税机关规定期限内补报相关资料，纳税人在规定期限内补齐清算资料后，予以受理；(3)对不符合清算条件的项目，不予受理。(浙江省地方税务局公告2015年第8号，第二条)

海南规定，主管税务分局应按照《规程》的规定受理清算申报，在5日内审验清算申报资料是否齐全。对清算申报资料不齐全的，要求纳税人在15日内补齐。同时，审验申报的房地产项目收入是否已足额预缴土地增值税。对同时符合上述两个条件的房地产项目，主管税务分局向纳税人出具《土地增值税清算受理通知书》。[琼地税发〔2013〕16号，第二条第(二)项]

广西规定，对符合清算条件的，主管地方税务机关应从接到纳税人的清算书面申请之日起10个工作日内作出是否受理的决定。(桂地税发〔2007〕88号，第三条)

河北规定，主管地方税务机关应在接到纳税人的清算申请后10日内做出是否清算的决定。(冀地税发〔2006〕37号，第二十五条)

4. 未按规定办理清算手续

政策解读

纳税人未按规定办理清算手续的处理办法有以下五种：一是按征管法的规定进行处罚；二是启动强制清算程序；三是责令限期改正；四是执行核定征收；五是移交稽查查处。

各地政策

北京规定，超过90日拒不清算或不提供清算资料的，主管地方税务机关可依据《中华人民共和国税收征收管理法》的有关规定处理。(京地税地〔2009〕267号，第一条)

宁波规定，对房地产开发企业按规定可以进行清算而故意不办理清算手续的，主管税务机关认为有必要进行强制清算的，可以移交有关部门按照有关规定办理清算。[甬地税二〔2009〕104号，第二条第(三)项]

房地产开发企业纳税人存在未及时、如实进行土地增值税清算申报、提供虚假纳税资料、偷税等税收违法行为的，按照《中华人民共和国税收征收管理法》第六十二条、六十三条、六十四条等有关规定进行处罚。(甬地税二〔2009〕104号，第二条)

大连规定，房地产开发企业未按照规定期限向主管税务机关报送土地增值税清算资料，经主管税务机关责令限期报送，逾期仍不报送的，实施土地增值税清算检查，并按《中华人民共和国税收征收管理法》及其实施细则的相关规定进行处理。（大连市地方税务局公告2014年第1号，第十二条）

江苏规定，对符合清算条件的纳税人未按照税法规定或者税务机关依法确定的申报期限、申报内容如实办理土地增值税清算申报的，应按照《中华人民共和国税收征收管理法》第六十二条予以处理；造成少缴土地增值税的，按照第六十四条予以处理；构成偷税的，按照第六十三条予以处理。［苏地税发〔2011〕53号，第一条第（五）项］

安徽规定，纳税人未按规定期限办理清算申报的，由主管地税机关责令限期改正；逾期仍未申报的，按照《中华人民共和国税收征收管理法》及其实施细则有关规定处理。（安徽省地方税务局公告2017年第6号，第二十四条）

天津规定，符合清算条件的纳税人在规定的期限内拒不清算或不提供清算资料的，主管税务机关应发出《责令限期改正通知书》，要求其在30日内办理清算手续，并依据税收征管法有关规定处理。（天津地方税务局公告2016年第24号，第十三条）

广西规定，纳税人不主动清算又符合《国家税务总局关于房地产开发企业土地增值税清算管理有关问题的通知》（国税发〔2006〕187号）

第七条所列举五种情形之一的，主管税务机关应参照与其开发规模和收入利润水平相近的当地企业的土地增值税税负情况，按照不低于当地预征率的征收率核定征收。（桂地税发〔2008〕44号，第一条）

深圳规定，纳税人在规定期限未申报清算的行为，主管税务机关可以按照《中华人民共和国税收征收管理法》第六十二条的规定进行处罚。对上述纳税人主管税务机关有权启动该项目核定清算程序。（深圳市地方税务局公告2015年第1号，第二十八条）

贵州规定，逾期未能补齐清算申报资料，由房地产开发企业书面确认，经主管地方税务机关调查取证，确因客观原因造成资料难以补齐的，可以受理。（贵州省地方税务局公告2016年第13号，第二十三条）

福建规定，对纳税人不进行清算申报，不缴或者少缴应纳税款的，按税收征管法第64条规定处罚。对税务机关通知办理清算申报而拒不申报、提供虚假纳税资料造成不缴或者少缴税款的，按税收征管法第六十三条规定处罚。（闽地税发〔2008〕64号，第二条）

海南规定，纳税人未在规定时间内进行清算申报的，应下达《责令限期改正通知书》，并按税收征管法第六十二条规定进行处罚。对符合《海南省地方税务局关于调整房地产开发项目土地增值税核定征收办法的公告》（2012年第3号公告），采取核定征收办法进行清算。（琼地税发〔2013〕16号，第二条）

广东规定，应进行土地增值税清算的纳税人或经主管税务机关确定进行清算的纳税人，未按照规定期限办理清算手续或者不按规定报送相关资料，经主管税务机关责令限期改正，逾期仍不改正的；擅自销毁账簿或者拒不提供纳税资料的，由主管税务机关按照《中华人民共和国税收征收管理法》处罚，并移交税务稽查部门处理。（广东省地方税务局公告2014年第3号，第四十三条）

湖北规定，对纳税人拒不申报、虚假申报造成不缴、少缴税款，情节严重的，除加收滞纳金外，应依据《中华人民共和国税收征管法》有关规定进行处罚。（鄂地税发〔2013〕44号，第四条）

厦门规定，纳税人在规定期限届满未办理清算申报的，主管税务机关发出《责令限期改正通知书》，责令纳税人在收到《责令限期改正通知书》之日起30日内办理清算申报。逾期仍未申报的，按照《中华人民共和国税收征收管理法》及其实施细则等规定处理，经主管税务机关综合分析后认为纳税人涉嫌偷税或其收入、成本费用有重大嫌疑导致税负有明显异常的，按照程序移交稽查部门进行检查。（厦门市地方税务局公告〔2016〕7号，第十八条）

5. 纳税人补正资料的规定

政策解读

税务机关对清算受理资料不齐全的不予受理后，应要求纳税人补正资料再受理清算，或不影响清算受理的，在受理之后发现资料不齐全的，应要求纳税人补正资料。补正资料的期限各地规定不同，有5日内、15日内、30日内不等，也有不规定补正资料期限的，还有规定补正资料次数不超过2次的。

各地政策

上海规定，纳税人符合清算条件、但报送清算资料不全的，纳税人应在15日内补齐清算资料。（沪地税财行〔2010〕1号，第二条）

宁波规定，对纳税人提交的清算资料不完整、有关事项情况不清楚或《鉴证报告》内容不规范的，应退回纳税人重新修改或补充有关资料，并向纳税人开具《土地增值税清算补充材料通知书》交纳税人，待清算资料修改、补充完整后，重新办理税款清算手续。[甬地税二〔2009〕104号，第二条第（二）项]

山西规定，对纳税人提交的申请材料格式不准确、内容不规范、相关事项不清楚的，应当在5个工作日内退回纳税人重新修改或补充完善，并向纳税人出具《土地增值税清算补充材料通知书》，纳税人应当在30日内将清算资料修改补充完整，并重新办理税款清算手续。（山西省地方税务局公告2014年第3号，第十二条）

江苏规定，对纳税人符合清算条件、但报送的清算资料不全的，应通知纳税人在30日内按规定补正。（苏地税发〔2009〕72号，第十三条）

吉林规定，对明显不符合清算条件的告之不予受理；对资料不全或有误的，指导其更正，并在15日内补齐；对项目齐全、填写规范的材料进行登记，出具回执。（吉地税发〔2007〕77号，第四条）

主管税务机关在清算项目审核过程中需要纳税人进一步补充与清算项目相关的证明资料时，向纳税人开具《土地增值税清算审核中止通知书》。纳税人应于接到《土地增值税清算审核中止通知书》之日起30日内补正有关清算材料。补充资料时间不计入审核期限。（吉林省地方税务局公告2014年第1号，第二十条）

对纳税人提交的清算申报资料不完整，鉴证报告内容不规范、鉴证事项不清楚的，应退回纳税人补充资料，并于当日向纳税人开具《土地增值税清算申报补充资料通知书》。纳税人应当在15日内（特殊情况，经主管税务机关批准后可再延长15日）补充清算资料完整后，再向纳税人开具《土地增值税清算申报受理通知书》，交纳税人后转入审核程序。（吉林省地方税务局公告2014年第1号）

湖北规定，主管地方税务机关对纳税人提交的清算申请报告及其附列资料初审认定符合规定的，即时制作《税务事项通知书——土地增值税清算受理通知书》，送达纳税人。对报送资料不全的，向纳税人开具《税务事项通知书——土地增值税清算补正资料通知书》以及申请清算资料一并退还纳税人补正。（鄂地税发〔2008〕207号，第十一条）

安徽规定，主管地税机关应认真核对纳税人报送的清算资料，对纳税人提交的清算资料齐全的，主管地税机关予以受理；不齐全的，应一次性告知纳税人在规定期限内补正资料。纳税人补正资料的，予以受理；未能补正的，经纳税人提供确因不可抗力等客观原因造成资料难以补正的书面说明及相关证明材料，可以受理。（安徽省地方税务局公告2017年第6号，第二十八条）

辽宁规定，纳税人提交的清算资料不完整、内容不规范、审核事项情况不清楚的，应退回纳税人重新修改或补充资料，并向纳税人出具《土地增值税清算补充材料通知书》。纳税人须在收到《土地增值税清算补充材料通知书》之日起30个工作日内提供清算补充材料，重新办理税款清算手续。（辽地税发〔2007〕102号，第十条）

四川规定，对符合清算条件但报送清算资料不全的房地产开发项目，主管地税机关应向纳税人出具《土地增值税清算补充材料通知书》（自定格式），纳税人应于收到通知书后15日内补齐清算资料并报送主管地税机关。（川地税发〔2009〕60号，第一条）

广东规定，纳税人符合清算条件，但报送的清算资料不全的，主管税务机关应发出限期提供资料通知书，通知纳税人在限期（原则上不超过15日）内补全清算资料。（广东省地方税务局公告2014年第3号，第十六条）

青岛规定，对纳税人符合清算条件、但报送的清算资料不全的，应要求纳税人在15

日内补报，纳税人在规定的期限内补齐清算资料后，予以受理。（青岛市地方税务局公告2016年第1号，第三十条，已废止；青岛市地方税务局公告2018年第4号）

天津规定，对纳税人符合清算条件但报送的清算资料不全的，应出具补充材料通知书，并要求纳税人在15日内补齐，纳税人在规定期限内补齐资料后，主管税务机关予以受理。（天津地方税务局公告2016年第24号，第十二条）

贵州规定，房地产开发项目符合清算条件，但报送的清算申报资料不齐全的，主管地方税务机关应当通知房地产开发企业补充资料。房地产开发企业自收到主管地方税务机关要求补充清算资料的通知之日起30日内补齐清算申报资料的，主管地方税务机关应当予以受理。（黑龙江地方税务局公告2016年第13号公告，第二十三条）

黑龙江规定，对纳税人符合清算条件、但报送的清算资料不全的，应下达《税务事项通知书（受理补正通知）》，一次性书面告知纳税人在5日内补报。清算审核过程中，如需要纳税人进一步提供相关证据证明资料的，应下达《税务事项通知书（清算补正通知）》，书面告知纳税人在5日内补齐；如需要纳税人再次提供，可再次要求纳税人在5日内补齐；最多不得超过2次。（黑龙江省地方税务局公告2016年第2号，第十三条）

山东规定，主管地税机关收到纳税人清算申报资料后，对符合清算条件的项目，且报送的清算资料完备的，予以受理；对纳税人符合清算条件、但报送的清算资料不全的，应当要求纳税人在15日内补报，纳税人在规定的期限内补齐清算资料后，予以受理；对不符合清算条件的项目，不予受理。（山东省地方税务局公告2017年第5号，第二十六条）

大连规定，对纳税人提交的清算资料不完整、内容不规范、情况不清楚的，应退回纳税人重新修改、补充资料，待清算资料补充完整后，再予受理。［大地税函〔2007〕200号，第一条第（三）项］

6. 房地产开发项目能否延期清算

政策解读

国家税务总局文件对延期清算无相关规定。各地政策延期一般有延长30日、60日、90日等情况。延期清算通常需要经税务机关事先同意。

各地政策

北京规定，凡主管地方税务机关要求纳税人办理土地增值税清算手续的房地产开发项目，纳税人应在接到《土地增值税清算通知书》之日起30日内填写《土地增值税清算申请表》报送主管地方税务机关办理清算申请手续。如有特殊原因需要延长的，纳税

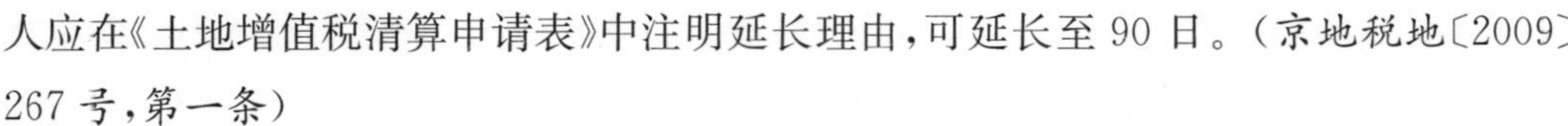

人应在《土地增值税清算申请表》中注明延长理由，可延长至 90 日。（京地税地〔2009〕267 号，第一条）

安徽规定，纳税人在规定期限内办理清算申报确有困难，需要延期的，应当在申报期限届满前提出书面延期申请，经主管地税机关核准，在核准的期限内办理清算申报。（安徽省地方税务局公告 2017 年第 6 号，第二十三条）

海南规定，纳税人因特殊情况，确实不能在规定的时间内办理清算申报的，可根据《中华人民共和国税收征收管理法》第二十七条的规定，在土地增值税清算申报时限届满前，向税务机关提出书面延期申报申请，经税务机关核准，在核准的期限内办理申报。办理延期申报时主管税务分局须核实该项目是否足额预缴土地增值税，若未足额预缴，须足额预缴后方可办理延期申报申请手续。土地增值税清算延期申报最长不得超过 90 日，需延期 30 日以内的，由主管税务分局局长批准；需延期 30 日以上且不超过 60 日的，由市县区局局长批准；需延期 60 日以上的，报省局批准。（琼地税发〔2013〕16 号，第二条）

深圳规定，如存在工程结算或扣除项目凭证尚未完全取得的情形，纳税人可以向主管税务机关申请延后清算申报。延后清算申报的时间最长不得超过 90 日。纳税人办理延后清算申报提交申请的同时还应当提交未结算工程合同以及未取得扣除项目明细。延后清算申报申请由主管税务机关审核确定。（深圳市地方税务局公告 2015 年第 1 号，第二十四条）

7. 能否提前进行土地增值税清算

政策解读

纳税人要求提前进行清算的理由：一是未按规定预征土地增值税，想通过清算一次性解决问题；二是预计清算补缴税款金额大，提前缴纳土地增值税可在企业所得税税前扣除，避免项目结束时出现企业所得税退税的情况；三是销售普通住宅预计增值率不超过 20%可免征土地增值税，提早解决清算问题。

各地政策

北京规定，纳税人清算申请不符合受理条件的，主管税务机关应将不予受理的理由在《土地增值税清算申请表》中注明并退回纳税人。（北京市地方税务局公告 2016 年第 7 号，第十九条）

青岛规定，对不符合清算条件的项目，不予受理。（青岛市地方税务局公告 2016 年第 1 号，第三十条，已废止；青岛市地方税务局公告 2018 年第 4 号）

天津规定，对不符合清算条件的项目，主管税务机关不予受理，并出具不予受理通知书告知纳税人原因。（天津地方税务局2016年第24号公告，第十二条）

贵州规定，对不符合清算条件的房地产开发项目，主管地方税务机关不予受理。（贵州省地方税务局公告2016年第13号，第二十三条）

江苏规定，对不符合清算条件的项目，不予受理。（苏地税发〔2009〕72号，第十三条）

山东规定，对不符合清算条件的项目，不予受理。（山东省地方税务局公告2017年第5号，第二十六条）

黑龙江规定，对不符合清算条件的项目，不予受理。（黑龙江省地方税务局公告2016年第2号，第十三条）

浙江规定，对不符合清算条件的项目，不予受理。[浙江省地方税务局公告2015年第8号，第二条第(二)项]

8. 可清算项目启动清算履行的手续

政策解读

"对于符合本规程第十条规定税务机关可要求纳税人进行土地增值税清算的项目，由主管税务机关确定是否进行清算。"（国税发〔2009〕91号）

主管税务机关确定是否进行清算的方式：内部流程批准、单项评估确定、集体审议确定等。

各地政策

江苏规定，主管税务机关进行项目管理时，对符合税务机关可要求纳税人进行清算情形的，应在对清算项目评估基础上经分管领导批准，确定清算的方式和清算的时间。对确定暂不通知清算的，应继续做好项目管理，每年作出评估，及时确定清算时间并通知纳税人办理清算。（苏地税发〔2009〕72号，第十四条）

吉林规定，主管税务机关根据纳税人报送的项目销售情况，按季填写《项目日常管理台帐》，进行清算条件的评估。主管税务应当对符合土地增值税可清算条件的纳税人作出《项目评估表》。确定要求纳税人进行清算的，向其下达《税务事项通知书（通知清算）》。确定暂不清算的，应继续做好项目管理，及时确定清算时间并通知纳税人办理清算。（吉林省地方税务局公告2014年第1号，第八条）

安徽规定，主管地税机关应集体审议可清算项目，根据项目实际情况确定是否需要进行清算，集体审议的结果应当形成记录存档。对于确定需要进行清算的房地产开发

项目，主管地税机关应及时下达《税务事项通知书》，通知纳税人清算。纳税人对主管地税机关清算通知有异议的，可请求主管地税机关复核。（安徽省地方税务局公告2017年第6号，第二十一条）

深圳规定，主管税务机关应对可清算项目在其符合清算条件之日起1年内向纳税人发送《税务事项通知书》，启动清算程序。（深圳市地方税务局公告2015年第1号，第三十条）

黑龙江规定，主管地税机关对符合地税机关可要求纳税人进行清算情形的，应当做出评估，由清算审核人员起草《土地增值税可要求清算项目评估报告》（附件3），经分管领导同意后，提交局长办公会议集体审议，以会议纪要形式确定要求纳税人进行清算的时间。对确定暂不通知清算的，应继续做好项目管理，每年年初作出评估，及时确定清算时间并通知纳税人进行清算。（黑龙江地方税务局公告2016年第2号，第十一条）

9. 清算申报的资料清单

政策解读

"纳税人办理土地增值税清算应报送以下资料：（一）房地产开发企业清算土地增值税书面申请、土地增值税纳税申报表；（二）项目竣工决算报表、取得土地使用权所支付的地价款凭证、国有土地使用权出让合同、银行贷款利息结算通知单、项目工程合同结算单、商品房购销合同统计表等与转让房地产的收入、成本和费用有关的证明资料；（三）主管税务机关要求报送的其他与土地增值税清算有关的证明资料等。纳税人委托税务中介机构审核鉴证的清算项目，还应报送中介机构出具的《土地增值税清算税款鉴证报告》。"（国税发〔2006〕187号）

各地规定不一致，但主要的资料清单大同小异。

各地政策

北京规定，房地产开发企业对项目启动清算时，纳税人应按要求报送有关资料，并应据实填写《土地增值税清算申请表》《土地增值税清算材料要求及清单》。

（1）项目竣工清算报表，当期财务会计报表[包括：损益表、主要开发产品（工程）销售明细表、已完工开发项目成本表]等。

（2）国有土地使用权证书。

（3）取得土地使用权时所支付的地价款有关证明凭证及国有土地使用权出让或转让合同。

（4）房地产项目的预算、概算书、项目工程合同结算单。

（5）能够按房地产项目支付贷款利息的有关证明及借款合同。

（6）销售商品房有关证明资料，以商品房购销合同统计表并加盖公章的形式，包含：销售项目栋号、房间号、销售面积、销售收入、用途等。

（7）清算项目的工程竣工验收报告。

（8）清算项目的销售许可证。

（9）与转让房地产有关的完税凭证，包括：已缴纳的营业税、城市维护建设税、教育费附加、地方教育附加等。

（10）鉴证报告或清算报告。

（11）《土地增值税纳税申报表（二）》。

（12）税务机关要求报送的其他与清算有关的证明资料等。

（北京市地方税务局公告2016年第7号，第十五条、第十七条、第十八条）

安徽规定，纳税人办理清算申报时，应当提交以下清算资料：

（1）《土地增值税纳税申报表（二）（从事房地产开发的纳税人清算适用）》。

（2）房地产开发项目清算说明，包括房地产开发项目立项、用地、开发、销售、关联方交易、融资、税款缴纳等基本情况及主管地税机关需要了解的其他情况。

（3）项目竣工决算报表、取得土地使用权所支付的地价款凭证、国有土地使用权出让合同、银行贷款利息结算通知单、项目工程合同结算单、商品房购销合同统计表、销售明细表、预售许可证等与转让房地产的收入、成本和费用有关的证明资料。

（4）需要清算项目记账凭证的，应提供记账凭证复印件。

（5）委托涉税专业服务机构鉴证的清算项目，报送涉税专业服务机构出具的鉴定和证明。

（6）享受土地增值税优惠的项目，应报送减免税申请并提供减免土地增值税证明材料原件及复印件。房地产开发项目中，有视同销售情形的，应予详细说明。上述资料中，主管地税机关已经取得的，不得再要求纳税人报送。

（安徽省地方税务局公告2017年第6号，第二十七条）

天津规定，纳税人办理清算申报时，应当提交以下清算资料：

（1）土地增值税清算表及其附表。

（2）房地产开发项目清算说明，包括房地产开发项目立项、用地、开发、销售、关联方交易、融资、税款缴纳及主管税务机关应了解的其他情况。

（3）国有土地使用权出让合同、取得土地使用权所支付的地价款凭证、项目工程合同结算资料、项目竣工决算报表、银行贷款利息结算通知单、商品房购销合同统计表、销售明细表、销售许可证等与房地产的收入、成本和费用有关的证明资料，主管税务机关需要记账凭证的，纳税人还应提供记账凭证复印件。

（4）纳税人委托税务中介机构鉴证的清算项目，还应报送中介机构出具的《土地增值税清算鉴证报告》及附属资料。

（天津地方税务局公告2016年第24号，第十一条）

山东规定，纳税人办理清算申报时，应当提交以下清算资料：

（1）土地增值税清算申报表及其附表，其中附表的选用由各市地方税务局根据当地情况自行确定。

（2）房地产开发项目清算说明。主要内容应当包括房地产开发项目立项、用地、开发、销售、关联方交易、融资、税款缴纳及成本费用分摊方式等基本情况和主管地税机关需要了解的其他情况。

（3）建设用地规划许可证及附件、建设工程规划许可证及附件、建设工程施工许可证、商品房预售许可证、初始产权登记证、测绘报告、竣工验收备案表、项目工程合同结算单原件。

（4）取得土地使用权所支付的地价款凭证、国有土地使用权出让（转让）合同原件。

（5）拆迁（回迁）合同、签收花名册或签收凭证。

（6）银行贷款合同及银行贷款利息结算通知单原件。

（7）项目规划、设计、勘察、工程招投标、工程施工、材料采购等有效凭证。

（8）竣工验收报告、工程竣工决算报告。

（9）商品房购销合同统计表、销售明细表等与转让房地产的收入、成本和费用有关的证明资料。

（10）开发项目中的公共配套设施，建成后产权属于全体业主所有和建成后无偿移交给政府、公用事业单位用于非营利性社会公共事业的相关证明资料。

（11）转让房地产有关税金的完税凭证。对于同一张完税凭证属于多个开发项目缴纳税金的，应当在完税凭证上注明清算项目缴纳的税金金额。

（12）纳税人委托涉税专业服务机构审核鉴证的清算项目，还应当报送《土地增值税清算税款鉴证报告》。

（13）不允许在增值税销项税额中计算抵扣的进项税额相关资料。上述资料凡已通过部门信息共享取得或纳税人已报送的，不再重复报送。

（山东省地方税务局公告2017年第5号，第二十五条）

广东规定，纳税人办理清算申报时，应当提交以下清算资料：

（1）《广东省土地增值税清算申报表及附表》。

（2）与清算项目有关的书面说明，主要内容应包括房地产开发项目立项、用地、容积率、分期开发情况、成本费用的计算和分摊方法、销售、关联方交易、融资、不同类型房产的销售均价、房地产清算项目税款缴纳等基本情况及主管税务机关需要了解的其他情况。

（3）主管税务机关需要相应项目会计凭证的，纳税人还应提供会计凭证复印件。

(4) 纳税人委托税务师事务所审核鉴证的清算项目，还应报送税务师事务所出具的《土地增值税清算税款鉴证报告》。

(广东省地方税务局公告2014年第3号，第十五条)

河北规定，纳税人办理清算申报时，应当提交以下清算资料

(1) 土地增值税清算申请报告。

(2) 土地使用权受让合同及支付地价款(出让金)凭证。

(3) 贷款合同和银行贷款利息结算通知书。

(4) 申请立项的有关文件及项目批准文件。

(5) 开发项目的预算、概算书。

(6) 房地产开发项目工程验收证明。

(7) 无偿提供公共配套设施有关资料。

(8) 预征土地增值税完税凭证复印件。

(9) 房地产开发成本、费用的凭证(包括地价款、出让金、房产开发成本、费用等)。

(10) 与转让房地产有关的完税凭证和费用凭证。

(11) 审计报告。

(12) 财务会计报表。

(13) 房地产买卖合同复印件。

(14)《普通标准住房审核表》。

(15) 主管地方税务机关要求报送的其他资料。

(冀地税发〔2006〕37号，第二十三条)

黑龙江规定，纳税人办理清算申报时，应当提交以下清算资料：

(1)《土地增值税纳税申报表(二)(从事房地产开发的纳税人清算适用)》《汇总申报表》及《明细申报表》。

(2) 房地产开发项目清算说明，主要内容应包括房地产开发项目立项、用地、开发、销售、关联方交易、融资、税款缴纳等基本情况及主管地税机关需要了解的其他情况。

(3) 项目竣工决算报表和有关账簿、取得土地使用权所支付的地价款凭证、国有土地使用权出让或转让合同、银行贷款合同及贷款利息结算通知单、项目工程建设合同及其价款结算单、商品房购销合同统计表、房产销售分户明细表、商品房销售(预售)许可证等与房地产开发项目的收入、成本和费用有关的证明资料。公共配套设施产权属于全体业主所有的凭证，或无偿移交给政府、公共事业单位用于非营利性社会公共事业的凭证。涉及个人的拆迁(回迁)合同、签收花名册或签收凭证。主管地税机关需要相应项目记账凭证的，纳税人还应提供记账凭证复印件。

(4) 纳税人委托税务中介机构审核鉴证的清算项目，还应报送中介机构出具的《土地增值税清算税款鉴证报告》。

（黑龙江省地方税务局公告2016年第2号，第十二条）

湖北规定，纳税人办理清算申报时，应当提交以下清算资料：

（1）《土地增值税纳税清算申请表》及《土地增值税清算材料清单》。

（2）项目竣工决算报告、项目竣工验收证明、清算期财务会计报表（包括：损益表、主要开发产品销售明细表、已完工开发项目成本表等）。

（3）清算项目的国有土地使用权证书、建设用地规划许可证、建筑工程规划许可证、商品房预售许可证。

（4）取得土地使用权时所支付的地价款有关证明凭证及国有土地使用权出让或转让合同。

（5）清算项目的主要单项工程合同及结算单据。

（6）能够按清算项目支付贷款利息的有关证明及借款合同。

（7）公共配套设施面积及成本分摊证明材料。

（8）清算项目规划总平面图。

（9）《商品房销售合同统计表》，明细表以电子文件形式报送。

（10）与转让房地产有关的完税凭证。

（11）《土地增值税纳税清算申报表》。

（12）主管地方税务机关要求报送的其他与土地增值税清算有关的证明资料。纳税人委托税务中介机构进行清算申报的，还应附送具有鉴证资格的税务中介机构出具的《土地增值税清算鉴证报告》和税务中介机构资格、年检证明材料。

（鄂地税发〔2008〕207号，第八条）

吉林规定，纳税人办理清算申报时，应当提交以下清算资料：

（1）房地产开发项目清算说明，内容应包括：

① 项目立项、用地、开发情况。

② 符合清算条件情况：项目建筑面积、可售建筑面积、已转让建筑面积及其具体构成情况、非可售建筑面积及其具体构成情况。

③ 扣除项目情况以及扣除项目分摊办法和依据；对房地产开发企业分期开发项目或者同时开发多个项目的，应说明共同费用总额及其分摊情况。

④ 对房地产开发企业开发项目中公共设施，应分项分类说明具体情况（按照建成后产权属于全体业主所有、建成后无偿移交给政府公用事业单位、建成后自用或有偿转让分类）。

⑤ 将开发产品用于职工福利、奖励、对外投资、分配给股东或投资人、抵偿债务、换取其他单位和个人的非货币性资产的情况。

⑥ 涉及减免税的项目，应对项目涉及的减免税提出申请报告，填写《（普通标准住宅）土地增值税减免申请审批表》。

⑦ 清算项目预缴的土地增值税情况；实际缴纳与清算项目有关的营业税、城建税、教育费附加和地方教育附加等。

⑧ 其他应说明的情况。

(2) 项目竣工决算报表、取得土地使用权所支付的地价款凭证、开发项目立项批复资料、国有土地使用权出让合同、土地使用权证、银行贷款利息结算通知单、项目工程合同结算单、建设用地规划许可证、商品房预售许可证、商品房购销合同统计表、销售收入销控明细表(应分别列明普通标准住宅、非普通标准住宅和其他类型房地产的栋号、房间号、收入和面积等)、项目竣工验收备案证等与转让房地产的收入、成本和费用有关的证明资料。

(3) 税务机关要求报送的其他与土地增值税清算有关的证明资料等。

(4) 纳税人委托税务中介机构审核鉴证的，还应报送中介机构出具的《土地增值税清算税款鉴证报告》。

(吉林省地方税务局公告 2014 年第 1 号，第十四条)

江苏规定，纳税人办理清算申报时，应当提交以下清算资料：

(1) 土地增值税清算表及其附表(参考表样见附件，各地可根据本地实际情况制定)。

(2) 房地产开发项目清算说明，主要内容应包括房地产开发项目立项、用地、开发、销售、关联方交易、融资、税款缴纳等基本情况及主管税务机关需要了解的其他情况。

(3) 项目竣工决算报表、取得土地使用权所支付的地价款凭证、国有土地使用权出让合同、银行贷款利息结算通知单、项目工程合同结算单、商品房购销合同统计表、销售明细表、预售许可证等与转让房地产的收入、成本和费用有关的证明资料。主管税务机关需要相应项目记账凭证的，纳税人还应提供记账凭证复印件。

(4) 纳税人委托税务中介机构审核鉴证的清算项目，还应报送中介机构出具的《土地增值税清算税款鉴证报告》。

(苏地税发〔2009〕72 号，第十二条)

江西规定，纳税人办理清算申报时，应当提交以下清算资料：

(1) 房地产开发企业土地增值税纳税申报表。

(2) 项目竣工决算报表、取得土地使用权所支付的地价款凭证、国有土地使用权出让合同、银行贷款利息结算通知单、项目工程合同结算单、商品房购销合同统计表等与转让房地产的收入、成本和费用有关的证明资料。

(3) 主管地税机关要求报送的其他与土地增值税清算有关的证明资料等。

(4) 具有资质的税务中介机构出具的《土地增值税清算税款鉴证报告》。

(赣地税发〔2007〕22 号，第三条)

山西规定，纳税人办理清算申报时，应当提交以下清算资料：

(1) 政府计划主管部门下达的投资计划文件。

(2) 土地使用权受让合同。

(3) 房地产销售(预售)合同。

(4) 房地产开发项目的建安合同和结算资料。

(5) 与转让房地产有关税金的完税凭证。

(6) 主管地方税务机关要求提供的其他资料。

(山西省地方税务局公告2012年第3号,第七条)

云南规定,纳税人办理清算申报时,应当提交以下清算资料

除按国税发〔2006〕187号文规定报送的资料外,还应报送以下资料:土地增值税清算表(分清算单位填写),清算前各月土地增值税纳税申报表和完税凭证,国有土地使用权证书,国有土地使用权转让合同(以转让方式取得国有土地使用权的),清算项目的预算、概算书,清算项目的销售许可证,与转让房地产有关的完税凭证,包括已缴纳的营业税、城建税、教育费附加等,以及主管税务机关要求报送的其他与土地增值税清算有关的证明资料等。

(云地税发〔2007〕180号,第四条)

宁夏规定,纳税人办理清算申报时,应当提交以下清算资料:

(1) 土地增值税纳税申报表。

(2) 房地产权属证明、转让合同或契约。

(3) 房地产评估报告。

(4) 房地产财务核算账簿和资料。

(5) 土地增值税清算表及其附表。

(6) 房地产开发项目立项、用地、开发、销售、关联方交易、融资、税款缴纳等基本情况。

(7) 项目竣工决算报表、取得土地使用权所支付的地价款凭证、国有土地使用权出让合同、银行贷款利息结算通知单、项目工程合同结算单、商品房购销合同统计表、销售明细表、预售许可证等与转让房地产的收入、成本和费用有关的证明资料。

(8) 纳税人委托税务师事务所审核鉴证的房地产清算项目,应报送税务师事务所出具的《土地增值税清算税款鉴证报告》。

(9) 市、县税务机关规定需要提供的其他房地产开发项目资料。

(宁政发〔2015〕43号,第六条)

青岛规定,房地产开发企业在提交清算审核纸质资料的同时,应在税务机关网上办税厅上传电子申报表及附表。房地产开发企业在办理土地增值税清算申报时,除按照省局5号公告要求报送的资料外,还应提供以下资料,全部报送资料应制定索引目录,编号装订成册:

(1)建设方、施工方、咨询企业三方盖章的工程结算审核报告,甲供材设备购领存明细表。

(2)合同成本清单。

(3)相关发票复印件或电子档案。

(4)房地产开发企业不能提供土地增值税清算鉴证报告的，在报送土地增值税清算资料的同时，应按照《土地增值税清算鉴证业务准则》(国税发〔2007〕132号)中《土地增值税清算税款鉴证报告》的模板样式进行情况说明。

[青岛市地方税务局公告2018年第4号，第十五条第(二)(三)项]

厦门规定，纳税人办理清算申报时，应当提交以下清算资料：

(1) 国家税务总局下发的《土地增值税纳税申报表》。

(2)《收入和扣除项目明细表(按年度统计)》《收入和扣除项目明细表(按类别统计)》。

(3) 房地产项目清算情况书面说明，主要内容应包括土地来源、开发建设、销售、关联方交易、资金融通、税费缴纳等总体情况及纳税人认为需要说明的其他情况。

(4) 国有土地使用权出让合同(或转让合同)、建设用地规划许可证、拆迁安置协议、建设工程规划许可证、建筑工程施工许可证、预售许可证、建设工程竣工验收备案证明书、测绘成果等复印件。

(5) 金融机构贷款合同、勘察设计合同、建筑安装合同、材料和设备采购合同、《商品房买卖合同一览表》、项目工程合同结算单、房地产项目竣工决算报表以及有资质的第三方出具的工程结算审核报告等复印件。

(6)《与扣除项目金额相关的经济业务及支付情况一览表》。

(7) 关联交易详细书面说明，包括纳税人在房地产开发过程中接受关联方规划、设计、可行性研究、勘察、建筑安装、绿化、装修等服务、向关联方购买设备、材料以及纳税人向关联方转让开发产品等情况。

(8) 扣除项目金额分摊书面说明，包括纳税人在不同项目(含分期项目)、不同房地产类型、已转让房地产与未转让房地产之间分摊扣除项目金额的情况。

(9) 纳税人自愿委托中介机构审核鉴证的清算项目，还应报送鉴证报告。

(厦门市地方税务局公告2016年第7号，第二十二条)

第六章 土地增值税清算审核

1. 清算审核的方式和期限

政策解读

“清算审核包括案头审核、实地审核。”(国税发〔2009〕91 号)

各地规定中,有规定成立审核小组集体审核的,也有规定审核后报上级税务机关复核的,也有仅规定做逻辑审核的。此外,国家税务总局文件对审核期限没有规定。各地审核时间有 10 日、30 日、60 日、90 日、180 日不等;还有延期审核的,延长 15 日、30 日、90 日不等,还有不确定具体延长期限的。延期审核一般需要经过分管领导同意。

各地政策

北京规定,清算审核包括案头审核、实地审核。税务机关清算审核以案头审核为主,必要时进行实地审核。清算审核实行主管税务机关、区(分)局两级审核管理制度。各区(分)局可成立清算审核领导小组和审核小组,开展清算审核工作。主管税务机关应在清算受理之日起 90 日内完成审核出具意见,审核时限不含纳税人应税务机关要求说明情况、补充资料的时间。(北京市地方税务局公告 2016 年第 7 号,第二十条、第二十一条、第二十三条)

上海规定,主管税务机关受理纳税人清算资料后,应在 30 个工作日内完成清算审核工作。情况复杂的,经主管税务机关分管局领导批准,可以适当延长办理期限,但延长期限不超过 15 个工作日。(沪地税财行〔2010〕1 号,第三条)

青岛规定,房地产开发企业完成清算申报后,主管税务机关应在 90 日内对房地产开发企业清算结果进行审查,如有特殊情况无法于 90 日内完成审核,经主管税务机关批准,可延期完成,并书面告知纳税人。(青岛市地方税务局公告 2016 年第 1 号,第三十四条,已废止;青岛市地方税务局公告 2018 年第 4 号)

天津规定,主管税务机关受理纳税人清算资料后,应启动清算审核程序,90 日内完成审核工作,形成审核报告留存备查,并向纳税人出具清算核准通知书,明确补、退税金

额和办理期限。(天津市地方税务局公告2016年第24号,第十六条)

贵州规定,主管地方税务机关应在清算受理之日起90日内完成审核并出具审核意见,审核时限不包括房地产开发企业按照税务机关要求说明情况、补充资料的时间。(贵州省地方税务局公告2016年第13号,第二十五条)

宁波规定,主管税务机关应自受理纳税人清算申请之日起90日内完成对纳税人递交的清算资料的审核工作(不含纳税人应税务机关要求补充资料的时间),并据此作出土地增值税清算税款结论后送达纳税人,要求其在规定时间内办理补税或退税手续。[甬地税二〔2009〕104号,第二条第(三)项]

安徽规定,主管地税机关应当自纳税人办理清算申报之次日起90日内完成清算审核;确需延长审核时间的,应当经主管地税机关主要负责人批准。主管地税机关开展清算审核,应当由分管领导牵头,组建清算审核小组。清算审核小组按照有关税收法规和本办法的规定开展审核工作,审核结束应当出具书面审核报告。审核报告经主管地税机关或市、县地税机关集体审议、批准后,由主管地税机关依据批准的审核报告向纳税人出具《土地增值税清算审核表》以及具体的调整事项和理由,纳税人按照《土地增值税清算审核表》办理补退税款。(安徽省地方税务局公告2017年第6号,第二十九条、第三十一条)

大连规定,主管税务机关应当自受理纳税人清算资料之日起30个工作日内审核房地产开发项目土地增值税清算情况。[大地税函〔2007〕200号,第一条第(四)项]

辽宁规定,主管地方税务机关应自受理纳税人清算申请之日起90个工作日内完成清算审核工作,不含纳税人应税务机关要求补充资料的时间。(辽地税发〔2007〕102号,第十二条)

山东规定,主管地税机关受理纳税人清算申报资料后,应当自受理申报之日起90日内完成清算审核。如有特殊情况无法于90日内完成审核,经县(市、区)级地税机关批准,可延期完成,并书面告知纳税人。(山东省地方税务局公告2017年第5号,第二十七条)主管地税机关可设立集中清算审核工作组,由专人(组)对清算项目实施分类、切块式的审核模式。即将一个清算项目分为项目概况、收入、成本、费用四大类分别进行审核。每一类别均由相对固定人员(小组)按照规定的标准进行审核,并负责相应数据、文书、政策的合成和归集。(山东省地方税务局公告2017年第5号,第三十五条)

厦门规定,主管税务机关应当自纳税人办理清算申报之次日起30日内以纳税评估形式启动清算审核,根据土地增值税规定并按照纳税评估规定的程序、时限、要求完成土地增值税清算审核工作。(厦门市地方税务局公告〔2016〕7号,第二十三条)

四川规定,对符合清算条件的项目,主管地税机关应于发出《土地增值税清算受理通知书》(自定格式)之日起90日内完成清算审核工作(不含地税机关要求补正资料时间)。(川地税发〔2009〕60号,第一条)

海南规定,清算审核小组自行审核的项目须在60日内出具清算审核报告;由主管

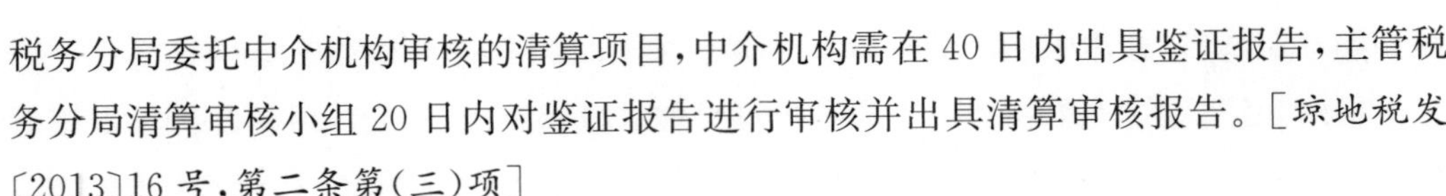

税务分局委托中介机构审核的清算项目，中介机构需在40日内出具鉴证报告，主管税务分局清算审核小组20日内对鉴证报告进行审核并出具清算审核报告。[琼地税发〔2013〕16号，第二条第（三）项]

广西规定，主管地方税务机关受理后，应在30个工作日内组织实施清算。（桂地税发〔2007〕88号，第三条）

广东规定，主管税务机关应在项目清算受理之日起180日内完成清算审核，作出清算结论；如确有困难的，经县级地方税务局批准，可延期90日完成；如有特殊情况的，经地级以上市地方税务局批准，可再延期90日完成，并书面告知纳税人。（广东省地方税务局公告2014年第3号，第十七条）

前期工程费、基础设施费是否真实发生，是否存在虚列情形。对房地产开发项目用地属于未"七通一平"的，应对前期工程、基础设施实体的实地审核，特别注意土石方、挡土墙、绿化等工程账实是否相符。[广东省地方税务局公告2014年第3号，第二十五条第（一）项]

主管税务机关应在前期工程阶段、土建施工阶段、装饰装修阶段、园林绿化阶段四个工程节点深入房地产项目现场，向纳税人了解掌握工程进展状况，将工程造价可能出现的涉税风险点与纳税人充分沟通，对四个工程节点的风险分析作纳税辅导，并书面记录，存档备查。（广东省地方税务局公告2014年第3号，第十一条）

黑龙江规定，主管地税机关受理纳税人清算资料后，应在45日内完成清算审核。（黑龙江省地方税务局公告2016年第2号，第十四条）

湖北规定，主管地方税务机关应自受理纳税人申请土地增值税清算之日起90日内完成清算审核工作。清算审核工作时限不含纳税人按照主管地方税务机关要求补正资料的时间。（鄂地税发〔2008〕207号，第十三条）

湖南规定，主管税务机关自受理纳税人土地增值税清算申报之日起，90日（不含补正资料时间）内应完成清算审核工作。情况复杂的，经主管税务机关局长批准，可以适当延长办理期限，但延长期限不超过30个工作日。（湖南省地方税务局公告2015年第4号，第四套）

吉林规定，主管税务机关应在受理纳税人清算申报后90日内完成对清算结果的审核，形成《土地增值税清算审核结论》，经本级税务机关审理委员会审议通过后送达纳税人，同时下达《税务事项通知书（补退税款）》，按照有关规定办理补税或退税手续。（吉林省地方税务局公告2015年第5号）

江苏规定，主管税务机关应在受理纳税人清算资料之日起60日内完成清算审核。（苏地税发〔2009〕72号，第十五条）

宁夏规定，对纳税人报送的土地增值税清算纳税资料，主管税务机关受理后应在30个工作日内及时组织清算审核。（宁政发〔2015〕43号，第十一条）

山西规定，土地增值税清算审核工作由县及县以上主管地税机关组织实施，并应当自受理纳税人清算申请之日起 90 日内（不含纳税人应地税机关要求增加补正资料时间）完成清算审核。若因特殊原因需延长清算审核时间的，应当将延期原因和延期时间报上一级地税机关批准，并通知纳税人。（山西省地方税务局公告 2014 年第 3 号，第十三条）

主管地税机关应当成立由领导总负责，征管、税政、计会、稽查、二分局、税源管理部门等相关单位共同参加的清算审核领导组。领导组按清算审核的不同内容和要求，下设收入审核、土地成本审核、其他开发成本及费用审核、税金及其他扣除项目审核等若干审核小组，明确各小组的职责和分工。各审核小组应当在规定时间内对纳税人提供的相关票据、凭证、资料进行认真审查核实，出具初审意见，报清算审核领导组集体审议。（山西省地方税务局公告 2014 年第 3 号，第十四条）

清算审核领导组根据各清算审核小组的审核意见，汇总有关资料，经清算审核领导组会议或经办公会议集体审议后，确定清算项目的增值额、适用税率，最终做出清算审核结论。（山西省地方税务局公告 2014 年第 3 号，第二十四条）

主管地方税务机关应在受理纳税人清算申请之日起十日内完成税款清算工作，并填制《土地增值税清算表》，按规定补征或退还税款。（山西省地方税务局公告 2012 年第 3 号，第六条）

新疆规定，主管税务机关受理纳税人清算资料后，应在 90 日内及时组织清算审核。如有特殊情况确实需要延长清算审核期限的，需经县级以上地方税务局局长批准。（新疆维吾尔自治区地方税务局公告 2016 年第 6 号，第二条）

浙江规定，主管地税机关受理纳税人清算资料后，一般应在 90 个工作日内组织完成清算审核工作。情况复杂确需延长清算审核时间的，须经县级以上地方税务局（分局）局长批准。主管地税机关应按照《清算规程》的有关规定进行审核，在清算审核中发现问题的可约谈纳税人，纳税人应配合主管地税机关就清算项目审核中存在的有关问题进行解释、说明、举证，并提供相关证明材料。（浙江省地方税务局公告 2015 年第 8 号，第三条）

深圳规定，主管税务机关受理纳税人《土地增值税清算申报表》及其附表后，在 10 个工作日内完成逻辑审核，审核后向纳税人发送《税款缴纳通知书》。（深圳市地方税务局公告 2015 年第 1 号，第二十七条）

2. 中介能否协助税务机关清算审核

政策解读

在有规定的地区，中介机构可参与协助税务机关进行清算审核等，不能直接替代税务机关相关执法工作，中介机构可提供基础性专业服务和建议。中介机构一般通过招标的方式进入。

各地政策

北京规定，税务机关可聘请税务、会计、工程造价、房地产估价等中介机构提供清算相关咨询、评估等服务。（北京市地方税务局公告2016年第7号，第二十八条）

青岛规定，主管税务机关在开展土地增值税清算审核工作中，对于建筑安装等成本明显偏高的，可以聘请造价中介机构，协助解决工程造价等专业技术问题。（青岛市地方税务局公告2016年第1号，第五十六条，已废止；青岛市地方税务局公告2018年第4号）

安徽规定，主管地税机关开展清算审核，可以自行组织清算审核，也可以通过购买涉税专业服务机构服务的方式开展审核。（安徽省地方税务局公告2017年第6号，第三十二条）

福建规定，中介机构在参与我省土地增值税清算鉴证过程中，除对销售普通住宅与非普通住宅进行清算鉴证外，还应就销售非住宅部分进行清算鉴证。（闽地税发〔2008〕64号，第四条）

山东规定，地税机关在开展土地增值税清算审核工作中，可以按规定探索购买劳务的方式，协助解决工程造价等专业技术问题。（山东省地方税务局公告2017年第5号，第三十四条）

深圳规定，主管税务机关在进行已清算项目抽查和风险应对任务时，可以自行确定是否委托中介机构参与审核。如委托中介机构参与，应当按照政府采购的方式办理。（深圳市地方税务局公告2015年第1号，第三十四条）

3. 清算是否需要提供鉴证报告

政策解读

“纳税人委托税务中介机构审核鉴证的清算项目，还应报送中介机构出具的《土地增值税清算税款鉴证报告》。”（国税发〔2006〕187号）

纳税人可自行组织清算，也可委托中介机构协助清算。税务机关不得强制要求纳税人提供中介机构出具的鉴证报告。出于以下几个原因，在实操中纳税人一般会主动委托中介机构提供土地增值税清算鉴证服务：一是纳税人不一定具备相应的专业能力；二是通过第三方鉴证提供的资料更具公允性和公信力；三是可适当减轻公司财税人员的压力和责任。

各地政策

江苏规定，为提高纳税人土地增值税清算申报质量，主管税务机关可建议纳税人委托税务中介机构对其申报资料及申报结果进行鉴证。（苏地税发〔2011〕53号，第一条）

青岛规定，房地产开发企业不能提供土地增值税清算鉴证报告的，在报送土地增值税清算资料的同时，应按照《土地增值税清算鉴证业务准则》（国税发〔2007〕132号）中《土地增值税清算税款鉴证报告》的模板样式进行情况说明。［青岛市地方税务局公告2018年第4号，第十五条第（三）项第4点］

4. 税务机关清算审核时发现疑点怎么处理

政策解读

“对审核中发现重大疑点的，要及时移交税务稽查部门进行稽查。”（国税发〔2010〕53号）

纳税人应对提供的土地增值税清算资料负责，税务机关对纳税人提供的清算资料有异议的，一般会要求纳税人提供进一步的佐证资料予以说明，并通过补正资料渠道处理。

各地政策

贵州规定，主管地方税务机关需要相应项目记账凭证的，房地产开发企业还应提供记账凭证原件及复印件。［贵州省地方税务局公告2016年第13号，第二十四条第（四）项］

安徽规定，纳税人对主管地税机关出具的《土地增值税清算审核表》以及具体的调整事项和理由有异议的，可以申请主管地税机关复核。（安徽省地方税务局公告2017年第6号，地三十一条）

第七章
土地增值税扣除项目

1. 扣除项目的起止时间有什么规定

政策解读

“税务师事务所应当审核纳税人申报的扣除项目是否符合土地增值税暂行条例实施细则第七条规定的范围。”(国税发〔2007〕132号)

国家税务总局对土地增值税扣除项目的发生时间范围没有明确规定,只要是土地增值税暂行条例实施细则规定的扣除范围,并与项目有关的扣除项目都可以扣除。土地增值税扣除的几个基本原则:一是正列举原则,包括:取得土地使用权所支付的金额、土地征用及拆迁补偿费、前期工程费、建筑安装工程费、基础设施费、公共配套设施费、开发间接费用、利息费用、其他房地产开发费用、与转让房地产有关的税金。不在列举范围的不能扣除。二是定额扣除原则。包括:利息费用不得超过同期同类贷款利率水平,其他房地产开发费用按照土地成本和房地产开发成本合计的5%以内扣除。三是实际支付原则。未实际支付或预提的费用,除另有规定,不得扣除。

此外,需要判断扣除项目与项目的相关性。一般来说,在取得土地使用权之前以及项目竣工决算之后发生的支出,与项目的关联性弱,扣除的难度较大。主要原因在于:一是在项目立项之前,特别是取得土地使用权之前发生的相关费用,很难证明与项目本身直接相关;二是竣工决算之后,特别是清算之后发生的支出,难以重新二次清算。

但不排除确实存在以下情况:清算后发现非因纳税人的原因少缴土地出让金而重新补缴大额土地出让金的,竣工决算后因工程质量问题继续支付相应成本的。

各地政策

北京规定,纳税人应以满足应清算条件之日起90日内或者接到主管税务机关清算通知书之日起90日内的任意一天,确认为清算收入和归集扣除项目金额的截止时间,并将清算截止日明确告知主管税务机关。(北京市地方税务局公告2016年第7号,第十六条)

广州规定，原则上以满足应清算条件之日起或者接到主管税务机关清算通知书之日起90日内，为计算扣除项目金额支付的截止时间。对于在上述期限内有关扣除项目仍未支付完毕的，房地产开发企业可向主管税务机关递交申请报告，经清算小组合议确定后可延长扣除项目金额支付的截止时间，但不得以此影响清算审核进度，清算审核结束前仍未支付的，不予扣除。（穗地税函〔2012〕198号，第七条）

安徽规定，纳税人办理清算时，应以清算申报当日为确认清算收入和归集扣除项目金额的截止时间。（安徽省地方税务局公告2017年第6号，第二十五条）

厦门规定，纳税人开发的房地产项目符合清算条件的，办理清算时，以满足应清算条件之日起90日内或者接到主管税务机关通知清算的《税务事项通知书》之日起90日内的任意一天，为确认清算收入和归集扣除项目金额的截止时间（简称清算截止日）。（厦门市地方税务局公告2016年第7号，第十九条）

江西规定，主管税务机关应严格遵循"合法性、有效性、实际支付"三大原则对扣除项目金额进行审核。扣除项目金额支付的截止时间，原则上以满足应清算条件之日起或者接到主管税务机关清算通知书之日起90日内，为计算扣除项目金额支付的截止时间。[赣地税发〔2013〕117号，第四条第（四）项]

2. 红线外的支出能否扣除

政策解读

国家税务总局的文件没有"红线"的描述。一般来说"红线外支出"是指项目法定图则范围之外的支出，既然在项目之外，一般与项目无关。这种理解是从地理位置的关联性进行判断。

实际操作中，政府有些公共项目在土地出让时作为附加条款，要求纳税人同时为政府配建公益性场馆、道路、地铁等支出。作为土地出让的条件，这部分移交出去的设施的建安成本等支出实质上构成了土地成本的一部分，但土地出让金的支付一般仅以财政票据或发票作为扣除的凭证，扣除时存在一定的难度。

此外，纳税人为了提升项目本身的品质，在"红线"外与项目相连处发生的道路、绿化等支出，没有政府等第三方机构的证明资料，扣除难度更大。

各地政策

广州规定，纳税人为取得土地使用权，在项目建设用地红线外为政府建设公共设施或其他工程发生的支出，根据《国家税务总局关于房地产开发企业土地增值税清算管理有关问题的通知》（国税发〔2006〕187号）第四条第（一）项确定的相关性原则，纳税人如果能提供国土房管部门的协议、补充协议，或者相关政府主管部门出具的证明文件的，允许作为取得土地使用权所支付的金额予以扣除。(穗地税函〔2014〕175 号，第三条)

海南规定，房地产开发企业在项目建设用地边界外(国家有关部门审批的项目规划外，即“红线”外)为政府建设公共设施或其他工程所发生的支出，凡能提供政府有关部门出具的证明文件确认该项支出与建造本清算项目有直接关联的(含项目的土地使用权取得相关联的)支出，可以计入本项目扣除项目金额。(琼地税函〔2015〕917 号，第八条)

湖北规定，房地产开发企业在项目建设用地边界外(国家有关部门审批的项目规划外，即“红线”外)承诺为政府或其他单位建设公共设施或其他工程所发生的支出，能提供与本项目存在关联关系的直接依据的，可以计入本项目扣除项目金额；不能提供或所提供依据不足的(如与建设项目开发无直接关联，仅为开发产品销售提升环境品质的支出，不得计入本项目扣除金额)，不得计入本项目扣除金额。(鄂地税发〔2013〕44 号，第七条)

山西规定，土地红线外的绿化、修路、配套等支出，不得扣除。[山西省地方税务局公告 2014 年第 3 号，第十九条第(三)项]

黑龙江规定，房地产开发企业在房地产开发项目之外发生的各项费用支出，除符合《国家税务总局关于土地增值税清算有关问题的通知》(国税函〔2010〕220 号)第六条第二款规定的拆迁异地安置条件的允许计入拆迁补偿费扣除外，其他费用支出一律不得扣除。(黑龙江省地方税务局公告 2016 年第 1 号，第十条)

湖北规定，对房地产开发企业以修路方式取得土地使用权的，且在同一合同或补充协议中明确了的，可将修筑道路的成本作为土地使用权的购置成本或开发成本进行扣除。[鄂地税发〔2008〕211 号，第四条第(二)项]

广西规定，房地产开发商按照当地政府要求建设的道路、桥梁等公共设施所产生的成本费用，凡属于房地产开发项目立项时所确定的各类设施投资，可据实扣除；与开发项目立项无关的，则不予扣除。(桂地税发〔2008〕44 号，第五条)

3. 地方教育附加能否扣除

政策解读

“与转让房地产有关的税金，是指在转让房地产时缴纳的营业税、城市维护建设税、印花税。因转让房地产交纳的教育费附加，也可视同税金予以扣除。”(财法字〔1995〕6 号)

“关于与转让房地产有关的税金扣除问题：(一)营改增后，计算土地增值税增值额的扣除项目中‘与转让房地产有关的税金’不包括增值税。(二)营改增后，房地产开发企业实际缴纳的城市维护建设税(以下简称'城建税')、教育费附加,凡能够按清算项目准确计算的,允许据实扣除。凡不能按清算项目准确计算的,则按该清算项目预缴增值税时实际缴纳的城建税、教育费附加扣除。其他转让房地产行为的城建税、教育费附加扣除比照上述规定执行。"(国家税务总局公告 2016 年第 70 号)

国家税务总局公告 2016 年第 70 号所述条文也未包含"地方教育附加",主要源于该公告不能突破上位法《中华人民共和国土地增值税暂行条例实施细则》(财法字〔1995〕6 号)的规定。

2011 年 7 月 1 日发布的《国务院关于进一步加大财政教育投入的意见》要求,全面开征地方教育附加,各地区要加强收入征管,依法足额征收,不得随意减免。

由于土地增值税暂行条例发布时间较早,地方教育附加开征时间晚于土地增值税开征时间,导致无法明文扣除。实操中,部分地区将地方教育附加列入扣除范围。

各地政策

北京规定,与转让房地产有关的完税凭证,包括:已缴纳的营业税、城市维护建设税、教育费附加、地方教育附加等。[北京市地方税务局公告 2016 年第 7 号,第十八条第(九)项]

广州规定,房地产开发企业转让房地产时缴纳的堤围防护费、地方教育附加以及价格调节基金视同与转让房地产有关的税金予以扣除。(穗地税函〔2012〕198 号,第十三条)

江西规定,地方教育附加的计税依据为增值税、营业税、消费税,与教育费附加相同。根据土地增值税暂行条例及实施细则的有关规定,在计算土地增值税时,因转让房地产而随营业税附征的地方教育附加可视同税金予以扣除。(赣地税函〔2013〕101 号,第二条)

山西规定,与转让房地产有关的税金包括在转让房地产时缴纳的营业税、城市维护建设税、印花税,因转让房地产缴纳的教育费附加、地方教育附加,也可视同税金予以扣除。与转让房地产无关的其他税费,不得在税金中归集。[山西省地方税务局公告 2014 年第 3 号,第二十一条第(一)项]

大连规定,"与房地产转让有关税金"包括转让方在房地产转让时缴纳的营业税、城建税、印花税、转让方购房时缴纳的契税;"与房地产转让有关的费用"包括转让方在房地产转让时缴纳的教育费附加、地方教育附加、交易费、土地收益金、土地出让金、转让合同公证费等;"转让年度"指完税凭证上注明的年度,"购买年度"指购房发票开具年度。[大地税函〔2007〕200 号,第二条第(三)项]

吉林规定,实际缴纳与清算项目有关的营业税、城建税、教育费附加和地方教育附加等。[吉林省地方税务局公告 2014 年第 1 号,第十四条第(一)项]

青岛规定,与转让房地产有关的税金,是指在转让房地产时缴纳的营业税、城市维护建设税。因转让房地产缴纳的教育费附加,视同税金予以扣除。(青岛市地方税务局

公告2016年第1号，第四十九条，已废止；青岛市地方税务局公告2018年第4号）

天津规定，在转让房地产开发项目时缴纳的营业税、城市维护建设税（以下简称“城建税”）、教育费附加可据实扣除。（天津市地方税务局公告2016年第25号，第六条）

贵州规定，与转让房地产有关的税金，具体包括营改增前实际缴纳的营业税、城市维护建设税、教育费附加。营改增后允许扣除的城市维护建设税、教育费附加。［贵州省地方税务局公告2016年第13号，第三十七条第（四）项］

山东规定，与转让房地产有关的税金，营改增前，指在转让房地产时缴纳的营业税、城市维护建设税、教育费附加。［山东省地方税务局公告2017年第5号，第三十一条第（四）项］

内蒙古规定，与转让房地产有关的税金，指在转让房地产时缴纳的营业税、城市维护建设税。因转让房地产交纳的教育费附加和经自治区以上人民政府批准征收的规费、基金，也可视同税金予以扣除。［内地税字〔2005〕116号，第十九条第（四）项］

4. 土地出让金中包含的利息能否扣除

政策解读

此项涉及两个问题：一是土地出让合同中约定的利息能否扣除；二是利息支出计入土地成本扣除还是房地产开发费用的利息费用扣除。

各地政策

青岛规定，土地出让合同中约定分期缴纳土地出让金的利息，计入取得土地使用权所支付的金额，准予扣除，但缴纳的土地闲置费、滞纳金和行政罚款不得扣除。（青岛市地税局公告2016年第1号，第四十六条，全文废止；青岛市地方税务局公告2018年第4号）

土地出让合同中约定分期缴纳土地出让金的利息，计入取得土地使用权所支付的金额。（青岛市地方税务局公告2018年第4号，第四条）

5. 土地成本扣除的相关凭证

政策解读

“第三十条　取得土地使用权支付金额的审核，应当包括下列内容：

（一）审核取得土地使用权支付的金额是否获取合法有效的凭证，口径是否一致。

……

（五）审核有无预提的取得土地使用权支付金额。”（国税发〔2007〕132 号）

土地成本的扣除应遵守实际支付原则，未实际支付的不予扣除，未取得扣除凭证的不予扣除，土地成本评估增值的不能以评估金额扣除。

各地政策

广州规定，房地产开发企业以转让的形式取得土地使用权并支付相应的土地价款的，应取得相应的发票。2002 年 12 月 1 日以前房地产开发企业支付土地价款取得农村集体经济组织、乡镇企业和村委会的土地使用权、没有取得合法有效凭证的，房地产开发企业向主管税务机关递交报告并同时符合以下两个条件的，经清算小组合议确定后，可准给予扣除：(1)提供相关的土地使用权转让协议；(2)收款方盖有公章的收款凭据。（穗地税函〔2012〕198 号，第六条）

贵州规定，国有土地使用权统一实行“招、拍、挂”出让之前，房地产开发企业取得的土地已实际支付土地出让金但没有合法有效凭证的，经向主管地方税务机关递交报告并同时提供经政府有关部门批准出让国有土地使用权证明资料的，可准予扣除。国有土地使用权统一实行“招、拍、挂”出让之后，房地产开发企业取得的土地已实际支付土地出让金但不能提供支付土地出让金合法有效凭证的，不予扣除。（贵州省地方税务局公告 2016 年第 13 号公告，第四十八条）

6. 开发项目装修费扣除的规定

政策解读

装修成本包括“硬装”和“软装”。

硬装是指室内装修中固定的、不能移动的装饰物。除了必须满足的基础设施以外，为了满足房屋的结构、布局、功能、美观需要，添加在建筑物表面或者内部的一切装饰物，也包括色彩，这些装饰物原则上是不可移动的。硬装主要包括电线、水管、隔墙、吊顶、房门、地板、瓷砖、墙面涂料、洁具、厨具、灯具等不活动的东西。

软装是在商业空间环境与居住空间环境中所有可移动的元素，关于整体环境、空间美学、陈设艺术、生活功能、材质风格、意境体验、个性偏好，甚至风水文化等多种复杂元素的创造性融合。软装的元素包括家具、装饰画、陶瓷、花艺绿植、布艺、灯饰、其他装饰摆件等；软装范畴包括家庭住宅、商业空间，如酒店、会所、餐厅、酒吧、办公空间等，只要有人类活动的室内空间都需要软装陈设。

普遍的观点是：在项目清算时，硬装可以扣除，软装不可以扣除。

新思路有：一是软装要在收入中剔除，同时不计入扣除项目。二是软装计入了收

入，同时允许扣除。理由是：如果是销售精装房，收入包含了家具、家电的，既然确认了收入，理应在成本中扣除，至多是不允许加计扣除，类似于代收费用的处理。

各地政策

北京规定，(1)纳税人销售已装修房屋，应当在《房地产买卖合同》或补充合同中明确约定。没有明确约定的，其装修费用不得计入房地产开发成本。上述装修费用不包括纳税人自行采购或委托装修公司购买的家用电器、可移动家具、日用品、可移动装饰用品(如窗帘、装饰画等)所发生的支出。(2)纳税人销售已装修的房屋时，随房屋一同出售的家具、家电，如果安装后不可移动，成为房屋的组成部分，并且拆除后影响或丧失其使用功能的，如整体中央空调、户式小型中央空调、固定式衣柜橱柜等，其外购成本计入开发成本予以扣除。(3)纳税人在清算单位以外单独建造样板房的，其建造费用、装修费用不得计入房地产开发成本。纳税人在清算单位内装修的样板房并作为开发产品对外转让的，且《房地产买卖合同》明确约定装修价值体现在转让价款中的，其发生的合理的样板房装修费用可以计入房地产开发成本。[北京市地方税务局公告 2016 年第 7 号，第三十三条第(五)项]

广州规定，房地产开发企业将样板房独立于转让房地产以外单独建造的，其装修费用计入房地产开发费用；对在转让房地产内既作样板房又作为开发产品对外转让的，其样板房装修费用作为房地产开发成本的建筑安装工程费计算扣除。[穗地税函〔2012〕198 号，第十二条第(一)项]

随房屋一同出售的家具、家电，如果安装后不可移动，成为房屋的组成部分，并且拆除后影响或丧失其使用功能的，如整体中央空调、户式小型中央空调、固定式衣柜橱柜等，其外购成本计入开发成本予以扣除。其他家具、家电(如分体式空调、电视、电冰箱等)的外购成本予以据实扣除，但不得作为加计 20%扣除的基数。(穗地税函〔2014〕175 号，第一条)

青岛规定，房地产开发企业销售已装修的房屋，凡房价中包含装修费用的，其装修费用计入房地产开发成本中的建筑工程安装费。装修费用不包括房地产开发企业自行采购或委托装修公司购买的可移动家电、可移动家具、日用品、可移动装饰用品(如窗帘、装饰画等)的支出。清算时，在收入中同时剔除购置成本。[青岛市地方税务局公告 2016 年第 1 号，第四十七条第(三)项，已废止；青岛市地方税务局公告 2018 年第 4 号]

房地产开发企业销售已装修的房屋，其装修费用可以计入房地产开发成本。装修费用不包括房地产开发企业自行采购或委托装修公司购买的可移动家电、可移动家具、日用品、可移动装饰用品(如窗帘、装饰画等)的支出。土地增值税清算时，在收入中同时剔除购置成本。(青岛市地方税务局公告 2018 年第 4 号，第五条)

天津规定，房地产开发企业销售精装商品房时，已在商品房买卖合同中注明为精装

房的，其装修成本可以计入房地产开发成本，允许扣除并准予加计扣除。允许扣除的装修成本包括安装后成为房屋的组成部分，且拆除后丧失或影响其使用功能的家具和家电等。（天津市地方税务局公告2016年第25号，第二条）

贵州规定，房地产开发企业销售已装修的开发产品，并且在《商品房买卖合同》或补充合同中明确约定的，其发生的装修费用计入房地产开发成本；未明确约定的，其装修费用不得计入房地产开发成本。上述装修费用不包括房地产开发企业自行采购或委托装修公司购买的家用电器、可移动家具、日用品、可移动装饰用品（如窗帘、装饰画）等所发生的支出。（贵州省地方税务局公告2016年第13号，第五十一条）房地产开发企业实际发生的营销设施建造费，按下列原则进行处理：(1)房地产开发企业在清算单位内单独修建临时性建筑物作为售楼部、样板房等营销设施且不能转让的，其发生的设计、建造、装修等费用计入销售费用，按房地产开发费用的有关规定进行扣除。(2)房地产开发企业在清算单位内单独修建并可以转让的售楼部等营销设施，其发生的设计、建造、装修等费用，计入建筑安装工程费进行扣除。(3)房地产开发企业采取经营租赁方式租入房地产开发项目以外的其他建筑物装修后作为清算项目的售楼部、样板房、展厅等营销设施的，土地增值税清算时，已实际支付的租金和装修费用计入销售费用，按房地产开发费用的有关规定进行扣除。(4)房地产开发企业将房地产开发项目中的公共配套设施装修后作为售楼部、样板房等营销设施的，其装修费用应当计入销售费用，按房地产开发费用的有关规定进行扣除。（贵州省地方税务局公告2016年第13号，第五十条）

安徽规定，纳税人销售已装修的房屋，其装修费用可以计入房地产开发成本。(1)纳税人销售已装修的房屋，其装修费用不包括房地产开发企业自行采购或委托装修公司购买的家用电器、家具所发生的支出，也不包括与房地产连接在一起、但可以拆除且拆除后无实质性损害的物品所发生的支出。(2)房地产开发企业销售精装修房时，如其销售收入包括销售家用电器、家具等取得的收入，应以总销售收入减去销售家用电器、家具等取得的收入作为房地产销售收入计算土地增值税。纳税人在房地产开发项目以外单独建造的样板房、售楼部，其建造费用、装修费用不得计入房地产开发成本。（安徽省地方税务局公告2017年第6号，第四十条、第四十一条）

山东规定，房地产开发企业销售已装修的房屋，其装修费用可以计入房地产开发成本。[山东省地方税务局公告2016年第5号，第三十一条第(二)项]

厦门规定，(1)纳税人销售已装修的房屋，其实际发生的合理的装修费用可以计入房地产开发成本。(2)纳税人销售已装修房产，应当在《房地产买卖合同》或补充合同中明确约定。(3)纳税人发生的装修业务支出应当是真实的，不得虚构装修业务、虚列装修费用。纳税人住宅的装修标准应当符合《商品住宅装修一次到位实施细则》（建住房〔2002〕190号）以及厦门市人民政府发布的规定。(4)纳税人销售已装修的房屋，其发生的可移动家电、可移动家具、日用品、装饰用品等装修费用不予扣除。(5)纳税人于所开发房地产以

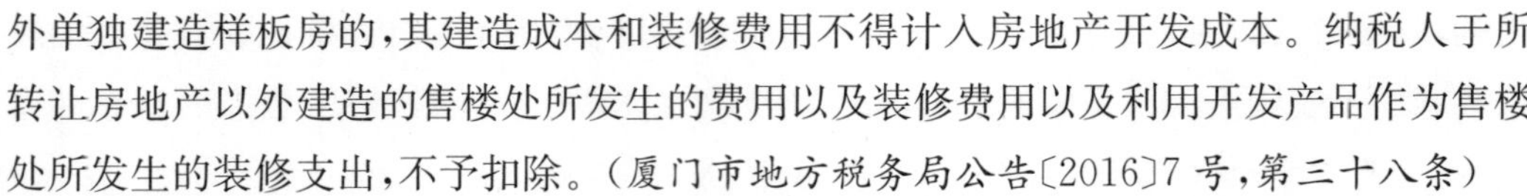

外单独建造样板房的，其建造成本和装修费用不得计入房地产开发成本。纳税人于所转让房地产以外建造的售楼处所发生的费用以及装修费用以及利用开发产品作为售楼处所发生的装修支出，不予扣除。（厦门市地方税务局公告〔2016〕7 号，第三十八条）

重庆规定，房地产开发企业销售已装修的精装房，其装修费用（含装饰、设备等费用）已在《商品房买卖合同》中注明的，可以计入房地产开发成本，允许扣除并按规定准予加计扣除。（渝地税发〔2011〕221 号，第二条）

海南规定，房地产开发企业收取的装修费同时符合下列情况的，应一律作为销售收入，并按规定扣除相应的装修成本。(1)销售合同的房价中明确包含了装修费的；(2)销售不动产发票中包含了装修费的。（琼地税函〔2015〕917 号，第四条）

凡以建筑物或构筑物为载体，移动后会引起性质、形状改变或者功能受损的装修装饰物支出，可以作为开发成本计算扣除。上述之外的其他装修装饰费用支出，如房屋销售中外购的家具、家电支出，若在销售合同中一并计入销售收入，能够提供购进发票的，准予作为“新建房及配套设施的成本”予以扣除，但不作为计入房地产开发费用和财政部规定的其他扣除项目的计算基数。（琼地税函〔2015〕917 号，第九条）

山西规定，开发企业在“开发成本”和“开发间接费”科目中是否列支售楼处、样板房的装修费用，上述费用不允许作为开发成本扣除。房地产开发企业销售已装修的房屋，其装修费用可以计入房地产开发成本。［山西省地方税务局公告 2014 年第 3 号，第十九条第（三）项］

大连规定，房地产企业在开发小区内、主体外修建临时性建筑物作为售楼部、样板房的，其发生的设计、建造、装修等费用，应计入房地产销售费用扣除；售楼部、样板房内的资产，如空调、电视机等资产性购置支出不得在销售费用中列支。（大连市地方税务局公告 2014 年第 1 号，第九条）

江苏规定，房地产开发企业销售已装修的房屋，对以建筑物或构筑物为载体，移动后会引起性质、形状改变或者功能受损的装修支出，可作为开发成本予以扣除。对可移动的物品（如可移动的家用电器、家具、日用品、装饰用品等），不计收入也不允许扣除相关成本费用。（苏地税规〔2015〕8 号，第五条）

新疆规定，房地产开发企业销售已装修的房屋，对以建筑物或构筑物为载体，移动后会引起性质、形状改变或者功能受损的装修支出，可作为开发成本予以扣除。对可移动的物品（如可移动的家用电器、家具、日用品、装饰用品等），不计收入也不允许扣除相关成本费用。（新疆维吾尔自治区地方税务局公告 2016 年第 6 号，第五条）

黑龙江规定，房地产开发企业销售已装修的房屋，对以建筑物或构筑物为载体，移动后会引起性质、形状改变或者功能受损的装修支出，可作为开发成本予以扣除。对可移动的物品（如可移动的家用电器、家具、日用品、装饰用品等），不计入收入，也不允许扣除相关成本、费用。（黑龙江省地方税务局公告 2016 年第 1 号，第七条）

7. 政府性行政规费和基金能否扣除

政策解读

对政府性行政规费和基金等支出的扣除各地做法差异较大，一是计入房地产开发成本扣除；二是计入与转让房地产相关税费扣除；三是计入房地产开发费用据实扣除；四是列入其他房地产开发费用定额扣除范围。

因政府规费类型较多，需要梳理规费的种类和性质，找到对应成本归属，才能确认如何在土地增值税税前扣除。

各地政策

广州规定，房地产开发企业向建设部门缴纳市政配套设施费并取得相应的财政专用收据的，应作为房地产开发成本的公共配套设施费计算扣除。（穗地税函〔2012〕198号，第九条）

湖北规定，对房地产开发企业缴纳的各项政府性行政规费和基金，可视同税金予以扣除。［鄂地税发〔2008〕211号，第四条第（四）项］

江苏规定，（1）企业建造房屋建筑物时特有的费用和基金，按其是否与开发建造活动相关的原则进行划分。凡与开发活动直接相关，且可直接计入或分配计入开发对象的，允许计入开发成本；反之，则应计入开发费用。对企业非建造房屋建筑物时特有的费用和基金，应计入开发费用。（2）允许计入开发成本的费用、基金，如果是在开发项目竣工验收之后发生的，则也应计入开发费用。详见《江苏省财政厅　江苏省地方税务局关于明确土地增值税清算过程中行政事业性收费和政府性基金归集方向的通知》［苏地税函〔2011〕81号；苏地税规〔2012〕1号，第五条第（五）项］

山东规定，在房地产开发期间，按政府规定缴纳的与房地产开发项目直接相关的政府性基金和行政事业性收费，计入开发成本。［山东省地方税务局公告2017年第5号，第三十一条第（二）项］

内蒙古规定，与转让房地产有关的税金，指在转让房地产时缴纳的营业税、城市维护建设税。因转让房地产交纳的教育费附加和经自治区以上人民政府批准征收的规费、基金，也可视同税金予以扣除。［内地税字〔2005〕116号，第十九条第（四）项］

安徽规定，政府或有关部门直接向房地产开发企业收取的市政配套费、报批报建费、四源费、供电贴费、增容费等应由房地产开发企业缴纳、并在核算时计入房地产开发成本的收费项目，在计算土地增值税时，列入开发土地和新建房及配套设施的成本计算扣除项目金额。（安徽省地方税务局公告2012年第2号，第九条）

天津规定，房地产开发企业缴纳的“住房专项维修基金”可以作为“其他房地产开发费用”据实扣除。（天津市地方税务局公告2015年第9号，第八条，已废止）

贵州规定，房地产开发企业在房地产开发项目开发前期实际缴纳的各种政府规费，能够提供国务院、国务院部委或省人民政府相关收费文件和财政部门统一印制或监制的非税收入类财政票据的，允许计入前期工程费。（贵州省地方税务局公告2016年第13号，第三十九条）

厦门规定，纳税人按规定向建设部门缴纳的市政配套设施费、人防工程异地建设费以及按照《厦门市物业管理若干规定》应由纳税人承担并缴纳的首期专项维修资金，并取得合法有效票据的，予以扣除。[厦门市地方税务局公告〔2016〕7号，第三十九条第(三)项]

8. 招投标佣金能否扣除

政策解读

“取得土地使用权所支付的金额，是指纳税人为取得土地使用权所支付的地价款和按国家统一规定交纳的有关费用。”（财法字〔1995〕6号）

各地政策

海南规定，“招拍挂”是政府出让土地的一种方式，对纳税人在土地出让环节支付的“招拍挂”佣金可视为“按国家统一规定交纳的有关费用”，作为“取得土地使用权所支付的金额”在土地增值税清算时据实扣除。（琼地税函〔2015〕917号，第三条）

9. 法院裁定判决的扣除项目

政策解读

法院强制拍卖的房地产，一般源于原房地产权利人债务纠纷等原因，不愿意配合买受方办理过户手续，导致无法提供原购房原值等扣除凭证，无法正常计算并缴纳土地增值税。

强制拍卖的条款中一般约定由买受方承担相应的税费，拍卖价格卖方实收是否可以理解为不含税价格，因而涉及计税依据是否需要还原的问题。普遍做法是不还原或简单还原，主要理由有：一是房地产买卖最多涉及七八个税费种类，计税依据还原难度大；二是拍卖条款中仅约定税负承担方，并未明确表明价款不含税。

各地政策

广州规定，法院等有权部门对房地产开发企业建造的房地产项目中的一套或者多套房产实施强制拍卖、变卖并裁定由买受人承担过户有关税费的，如果房地产开发企业未按规定的期限办理土地增值税申报手续，经主管税务机关责令限期申报，逾期仍不申报或已经为非正常户、主销户，而买受人凭法院等有权部门发出的相关法律文书（包括协助执行通知书、判决书等）办理单方过户并愿意承担过户的有关税费，向税务机关申请代开发票的，主管税务机关可以根据房产类型对应的预征率，预征土地增值税。（穗地税函〔2013〕152号，第一条）

海南规定，对通过法院裁决（判决）或行政确权方式取得但无法提供发票的房产，再次转让时，可按法院裁定（判决）书或房地产项目转让税收专用证明确定的金额确认购置成本。（琼地税函〔2014〕818号）

深圳规定，以拍卖和法院判决、裁定等方式转让房地产，并由受让方支付相关税费，土地增值税扣除项目应包括受让方代转让方缴纳的相关税费。［深地税发〔2006〕454号，第一条第（三）项，已失效］

房地产转让过程中发生的合理费用可作为扣除项目，具体包括：税收法律法规明确可扣除项目，以及有关法律文书、房地产转让合同、拍卖成交确认书等明确由受让方代缴的税款和费用。（深圳市地方税务局公告2015年第1号，第五十三条）

10. 哪些费用不得列入扣除项目

政策解读

预提费用、罚款、滞纳金、罚息、土地闲置费、非施工现场发生的开发间接费等不得扣除。管理费用、销售费用等期间费用列入其他房地产开发费用定额扣除，不得据实扣除。

各地政策

北京规定，纳税人的预提费用，除另有规定外，不得扣除。［北京市地方税务局公告2016年第7号，第三十二条第（三）项］

纳税人支付的罚款、滞纳金、资金占用费、罚息以及与该类款项相关的税金和因逾期开发支付的土地闲置费等罚没性质款项，不允许扣除。［北京市地方税务局公告2016年第7号，第三十二条第（七）项］

纳税人在工程竣工验收后，根据合同约定扣留的质量保证金，在清算截止日已取得建筑安装施工企业发票的，按发票所载金额予以扣除；未取得发票的，扣留的质保金不得计算扣除。[北京市地方税务局公告2016年第7号，第三十三条第(四)项]

广州规定，房地产开发企业预提的公共配套设施费不予扣除。(穗地税函〔2012〕198号，第九条)

以下应作为销售费用计算扣除：(1)向上级公司缴纳的管理费；(2)转让房地产过程中缴纳的诉讼费；(3)为开发项目购买的商业保险；(4)房地产开发企业向房地产管理部门缴纳的商品房预售款监督管理服务费应作为管理费用计算扣除。委托第三方公司进行房地产项目开发管理，支付的有关项目管理费用(工程监理费除外)原列入销售费用扣除，该条后续作废意味着可能允许列入房地产开发成本扣除。[穗地税函〔2012〕198号，第十二条、第(二)项]

宁波规定，房地产开发企业逾期开发缴纳的土地闲置费不得扣除。(甬地税二〔2009〕106号，第四条)

房地产开发企业在工程竣工验收后，根据合同约定，扣留建筑安装施工企业一定比例的工程款，作为开发项目的质量保证金，在计算土地增值税时，建筑安装施工企业就质量保证金对房地产开发企业开具发票的，按发票所载金额予以扣除；未开具发票的，扣留的质保金不得计算扣除。(甬地税二〔2009〕106号，第五条)

江苏规定，房地产开发企业支付的土地闲置费不得扣除。[苏地税规〔2012〕1号，第五条第(四)项]

吉林规定，应取得而因种种原因未取得合法有效凭证的，要在税务机关通知的30日内取得，逾期未取得的，不予扣除。[吉地税发〔2007〕77号，第三条第(二)项]

山西规定，开发企业先行为施工方职工代付社保统筹费用，应当通过往来科目进行核算，不得作为扣除项目扣除。房地产开发企业因延期建设和违规建设，被建设主管部门给予的行政性罚款，不允许在"开发成本""开发间接费用"中归集，若发现应当予以剔除。[山西省地方税务局公告2014年第3号，第十九条第(五)项]

开发企业是否在"开发成本"或"开发间接费"中列支了临时代垫的临时水电费、农民工工资保证金等费用，如列支了应当将其调出，不得作为开发成本扣除。[山西省地方税务局公告2014年第3号，第十九条第(三)项]

安徽规定，主管地税机关应要求纳税人在有关房地产项目开发清算前，必须就与清算项目配套的公共设施的处理原则予以明确，纳税人未予明确的，有关成本、费用或者预提成本、费用暂不予扣除。(皖地税〔2007〕39号，第二条)

厦门规定，纳税人向金融机构支付的财务咨询费等非利息性质的款项以及因逾期还款，金融机构收取的超过贷款期限的利息、罚息、罚款等款项，不得作为利息支出扣除。[厦门市地方税务局公告〔2016〕7号，第四十一条第(六)项]

前期工程费、基础设施费应当是真实发生的，虚列的前期工程费、基础设施费不予

扣除。(厦门市地方税务局公告2016年第7号,第三十六条)

海南规定,在工程建设过程中发生的房屋测绘费、招标代理服务费,属于期间费用,在土地增值税清算时计入房地产开发费用。(琼地税函〔2015〕917号,第三条)

贵州规定,(1)房地产开发企业因逾期开发所缴纳的土地闲置费以及支付的各种罚没性质的罚款、罚金、滞纳金等款项不得扣除。(2)房地产开发企业超过国家规定的上浮幅度支付的利息不得扣除,对于超过贷款期限的利息部分和加罚的利息不得扣除。(3)房地产开发企业的预提费用,除另有规定外,不得扣除。(贵州省地方税务局公告2016年第13号,第四十五条)

房地产开发企业发生的下列费用,应当视为管理费用,按房地产开发费用的有关规定进行扣除。(1)向母公司或总公司交纳的管理费。(2)转让房地产过程中发生的诉讼费。(3)为房地产开发项目购买的商业保险。(4)为办理抵押贷款而支付的资产评估、测绘、抵押权登记等费用。(贵州省地方税务局公告2016年第13号,第四十九条)

11. 补缴的土地出让金和契税能否扣除

政策解读

清算后再补缴土地出让金是否允许扣除?若允许扣除则存在二次清算的问题,实操中难以操作;若不允许扣除,政策又无明确规定不得扣除。

各地政策

北京规定,纳税人为取得土地使用权所支付的契税计入"取得土地使用权所支付的金额"准予扣除。对纳税人因容积率调整等原因补缴的土地出让金及契税,准予扣除。(北京市地方税务局公告2016年第7号,第三十三条)

厦门规定,纳税人为取得土地使用权所支付的契税计入"取得土地使用权所支付的金额",准予扣除。对纳税人因容积率调整等原因补缴的土地出让金及契税,予以扣除。(厦门市地方税务局公告〔2016〕7号,第三十四条)

12. 契税扣除的相关规定

政策解读

"房地产开发企业为取得土地使用权所支付的契税,应视同'按国家统一规定交纳的有关费用',计入'取得土地使用权所支付的金额'中扣除。"(国税函〔2010〕220号)

“对于个人购入房地产再转让的，其在购入时已缴纳的契税，在旧房及建筑物的评估价中已包括了此项因素，在计征土地增值税时，不另作为‘与转让房地产有关的税金’予以扣除。”（财税字〔1995〕48号）

实际支付的土地出让金的契税列入土地成本中扣除；旧房采用评估扣除方法的，因评估价格包含了契税因素，所以不再重复扣除。改制重组评估增值的，增值部分未包含原实际支付的契税因素，允许列入土地成本扣除。

简单来说就是：契税允许扣除，但不能重复扣除。

各地政策

宁波规定，房地产开发企业为取得土地使用权所支付的契税，应视同“按国家统一规定交纳的有关费用”，计入“取得土地使用权所支付的金额”中扣除。（甬地税二〔2009〕106号，第三条）

山东规定，企业在改制重组过程中，符合规定条件，可以按土地作价入股时省级以上（含省级）国土资源管理部门批准的评估价格，作为该企业“取得土地使用权所支付的金额”扣除的，应包括企业因取得土地权属缴纳的契税。（鲁财税〔2015〕15号，第二条）

13. 开发间接费的扣除规定

政策解读

房地产开发企业应正确区分开发间接费与期间费用。按照规定，只有在施工现场设立的管理机构（如指挥部等）的费用方可列入开发间接费。但有些企业将工程部等与现场有联系的部门费用均列入开发间接费，以达到减少期间费用、提高利润的目的，或借此提高土地增值税扣除项目的金额基数，存在一定的风险。

各地政策

北京规定，行政管理部门、财务部门或销售部门等发生的管理费用、财务费用或销售费用以及企业行政管理部门（总部）为组织和管理生产经营活动而发生的管理费用不得列入开发间接费。开发间接费用与纳税人的期间费用应按照现行企业会计准则或企业会计制度的规定分别核算。划分不清、核算混乱的期间费用，全部作为房地产开发费用扣除。［北京市地方税务局公告2016年第7号，第三十三条第（四）项］

广州规定，（1）开发间接费用应是房地产开发企业直接组织、管理各开发项目实际发生的费用，行政管理部门、财务部门或销售部门等发生的管理费用、财务费用或销售费用不得列入。（2）开发间接费用与开发费用中的管理费用应按照有关企业会计准则或企业会计制度的规定区分并分别核算。如划分不清的，全部作为房地产开发费用，按规定的比例计算扣除。房地产开发企业同时开发不同房地产项目时，根据受益的项目扣除的开发间接费用应是各房地产项目直接发生的实际支出并取得合法有效凭证的费用。（穗地税函〔2012〕198 号，第十条）

（1）房地产开发企业委托第三方公司进行房地产项目开发管理，支付的有关项目管理费用，能证明直接归属于该开发项目、贯穿于工程开发建设的全过程，且在财务核算时与行政管理部门、财务部门及销售部门发生的管理费用、财务费用及销售费用分开核算的，经主管税务机关审核后，允许作为开发间接费用予以扣除。（2）对房地产开发企业委托境外设计公司发生的境外设计费，真实、合理且能提供合法、有效凭证的，允许扣除。（穗地税函〔2014〕175 号，第二项）

内蒙古规定，开发间接费用，是指直接组织、管理开发项目发生的费用，包括工资、职工福利费、折旧费、修理费、办公费、水电费、劳动保护费、周转房摊销、工程监理费、安全监督费等。（内地税字〔2014〕159 号，第七条）

湖南规定，开发间接费用，是指直接组织、管理开发项目发生的费用，包括工资、职工福利费、折旧费、修理费、办公费、水电费、劳动保护费、周转房摊销等。（湖南省地方税务局公告 2015 年第 9 号，第二条）

山西规定，是否存在将企业行政管理部门（总部）为组织和管理生产经营活动而发生的管理费用，如未售房屋的物业看护费、产权交易费、售楼处的水电、办公费等，记入开发间接费用的情形；有无预提的开发间接费用；在计算加计扣除项目基数时，是否剔除了已计入开发成本的借款费用。［山西省地方税务局公告 2014 年第 3 号，第十九条第（五）项］

贵州规定，房地产开发企业应当严格区分开发间接费用与房地产开发费用，不允许将属于开发费用性质的支出列入开发间接费用。土地增值税清算时，房地产开发企业应当提供费用划分的相关依据，不能提供费用划分依据的，视为房地产开发费用予以扣除。（贵州省地方税务局公告 2016 年第 13 号，第四十四条）

厦门规定，（1）行政管理部门、财务部门或销售部门等发生的管理费用、财务费用或销售费用以及企业行政管理部门（总部）为组织和管理生产经营活动而发生的管理费用不得列入开发间接费。（2）开发间接费用与房地产开发费用中的管理费用应按照现行企业会计准则或会计制度的规定分别核算。（厦门市地方税务局公告 2016 年第 7 号，第四十条）

重庆规定，纳税人必须严格按照企业会计准则和企业会计制度规定的要求分别核算开发间接费用与其他房地产开发费用，不得相互混淆和重复计算。主管税务机关在项目清算时，必须从严管理开发间接费用，按照直接组织、管理开发项目发生的费用进行控制。凡纳税人对开发间接费用与其他房地产开发费用划分不清的，应全部作为其

他房地产开发费用,按税法规定的比例计算扣除。(渝地税发〔2010〕167 号,第三条)

海南规定,"直接组织、管理开发项目发生的费用"是指施工现场为组织、管理开发产品而实际发生的费用,对不属于为施工现场服务的部门,如行政管理部门、财务部门、销售部门等发生的费用不得列入。差旅费、会议费等费用也不得列入。(琼地税函〔2015〕917 号,第六条)

山东规定,开发间接费用,是指直接组织、管理开发项目发生的费用,包括工资、职工福利费、折旧费、修理费、办公费、水电费、劳动保护费、周转房摊销等。[山东省地方税务局公告 2017 年第 5 号,第三十三条第(二)项第 6 点]

14. 贷款利息扣除的规定

政策解读

按贷款资金的来源划分,利息支出主要包括:一是向银行贷款支付的利息费用;二是向信托公司等金融机构贷款支付的利息费用;三是以集团名义贷款并实行统借统还支付的利息费用;四是通过银行委托贷款支付的利息费用。

目前,普遍的做法是:第一种利息支出和第三种利息支出允许扣除;第二种利息支出处理的难点在于信托公司是否属于金融机构;第四种利息支出处理的难点在于无明文规定委托贷款是否允许扣除。

"财务费用中的利息支出,凡能够按转让房地产项目计算分摊并提供金融机构证明的,允许据实扣除,但最高不能超过按商业银行同类同期贷款利率计算的金额。"(财法字〔1995〕6 号)

"房地产开发企业既向金融机构借款,又有其他借款的,其房地产开发费用计算扣除时不能同时适用本条(一)(二)项所述两种办法。"(国税函〔2010〕220 号)

上述第一个条文中,如何定义金融机构证明?"金融机构证明"与"金融机构贷款利息证明"应是不同概念。一般来说,委托贷款也会取得金融机构的证明,但并非金融机构的贷款利息证明。

上述第二个条文中,明确了向金融机构借款和其他借款在利息扣除时只能二选一。

各地政策

北京规定,清算时已经计入房地产开发成本的利息支出,应调整至财务费用中计算扣除。纳税人向金融机构支付的财务咨询费等非利息性质的款项,不得作为利息支出扣除。纳税人向金融机构借款,因逾期还款,金融机构收取的超过贷款期限的利息、罚息等款项,不得作为利息支出扣除。[北京市地方税务局公告 2016 年第 7 号,第三十七

条第(四)、第(五)、第(六)项]

大连规定,对于统借统还贷款或关联企业贷款后转给房地产开发企业使用而产生的利息支出,在计算土地增值税时,不得据实扣除,应按《国家税务总局关于土地增值税清算有关问题的通知》(国税函〔2010〕220 号)第三条第二项的规定,按“取得土地使用权所支付的金额”与“房地产开发成本”金额之和的 10%计算扣除。(大连市地方税务局公告 2014 年第 1 号,第八条)

海南规定,房地产开发企业为建造房地产项目向金融机构借款发生的利息支出,属于房地产项目完工前发生的,按规定计入房地产开发成本予以扣除;属于房地产项目完工后发生的,应计入财务费用按规定予以扣除。(琼地税函〔2007〕356 号)第一条,已废止)

(1)凡能够按转让房地产项目计算分摊并提供金融机构证明的利息支出,允许据实扣除,但最高不能超过按商业银行同类同期贷款利率计算的金额。其他房地产开发费用按“取得土地使用权所支付的金额”和“开发土地的成本、费用”两项之和的 5%计算扣除。(2)没有发生利息支出的房地产开发项目,房地产开发费用按“取得土地使用权所支付的金额”和“开发土地的成本、费用”两项之和的 5%计算扣除。(3)房地产开发企业发生的利息支出,凡不能按转让房地产项目计算分摊利息支出或不能提供金融机构证明的,房地产开发费用按“取得土地使用权所支付的金额”和“开发土地的成本、费用”两项之和的 10%计算扣除。[琼地税发〔2009〕104 号,第一条第(二)、第(三)、第(四)项]

安徽规定,纳税人据实列支利息支出的,应当提供贷款合同、利息结算单据以及发票。纳税人向金融机构支付的咨询费等非利息性质的款项,不得作为利息支出扣除。(安徽省地方税务局公告 2017 年第 6 号,第四十四条)

厦门规定,纳税人清算时是否将利息支出从房地产开发成本中调整至房地产开发费用。(厦门市地方税务局公告 2016 年第 7 号,第四十一条)

青岛规定,房地产开发企业为建造房地产开发项目向金融机构借款发生的利息支出,属于取得建设工程竣工验收备案证书前发生的,计入房地产开发费用的利息支出中按规定予以扣除。[青岛市地方税务局公告 2016 年第 1 号,第四十八条第(五)项,已废止;青岛市地方税务局公告 2018 年第 4 号]

企业集团或其成员企业统一向金融机构借款,并按借款合同指定的分摊对象和用途借给集团内部其他成员企业使用,并且按照支付给金融机构相同的借款利率收取利息的,可以凭借入方出具的金融机构借款的证明和集团内部分配使用决定,在使用借款的企业间合理分摊利息费用,据实扣除。(青岛市地方税务局公告 2016 年第 1 号,第四十八条,已废止青岛市地方税务局公告 2017 年 3 号,已废止;青岛市地方税务局公告 2018 年第 4 号)

15. 房地产开发费用如何计算

政策解读

"开发土地和新建房及配套设施的费用(以下简称房地产开发费用),是指与房地产开发项目有关的销售费用、管理费用、财务费用。"(财法字〔1995〕6 号)

"其他房地产开发费用,在按照'取得土地使用权所支付的金额'与'房地产开发成本'金额之和的 5%以内计算扣除。"(国税函〔2010〕220 号)

房地产开发费用与期间费用的关系是:房地产开发费用包括利息费用和其他房地产开发费用。利息费用是指财务费用中的利息支出和资本化的利息支出。其他房地产开发费用是指销售费用、管理费用、财务费用中除了利息之外的其他费用。所以,销售费用和管理费用不是不允许扣除,而是不允许据实扣除。

各地政策

四川规定,财务费用中的利息支出,凡能够转让房地产项目计算分摊并提供金融机构证明的,允许据实扣除,但最高不能超过按商业银行同类同期贷款利率计算的金额。其他房地产开发费用,按《中华人民共和国土地增值税暂行条例实施细则》第七条第(一)、第(二)项规定计算的金额之和的 4%计算扣除。(川财税〔2010〕12 号,第一条)

重庆规定,(1)"利息支出"能够准确归集、分摊并提供金融机构证明的,可据实计算;"其他房地产开发费用"按"取得土地使用权所支付的金额"与"房地产开发成本"金额之和的 5%计算。(2)"利息支出"不能准确归集、分摊或不能提供金融机构证明的,"房地产开发费用"按"取得土地使用权所支付的金额"与"房地产开发成本"金额之和的 10%计算。(重庆市地方税务局公告 2014 年第 9 号,第一条)

16. 土地使用税能否扣除的规定

政策解读

土地使用税允许在其他房地产费用中扣除,不属于据实扣除的范围。土地使用税是持有土地期间发生的税费支出,不属于与转让房地产相关的税金。

各地政策

大连规定,纳税人取得土地使用权后缴纳的土地使用税,应当计入"房地产开发费

用”中的“管理费用”扣除。[大地税函〔2008〕188 号，第一条第（二）项]

海南规定，房地产开发企业缴纳的土地使用税，不管在房地产项目完工前或完工后发生的，均在管理费用列支按规定予以扣除。（琼地税函〔2007〕356 号，第二条）

17. 人防、车库的收入和扣除规定

政策解读

车库的几个重要问题：一是车库是否有房产证，即：是否允许销售。若允许销售则计入收入同时分摊成本，与其他房地产项目处理方法相同。若不允许销售，开发商通过长租等方式实质已销售或约定权益归开发商所有的，若税务机关了解相关情况，扣除有一定难度。若约定车库移交给全体业主或属于人防的一部分移交给政府或已办理移交手续但对方不接收的，也允许扣除成本。二是若车库允许销售，则存在房地产类型划分的问题。属于非普通住宅还是其他类型，一般划分为其他类型，也有车库按照房地产转让主合同的房地产类型划分的。

各地政策

广州规定，对国有土地使用权出让合同明确约定地下部分不缴纳土地出让金，或地上部分与地下部分分别缴纳土地出让金的，在计算土地增值税扣除项目金额时，应根据《国家税务总局关于印发〈土地增值税清算管理规程〉的通知》（国税发〔2009〕91 号）第二十一条规定，土地出让金直接归集到对应的受益对象（地上部分或地下部分），不作为项目的共同土地成本进行分摊。（穗地税函〔2016〕188 号，第二条）

对《中华人民共和国物权法》已明确属于全体业主共同所有的建筑区划内的公共道路或绿地，纳税人改造成“地上车位”用于出租或变相转让的，土地增值税清算时，不计清算收入，不允许扣除改造支出的成本、费用。但“地上车位”对应的公共配套设施费允许扣除。对纳税人出租或变相转让其他明确属于全体业主共同所有的公共配套设施的，按照前段原则处理。（穗地税函〔2016〕188 号，第二条）

对土地增值税清算时已办理确权的人防地下车库，应计入项目可售建筑面积，作为纳税人的开发产品处理。对土地增值税清算时未办理确权的人防地下车库，如纳税人能证明人防地下车库产权属于全体业主共同所有，或人防地下车库产权已移交给政府主管部门的，其成本、费用可作为公共配套设施费，允许扣除；否则，其成本、费用不允许扣除。人防地下车库的建筑面积按《房地产产权证》或《房屋面积测量成果报告书》记载的“套内建筑面积”加上分摊的“另共有面积”确定。“另共有面积”的分摊原则按照《房屋面积测量成果报告书》注明的人防地下车库的“套内建筑面积”之和占该层所有车位

"套内建筑面积"之和的比例确定。(穗地税函〔2016〕188 号,第二条)

对出租、自用的机械车位,土地增值税清算时,不计入清算收入,不允许扣除对应的成本、费用。其中,机械车位的成本、费用涉及项目共同成本、费用的,按机械车位建筑面积占项目总建筑面积的比例分摊剔除。机械车位的建筑面积按《房地产产权证》或《房屋面积测量成果报告书》记载的"套内建筑面积"加上分摊的"另共有面积"确定。"另共有面积"的分摊原则按照《房屋面积测量成果报告书》注明的机械车位的"套内建筑面积"之和占该层所有车位"套内建筑面积"之和的比例确定。(穗地税函〔2016〕188 号,第二条)

江西规定,(1)销售地下车库(位)取得的收入时,不论开具何种发票,均计入转让其他类型房产的收入总额,计算土地增值税。(2)销售地下车(位)成本费用扣除,应区分以下情况:①企业利用地下基础设施改建成车库(位)的,相应成本费用已归集到开发成本的公共配套费用之中,土地增值税清算时不准再次扣除。②企业单独建造地下车库(位)的,应作为成本对象单独核算,按照收入与成本配比的原则,其成本费用要在已售和未售之间进行分摊,具体分摊方法按已销售地下车库(位)面积占全部地下车库(位)的可售建筑面积比例计算。已售地下车库(位)面积=每个车位面积×已售数量。(赣地税发〔2013〕117 号,第七条)

内蒙古规定,(1)对房地产开发企业建造的可售地下车库(位),已取得房产证和土地使用证的,按照非住宅类型房地产清算。(2)对房地产开发企业利用地下建筑和按政府规定建造的地下人防工程改造的不可售地下车库(位),建成后产权属于全体业主所有或无偿移交给政府的(以产权转移登记、公证部门公证或在房地产项目显著位置公告并被全体业主知晓为判断依据),其成本、费用可以扣除。(3)对房地产开发企业转让不可售地下车库(位)的,不征收土地增值税,同时相应的成本费用也不予扣除。(内地税字〔2014〕159 号,第三条)

江苏规定,(1)能够办理权属登记手续的车库(车位、储藏室等)单独转让时,房地产开发企业应按"其他类型房产"确认收入并计算成本费用。(2)不能办理权属登记手续的车库(车位、储藏室等),按照《国家税务总局关于房地产开发企业土地增值税清算管理有关问题的通知》(国税发〔2006〕187 号)第四条第(三)项的规定执行。(苏地税规〔2015〕8 号,第四条)

湖南规定,地下车库(位)根据不同情况按以下方式进行税务处理:地下车库(位)所有权未发生转移的,不征收土地增值税;所有权发生转移的,按照有关规定征收土地增值税。(湖南省地方税务局公告 2015 年第 9 号,第一条)

湖北规定,对于停车场(车库),仅转让使用权或出租使用期限与建造商品房同等期限的,应按规定计算收入,并准予扣除合理计算分摊的相关成本、费用。[鄂地税发〔2008〕207 号,第十七条第(四)项]

对于房地产公司在开发产品中按政府规定建造的地下人防设施，其成本、费用可以扣除。对加以利用的地下人防设施，在扣除成本、费用的同时，对其取得的收入也应纳入核算增值额。（鄂地税发〔2008〕211 号，第七条）

浙江规定，对房地产开发企业以转让使用权或提供长期使用权的形式，有偿让渡无产权车库（车位）、储藏室（以下简称无产权房产）等使用权的，其取得的让渡收入应按以下规定计算征收土地增值税。(1)对清算前取得的让渡收入应并入清算单位收入一并计算征收土地增值税。对不同类型房地产开发产品，应分别计算增值额的，让渡收入应按照建筑面积法在不同类型可售房产之间进行分摊，分别并计不同类型可售房产的收入。(2)对清算后取得的让渡收入，根据该清算单位土地增值税清算时确定的税负率计算征收土地增值税，即：计算缴纳的应缴土地增值税＝无产权房产让渡收入×该清算单位的清算税负率。（浙江省地方税务局公告 2014 年第 16 号，第五条）

新疆规定，地下人防设施、地下建筑等，属于地上建筑物的范畴，因此，对其销售转让的，应按规定征收土地增值税。（新地税函〔2010〕192 号）

(1)能够办理权属登记手续的车库（车位、储藏室等）单独转让时，房地产开发企业应按“其他类型房地产”确认收入并计算成本费用。(2)不能办理权属登记手续的车库（车位、储藏室等），按照《国家税务总局关于房地产开发企业土地增值税清算管理有关问题的通知》（国税发〔2006〕187 号）第四条第（三）项的规定执行。(3)关于无产权车位分摊土地成本问题，土地成本仅在可售面积中分摊，无产权的地下车位不分摊土地成本。（新疆维吾尔自治区地方税务局公告 2016 年第 6 号，第四条）

房地产企业依法配建并经验收合格（人防部门出具验收合格手续）的人防工程，人防设施建造费用计入相关成本、费用，允许扣除。（新疆维吾尔自治区地方税务局公告 2016 年第 6 号，第三条）

山西规定，房地产开发企业销售车库、车位、地下储藏间应当重点区分车库、车位、地下储藏间的对外销售、业主共有、开发商自留三种情况；其中对外销售的车库、车位、地下储藏间又分为有产权和无产权两种情况。对不同情形按以下标准来确定成本列支：(1)有产权对外销售的车库、地下储藏间，其收入应当并入房地产销售收入，相应的车库、地下储藏间开发成本应当准予扣除，并加计扣除。(2)无产权的车库、车位、地下储藏间在一定期限内让渡使用权的，收入不作为土地增值税清算收入，其相应的成本费用不可以扣除。(3)全体业主共有的车库、地下储藏间，属于公共配套设施，相应的车库、地下储藏间开发成本应当准予扣除，并加计扣除。(4)开发商自留的车库、地下储藏间，因其产权归属于开发商自有，若无对外销售则相应的开发成本不允许扣除。[山西省地方税务局公告 2014 年第 3 号，第十九条第（四）项]

贵州规定，房地产开发企业销售房地产时向购买方附赠的同一房地产开发项目车库（位）或其他开发产品并在售房合同（协议）中注明的，以售房合同记载的总金额确认

销售收入。房地产开发企业单独销售无产权的车库(位)等不能办理产权的其他房地产的,不确认土地增值税计税收入,不扣除相应的成本和费用。(贵州省地方税务局公告2016年第13号,第三十四条)

海南规定,(1)房地产开发企业与购房人通过签订销售合同出售或者附赠等方式约定,将车位、车库的权属转移给购房人的,取得的收入视同房地产转让收入,并入非普通住房转让收入。(2)对售房附赠车库、车位的,若合同中未分别计算房屋和车库、车位的销售价格,不再单独将车库、车位分割出来单独计价;若合同中分别计算房屋和车库、车位的销售价格,则车库、车位的价格作为非普通住宅收入。(3)无论车库、车位是否拥有产权证,只要签订了销售合同或协议并取得了收入,则销售收入一并计入土地增值税的计税收入,车库的面积计入可售建筑面积,车库、车位相应的开发成本准予扣除。(琼地税函〔2015〕917号,第二条)

青岛规定,房地产开发企业处置利用地下人防设施建造的车库(位)等设施取得的收入,不计入土地增值税收入。凡按规定将地下人防设施无偿移交给政府、公共事业单位用于非营利性社会公共事业的,准予扣除相关成本、费用;未无偿移交给政府、公共事业单位的地下人防设施,其相应成本不允许扣除。人防工程成本按照建筑面积占比法,在不含室内(外)装修费用的全部建筑安装工程费中计算。室内(外)装修费用未能单独核算归集或划分不清的,在计算该成本时,不得从全部建筑安装工程费中剔除。(青岛市地方税务局公告2018年第4号,第十条)

大连规定,房地产开发企业转让其利用地下基础设施形成的不可售的地下车库(位),取得的转让收入不预征税款,也不计入清算收入。同时,该不可售库(位)应分担的开发土地和新建房及配套设施成本、开发土地和新建房及配套设施费用等不得计入扣除。其他未列入可售范围的建筑物等比照执行。(大连市地方税务局公告2014年第1号,第四条)

在政府或政府有关部门规定的标准内修建的人防设施,清算土地增值税时,不论其实际用途,其建设费用允许作为公共配套设施费据实扣除。根据《大连市地方税务局关于土地增值税征收管理若干问题的公告》(大连市地方税务局公告2014年第1号)第十三条规定,公共配套设施为人防工程的,企业应提供人防工程竣工验收备案证、大连市人民防空(民防)办公室出具的该项目结建人防工程批复及人防接收证明等相关材料。(大地税函〔2009〕183号,第一条)

河南规定,房地产开发企业对购房者随房屋一并购买的地下室、车库,在预征收土地增值税时,采用随房确定的原则:即销售房屋为普通标准住宅的,地下室、车库按照普通标准住宅确定;销售房屋为非普通标准住宅或其他房地产项目的,地下室、车库按照非普通标准住宅或其他房地产项目确定。待清算时,应将地下室、车库收入并入除住宅以外的其他房地产项目。房地产开发企业对购买者未购买房屋但单独购买了地下室、

车库、阁楼的，按照其他房地产项目征收土地增值税。（河南省地方税务局公告 2011 年第 10 号，第三条）

黑龙江规定，房地产开发企业利用地下人防修建的符合条件的公共配套设施有关成本、费用支出，凡能够提供有关证明凭证，证明建成后产权属于全体业主所有的，其成本、费用支出可以扣除；凡能够提供有关证明凭证，证明建成后无偿移交给政府、公用事业单位用于非营利性社会公共事业的，其成本、费用支出可以扣除；凡建成后有偿转让产权的，应计算收入，并可以扣除成本、费用支出。（黑龙江地方税务局公告 2016 年第 1 号，第六条）

18. 扣除项目分摊的规定

政策解读

扣除项目分摊，一是要考虑同一项目内分摊还是多个项目之间分摊，项目内除了土地成本之外多按建筑面积分摊，项目之间要先按土地面积分摊；二是要考虑土地成本和建安成本等其他成本的分摊方法存在差异，土地成本多按土地面积分摊，其他成本多按建筑面积分摊；三是除了按土地面积和建筑面积分摊之外，还有按照其他合理方法分摊的情况，例如，按照层高。较少有按照收入的比例分摊的。

各地政策

北京规定，扣除项目的分摊方法包括：占地面积法、建筑面积法、直接成本法和税务机关确认的其他合理方法。(1)属于多个清算单位共同发生的扣除项目金额，原则上按建筑面积法分摊，如无法按建筑面积法分摊，应按占地面积法分摊或税务机关确认的其他合理方法分摊。(2)同一清算单位发生的扣除项目金额，原则上应按建筑面积法分摊。对于纳税人能够提供相关证明材料，单独签订合同并独立结算的成本，可按直接成本法归集。(3)同一清算单位中纳税人可以提供土地使用权证或规划资料及其他材料证明该类型房地产属于独立占地的，取得土地使用权所支付的金额和土地征用及拆迁补偿费可按占地面积法计算分摊。(4)同一清算单位中部分转让国有土地使用权或在建工程，其共同受益的项目成本，无法按照建筑面积法分摊计算的，可按照占地面积法或税务机关确认的其他合理方法进行分摊。（北京市地方税务局公告 2016 年第 7 号，第三十一条）

上海规定，纳税人成片受让土地使用权后，分期分批开发，分块转让，对允许扣除项目的金额，原则上按转让土地使用权的面积占总面积的比例计算分摊，若按此办法难以计算或明显不合理的，也可按建筑面积计算分摊允许扣除项目的金额。对项目完全竣工前无法按实际成本计算的，可先按建筑面积预算成本计算，待该项目完工后，再按实

际发生成本进行清算，多退少补。（沪地税地〔1995〕40 号，第十一条）

广州规定，按已售房地产建筑面积和可售房地产建筑面积比例，计算允许扣除的扣除项目。（1）“取得土地使用权所支付的金额、土地征用及拆迁补偿费”按照清算单位土地面积比例计算分摊。（2）“建筑安装工程费、前期工程费、基础设施费、公共配套设施费、开发间接费用”按清算单位总可售建筑面积比例计算分摊。不能按照总可售建筑面积比例计算分摊的（如有未建项目，无法确定建筑面积时），按清算单位土地面积比例计算分摊。［穗地税函〔2014〕175 号，第五条第（二）项第二点］

房地产项目土地及房地产开发成本能按照清算单位或房地产类型核算并准确归集的，清算时按照清算单位或房地产类型直接归集。

天津规定，扣除项目金额必须是在清算项目开发中直接发生的，对无法准确归集确需分摊的，应在受益对象间按下列方法分摊。（1）纳税人成片受让土地使用权后，分期开发转让房地产的，各期的土地成本应按各期土地面积占整体项目总土地面积的比例进行分摊。（2）同一期中的各项成本应按实际转让建筑面积占可转让总建筑面积的比例进行分摊。（天津市地方税务局公告 2016 年第 25 号，第三条）

厦门规定，房地产开发企业办理土地增值税清算时，可以将取得土地使用权所支付的金额全部分摊至计入容积率部分的可售建筑面积中，对于不计容积率的地下车位、人防工程、架空层、转换层等不再计算分摊取得土地使用权所支付的金额。（厦门市地方税务局公告 2011 年第 5 号，第二条）

江西规定，同一清算单位内，扣除项目金额能按不同的受益对象直接归集的，就直接归集；不能直接归集的，按受益对象建筑面积分摊后归集。多个清算单位内，扣除项目金额能在不同清算单位之间直接归集的，直接归集，再按同一清算单位的归集原则处理；扣除项目金额难以按不同清算单位直接归集的，应按各清算单位的建筑面积分摊归集。对归集后的扣除项目金额（不含与转让房地产有关的税金），先在已售面积与未售面积之间分摊，再在普通住宅、与其他类型房产之间按建筑面积分摊计算。计算扣除与房地产转让有关的税金，应区分核算对象据实扣除。（赣地税发〔2013〕117 号，第四条）

对纳税人建造既有住宅又有非住宅的综合楼（或连体楼），其发生的资金费用按照下列原则分摊：（1）纳税人取得土地使用权所支付的地价款和按国家统一规定交纳的有关费用及土地征用和拆迁补偿费，分别按纳税人取得的普通住宅、其他类型的房地产的销售收入进行分摊。（2）纳税人发生的其他费用，按单位建筑面积分摊。（赣地税发〔2008〕76 号，第二条）

内蒙古规定，对于成片受让土地使用权后，分期分批开发、转让房地产的，分期开发项目占该成片受让土地总占地面积的比例计算分摊取得土地使用权所支付的金额和土地征用及拆迁补偿费（以下简称“土地成本”）。同一项目中建造不同类型房地产开发产品的，按不同类型房地产开发产品的建筑面积占该项目总建筑面积的比例计算分摊土地成本。但对占地相对独立的不同类型房地产，应按该类型房地产占地面积占该项目房地产总占地面积的比例计算分摊土地成本。（内地税字〔2014〕159 号，第四条）

单栋建筑物既有住宅又有商业用房的，商业用房的建筑安装工程费可以按照层高系数予以调整。商业用房层高系数＝商业用房平均层高/住宅平均层高。（内地税字〔2014〕159 号，第五条）

江苏规定，土地成本是指取得土地使用权所支付的金额。土地成本仅在能够办理权属登记手续的建筑物及其附着物之间进行分摊。在不同清算单位或同一清算单位不同类型房产之间分摊土地成本时，可直接归集的，应直接计入该清算单位或该类型房产的土地成本；不能直接归集的，可按建筑面积法计算分摊，也可按税务机关认可的其他合理方法计算分摊。（苏地税规〔2015〕8 号，第二条）

湖南规定，对于成片受让土地使用权后，分期分批开发、转让房地产的，应按分期开发项目占地面积占该成片受让土地总占地面积的比例计算分摊取得土地使用权所支付的金额和土地征用及拆迁补偿费(以下简称"土地成本")。同一项目中建造不同类型房地产开发产品的，按不同类型房地产开发产品的建筑面积占该项目总建筑面积的比例计算分摊土地成本。但对占地相对独立的不同类型房地产，应按该类型房地产占地面积占该项目房地产总占地面积的比例计算分摊土地成本。（湖南省地方税务局公告 2014 年第 7 号，第四条）

单栋建筑物既有住宅又有商业用房的，商业用房的建筑安装工程费可以按照层高系数予以调整。商业用房层高系数＝商业用房平均层高/住宅平均层高。（湖南省地方税务局公告 2014 年第 7 号，第五条）

湖北规定，对于成片受让土地使用权后，分期分批开发、转让房地产的，原则上应按分期开发项目(以《建设工程规划许可证》为单位)占地面积占该成片受让土地总占地面积的比例计算分摊取得土地使用权所支付的金额和土地征用及拆迁补偿费(以下简称"土地成本")。同一项目中建造不同类型房地产开发产品的，按不同类型房地产开发产品的建筑面积占该项目总建筑面积的比例计算分摊土地成本。但对占地相对独立的不同类型房地产，应按该类型房地产占地面积占该项目房地产总占地面积的比例计算分摊土地成本。（鄂地税发〔2013〕44 号，第五条）

房地产开发项目在取得土地使用权时，申报建设规划含地下建筑，且将地下建筑纳入项目容积率的计算范畴，并列入产权销售的，其地下建筑物可分摊项目对应的土地成本。如交纳土地出让金的非人防地下车库，在整个开发项目的土地使用证中会标明地下车库的土地使用年限和起止日期，同时取得"车库销售许可证"，在计算地下车库土地增值税扣除项目时可分摊土地成本。其他不纳入项目容积率计算范畴或不能提供与取得本项目土地使用权有关联证明的地下建筑物，不得进行土地成本分摊。（鄂地税发〔2013〕44 号，第六条）

单栋建筑物既有住宅又有商业用房的，商业用房建筑成本可以按照层高系数予以调整。其余扣除项目金额不得按层高系数调整。商业用房层高系数＝商业用房层高/住宅层高。（鄂地税发〔2013〕44号，第八条）

浙江规定，房地产开发企业应按照清算单位或开发产品类型，采用受益和配比的分配原则，计算分摊扣除项目。对按照税收规定属于可直接计入的扣除项目，应直接计入清算单位或开发产品类型的扣除项目；对属于多个清算单位或开发产品类型共同发生的扣除项目，应按以下原则计算分摊：(1)对属于多个清算单位共同发生的扣除项目，其中：取得土地使用权所支付的金额按照占地面积法（即其转让土地使用权的面积占可转让土地使用权总面积的比例）在多个清算单位之间进行分摊；其他共同发生的扣除项目，按照建筑面积法（即其可售建筑面积占多个项目可售总建筑面积的比例）在多个清算单位之间进行分摊。(2)对一个清算单位中的不同类型房地产开发产品应分别计算增值额的，对其共同发生的扣除项目，按照建筑面积法进行分摊。若不同类型房地产开发产品中有排屋、别墅类型的，对清算单位取得土地使用权所支付的金额，可按照占地面积法进行分摊。（浙江省地方税务局公告2014年第16号，第二条）

对多个清算单位或不同类型开发产品共同发生的建筑安装工程费，在按建筑面积法计算分摊时，对超标准层高可售房产应按以下方法计算：对层高高于4.5米（含4.5米）低于6米的，其可售建筑面积按1.5倍计算；对层高高于6米（含6米）的，其可售建筑面积按2倍计算。（浙江省地方税务局公告2014年第16号，第三条）

新疆规定，纳税人成片受让土地使用权后，分期分批开发、转让房地产的，土地成本按转让土地使用权的面积占总面积的比例分摊。（新地税三〔1997〕27号，第五条）

清算单位中既有住宅又有商业用房的，商业用房建筑安装工程费可以按照层高系数予以调整，其余扣除项目成本不得按层高系数调整。商业用房层高系数小于1.5的，其建筑安装工程费不予调整。商业用房层高系数＝商业用房单层层高/单层住宅层高。（新疆维吾尔自治区地方税务局公告2016年第6号，第六条）

贵州规定，属于多个房地产开发项目共同的土地成本，按清算单位的占地面积占多个房地产开发项目总占地面积的比例计算分摊；属于多个房地产开发项目共同的其他成本费用，按清算单位的可售建筑面积占多个房地产开发项目总可售建筑面积的比例计算分摊。属于同一清算单位的共同成本费用，原则上按不同类型房地产可售建筑面积占总可售建筑面积的比例计算分摊，但下列情形的成本费用除外：(1)房地产开发企业能够按不同类型房地产分别核算房地产开发的成本费用并经主管地方税务机关审核确认的，扣除项目金额按受益对象直接归集；(2)不同类型房地产分别占用不同土地的，其土地成本按占地面积的比例计算分摊；(3)与转让房地产有关的税（费）金按不同类型房地产的收入比例计算分摊；(4)主管地方税务机关确认的其他合理分摊方法。（贵州省地方税务局公告2016年第13号，第五十四条）

重庆规定，分期清算或者清算单位中建造多类房产，土地成本纳税人可选择按照土地面积占比法或者建筑面积占比法计算分摊；房地产开发成本按照建筑面积占比法计算分摊，其中已明确对象化的设施、设备、装修等支出应直接计入对应房产的房地产开发成本。上述土地成本包括“取得土地使用权所支付的金额”和“土地征用及拆迁补偿费”；房地产开发成本包括“前期二程费、基础设施费、建筑安装工程费、公共配套设施费、开发间接费用”。（重庆市地方税务局公告 2014 年第 9 号，第一条）

山西规定，多个（或分期）项目共同发生的前期工程费和基础设施费，应当采用建筑面积法进行分摊，审核其是否合理分摊。［山西省地方税务局公告 2014 年第 3 号，第十九条第（一）项］

（1）同一宗土地有多个开发项目，能准确划分不同项目占地面积的，应当先按占地面积分摊土地成本；不能准确划分不同项目占地面积的，应当按楼面地价（楼面地价＝土地总价格/总建筑面积）和各项彐实际建筑面积占总建筑面积的比例计算分摊不同项目的土地成本。（2）房地产开发企业成片受让土地使用权后，分期分批开发、转让房地产的，以及建有公共配套设施的，应当结合房地产开发企业提供的土地使用权证、经规划部门审核同意的规划图、房屋分户（室）测绘面积对照表等资料，按照上述原则分摊土地成本，以判定其土地成本的分摊是否合理、完整。［山西省地方税务局公告 2014 年第 3 号，第十八条第（二）项］

青岛规定，（1）同一土地增值税清算项目中包括普通住宅、非普通住宅和其他类型房地产的，应当分别计算土地增值税增值额和增值率，主要成本按照下列原则和方法计算分摊：①土地成本。土地成本，即《中华人民共和国土地增值税暂行条例实施细则》第七条第（一）项“取得土地使用权所支付的金额”和第（二）项房地产开发成本中的“土地征用及拆迁补偿费”。土地成本按照普通住宅、非普通住宅和其他类型房地产建筑面积比例计算分摊。如果清算项目中同时包含别墅和其他多层、高层建筑的，应先按照别墅区的独立占地面积占清算项目总占地面积的比例，计算别墅区应分摊的土地成本；对剩余的土地成本，按照剩余普通住宅、非普通住宅和其他类型房地产建筑面积比例计算分摊。同一土地增值税清算项目中，包含联排别墅、合院式别墅、单体商业服务建筑等独立占地建筑，土地成本可比照别墅，按照前款规定处理。②建筑安装工程费。建筑安装工程费应按照建筑面积的比例，在普通住宅、非普通住宅和其他类型房地产之间计算分摊。但对于清算项目均能够按照不同业态独立记账、准确核算，且受益对象单一、能够提供独立合同、独立结算资料的成本，可直接计入普通住宅、非普通住宅和其他类型房地产扣除项目中，并不再重复分摊其他业态同类成本项目的建筑安装工程费。③其他房地产开发成本。其他房地产开发成本，即《中华人民共和国土地增值税暂行条例实施细则》第七条第（二）项房地产开发成本中的前期工程费、基础设施费、公共配套设施费、开发间接费用。其他房地产开发成本按照建筑面积的比例，在普通住宅、非普通住宅和其他类型房地产之间计算分摊。(2)多个土地增值税清算项目共同占用同一《国有土地使用证》土地的,各清算项目的土地成本按占地面积比例分摊;共有的其他成本费用,按建筑面积占比法,在不同清算项目中进行合理分摊。(3)在土地增值税清算时,扣除项目金额中所归集的各项成本和费用,必须是实际发生且支付的。除另有规定外,扣除项目须提供合法有效凭证;不能提供合法有效凭证的,不予扣除。(青岛市地方税务局公告2018年第4号,第九条)

19. 建筑安装工程采用出包方式和自营方式扣除的规定

政策解读

建筑安装工程有自营方式和出包方式。在出包方式下,房地产开发企业自行采购的建筑安装材料等支出,即:通常所述的"甲供材",若房地产开发企业已经计入扣除项目的,支付给建筑安装施工对方的发票中包含的该部分自购材料不得重复扣除。

各地政策

山东规定,建筑安装工程费是指以出包方式支付给承包单位的建筑安装工程费、以自营方式发生的建筑安装工程费。(1)发生的费用应当与决算报告、审计报告、工程结算报告、工程施工合同记载内容相符。(2)房地产开发企业自购建筑材料时,自购建材费用不能重复计算扣除。(山东省地方税务局公告2017年第5号,第三十一条)

厦门规定,建筑安装工程费实际发生额应当与工程结(决)算报告、审计报告、工程施工合同记载的内容相符,并已取得合法有效票据。纳税人采用自营方式自行施工建设的,不得虚列、多列施工人工费、材料费、机械台班使用费等。税务机关可参照我市同期同类开发项目单位面积平均建安成本或我市建设部门定期公布的单位定额成本,验证建筑安装工程费支出的合理性。(厦门市地方税务局公告2016年第7号,第三十七条)

山西规定,(1)采取自营方式建设的,重点审核施工所发生的人工费、材料费、机械使用费、其他直接费和管理费支出是否取得合法有效的凭证,是否按规定进行会计处理和税务处理。(2)采取出包方式建设的,应当重点审核完工决算成本与工程概预算成本是否存在明显异常。当两者差异较大时,应当追加以下审核程序:开发企业采用甲供材料方式出包工程的,重点审查其提供的材料是否存在重复列支成本问题,必要时可从合同管理部门获取施工单位与开发商签订的施工合同,并与相关账目进行核对;或实地查看项目工程情况,向建筑监理公司取证;审核纳税人是否存在利用关联方(尤其各企业适用不同的征收方式、不同税率,不同时段享受税收优惠时)承包或分包工程,增加或减少建筑安装成本造价的情形。(山西省地方税务局公告2014年第3号,第十九条)

20. 公共配套设施的认定和扣除规定

政策解读

“公共配套设施费，包括不能有偿转让的开发小区内公共配套设施发生的支出。”（财法字〔1995〕6号）

“房地产开发企业开发建造的与清算项目配套的居委会和派出所用房、会所、停车场（库）、物业管理场所、变电站、热力站、水厂、文体场馆、学校、幼儿园、托儿所、医院、邮电通讯等公共设施，按以下原则处理：(1)建成后产权属于全体业主所有的，其成本、费用可以扣除；(2)建成后无偿移交给政府、公用事业单位用于非营利性社会公共事业的，其成本、费用可以扣除；(3)建成后有偿转让的，应计算收入，并准予扣除成本、费用。”（国税发〔2006〕187号）

公共配套设施费扣除的几个重要问题：一是范围是列举的，超出范围的不属于公共配套设施；二是公共配套设施费扣除需要移交全体业主或移交政府，不计收入，其成本分摊计入其他房地产类型中扣除；三是若可以有偿转让，则与转让房地产的做法相同，需确定其房地产类型，按规定预征，其面积计入可售面积，按规定分摊扣除项目，并按规定进行土地增值税清算。

举例说明：

房地产开发企业按照土地出让协议约定建造一定面积的房地产项目无偿移交给政府相关部门或其下属机构，移交的房地产不属于公共配套设施。主要理由是：移交的住宅或非住宅，不属于公共配套设施范围。

各地政策

北京规定，公共配套设施指不可销售的公共设施。主要包括：建成后产权属于全体业主所有，以及建成后无偿移交给政府、公用事业单位用于非营利性社会公共事业两种情况。建成后有偿转让的，应计算收入，并准予扣除成本、费用。纳税人未移交的公共配套设施转为企业自用或用于出租等商业用途时，不予扣除相应的成本、费用。“建成后产权属于全体业主所有”，可以按照以下原则之一确认：(1)政府相关文件中明确规定属于全体业主所有；(2)经人民法院裁决属于全体业主共有；(3)商品房销售合同、协议或合同性质凭证中注明有关公共配套设施归业主共有，或相关公共配套设施移交给业主委员会。“无偿移交”，可以按照以下原则之一确认：(1)纳税人建设的公共配套设施产权无偿移交给政府、公用事业单位用于非营利性社会公共事业的，应当提供政府、公用事业单位书面接收文件。(2)纳税人建设的公共配套设施应由政府、公用事业单位接收，但因政府、公用事业单位原因不能接收或未能及时接收的，经接收单位或者政府主管部门出具书面材料证明相关设施确属公共配套设施，且说明不接收或未及时接收具体原因的，经主管税务机关审核确定后，其成本、费用予以扣除。纳税人分期开发房地产项目但公共配套设施滞后建设的，在部分公共配套设施已建设、费用已实际发生并且已取得合法有效凭证的情况下，可按照各分期清算项目可售建筑面积占项目总可售建筑面积的比例计算清算项目可扣除的公共配套设施费，但不得超过已实际发生的金额。[北京市地方税务局公告2016年第7号，第三十三条第(六)项]

广州规定，建成后产权属于全体业主共有的公共配套设施，其成本、费用可以扣除：(1)物权法等相关规定已明确为全体业主共有的；(2)房管部门在房地产登记簿上记载"某建筑区划内的全体业主共有"的；(3)房管部门出具证明材料证明为全体业主共有的；(4)经业主委员会书面说明由全体业主共有的。(穗地税函〔2014〕175号，第四条)

未移交的按以下方式处理：(1)属于政府、公用事业单位原因不能及时接收的，经接收单位或者政府部门出具证明，由清算小组合议确定后，其成本、费用可以扣除；(2)未移交的公共配套转为企业自用或用于出租等商业用途时，不得扣除相应的成本、费用。(穗地税函〔2012〕198号，第九条)

公共配套设施有偿移交的：(1)对于建成后以成本价移交的公共配套设施，应计入可售建筑面积与已售建筑面积，以移交价格确定为清算收入，并准予扣除成本、费用。(2)对于建成后产权属于房地产开发企业的经营性配套设施，有偿转让的，应计算收入，并准予扣除成本、费用；出租或自用的，不予扣除成本、费用。(穗地税函〔2014〕175号，第四条)

江西规定，(1)房地产开发企业预提的公共配套设施费不予扣除。(2)房地产开发企业向建设部门缴纳市政配套设施费并取得相应的财政专用收据的，应作为房地产开发成本的公共配套设施费计算扣除。(3)房地产开发企业利用地下人防设施改造地下车库(位)，其发生的成本费用应归集到房地产开发成本中公共配套设施费用。(4)对于按照规定应移交而未移交的公共配套设施，属于政府、公用事业单位原因不能及时接收的，经接收单位或者政府部门出具证明，由清算领导小组合议确定后，其成本、费用可以扣除。(5)对于按照规定应移交而未移交的公共配套设施，产权属于全体业主所有的公共配套设施，清算时能够出具向全体业主移交公告且收益权归属全体业主的，其成本、费用可以扣除。(6)对于按照规定应移交而未移交的公共配套设施转为企业自用或用于出租等商业用途时，不得扣除相应的成本、费用。[赣地税发〔2013〕117号，第四条第(三)项]

江苏规定，依法配建并经验收合格的人防工程，允许扣除相关成本、费用。(苏地税规〔2015〕8号，第三条)市政公用基础设施配套费、人防工程异地建设费不得加计扣除，也不作为房地产开发费用扣除的计算基数。[苏地税规〔2012〕1号，第五条第(五)项]

厦门规定，公共配套设施转为企业自用或用于出租等商业用途时，不予扣除相应的成本、费用。纳税人进行土地增值税清算时已将公共配套设施费计入房地产开发成本，而之后将公共配套设施对外转让的，应当单独进行土地增值税清算，且其扣除项目金额确认为零。（厦门市地方税务局公告 2016 年第 7 号，第三十九条）

海南规定，公共配套设施“建成后产权属于全体业主所有的，其成本、费用可以扣除”，其中“建成后产权属于全体业主所有的”，可以按照以下原则之一确认：(1)政府相关文件中明确规定属于全体业主所有；(2)经人民法院裁决属于全体业主共有；(3)商品房销售合同、协议或合同性质凭证中注明有关公共配套设施归业主共有，或相关公共配套设施移交给业主委员会。（琼地税函〔2015〕917 号，第五条）

山东规定，纳税人将公共配套设施等转为自用或出租，不确认收入，其应当分担的成本、费用也不得扣除。（山东省地方税务局公告 2017 年第 5 号，第三十一条）

湖北规定，对于成片开发分期清算项目的公共配套设施费用，在先期清算时，应按实际发生的费用进行分摊；对后期清算时实际支付的公共配套设施费用分摊比例大于前期的金额时，允许在整体项目全部清算时，按整体项目重新进行调整分摊。［鄂地税发〔2008〕207 号，第十七条第（五）项］

21. 拆迁补偿费的扣除凭证

政策解读

土地增值税的拆迁补偿费不仅包括货币补偿，还包括回迁房补偿，也包括项目之外的其他房地产补偿，以及其他相关经济利益补偿。

目前，拆迁补偿费收入在部分地区暂不认定为增值税纳税义务范围，无法取得增值税发票，其在土地增值税税前扣除的合法有效凭证包括：拆迁协议、拆迁双方支付和取得拆迁补偿费用凭证等能够证明拆迁补偿费用真实性的材料。

各地政策

广州规定，(1)房地产开发企业支付被拆迁单位拆迁补偿费，应按规定取得被拆迁单位提供的合法有效凭证。(2)房地产开发企业支付自然人拆迁补偿费的，应按规定取得对方个人签名或者盖章的收款收据，也可以开列有个人签名或盖章的支付清单。［穗地税函〔2012〕198 号，第六条第（三）项、第（四）项］

海南规定，纳税人在征地过程中支付了拆迁补偿费，如青苗补偿费、迁坟补偿费、安置费等，但由于拆迁补偿费的凭据不属于发票管理范围，因此，对纳税人在取得土地使用权时确实支付了拆迁补偿费的，其扣除金额，根据双方签订的补偿协议、收付款凭据

等相关资料确定。(琼地税函〔2007〕356号,第七条)

吉林规定,拆迁补偿费的合法有效扣除凭据包括已在政府拆迁管理部门备案的房屋拆迁(回迁)补偿安置协议书、补偿款签收名册或签收凭证、回迁户的身份证件等。(吉地税函〔2010〕34号,第二条)

湖北规定,开发企业在拆迁过程中,与被拆迁居民(村民)等自然人签订补偿协议,且有相关证据表明企业已实际支付的补偿费,可据实扣除。与本开发项目有直接关联的额外补偿费用,并能充分证明此额外补偿费用属实的,可据实扣除。(鄂地税发〔2008〕211号,第四条)

大连规定,房地产开发企业实际发生的拆迁补偿费可以在计算土地增值税时扣除,但应提供真实发生凭据。(1)房地产开发企业与动迁公司签订协议(合同),由动迁公司负责拆迁的,房地产开发企业应向税务机关提供双方签订的协议(合同)、发票、支付凭证、动迁公司支付明细及被拆迁人签收凭据等。(2)房地产开发企业直接与被动迁人签订拆迁补偿协议的,应向税务机关提供拆迁(回迁)合同,被拆迁人是单位的,还需提供支付凭证及拆迁补偿发票;被拆迁人是个人的,还需提供签收花名册或签收凭证等。(大连市地方税务局公告2014年第1号,第二条)

22. 项目成立之前发生的支出能否扣除

政策解读

土地增值税相关政策对扣除项目发生的时间没有明确规定,即:未规定什么时间范围之外的不能扣除,扣除的主要依据是与项目的相关性而非时间性。若能证明其支付的扣除项目确实与项目有关,则应给予扣除。

各地政策

广州规定,一方出资、一方出地合作开发的房地产项目,项目公司成立前为该项目各自支付的土地或工程款,能提供合法有效凭证的,允许在该项目清算时予以扣除。[穗地税函〔2012〕198号,第八条第(三)项]

23. 政府返还款的处理

政策解读

政府返还款项有约定返还补偿的对象,即:属于对土地价款的返还或对公共配套建设的返还等。属于上述情况的，土地增值税的扣除项目冲减相应的成本。

无明确返还补偿条目的，若能证明补偿的对象属于对房地产开发项目的补偿，各地规定以此冲减相应的扣除项目。若不能证明政府返还款项与房地产开发项目有关的，不冲减相应的扣除项目。

各地政策

青岛规定，对于房地产开发企业从政府取得的土地出让金返还以及从事拆迁安置、公共配套设施建设取得的补偿或财政补贴款项，抵减相应的扣除项目。（青岛市地税局公告2016年第1号，第五十一条，已废止；青岛市地方税务局公告2018年第4号）

贵州规定，房地产开发企业以各种名义取得的政府返还款（包括土地出让金、市政建设配套费、税金等），在确认扣除项目金额时应当抵减相应的扣除项目金额。房地产开发企业取得不能区分扣除项目的政府返还款应抵减"取得土地使用权所支付的金额"。（贵州省地方税务局公告2016年第13号，第四十七条）

房地产开发企业因拆迁从政府部门取得的各种形式的补偿或补贴，应当抵减本项目拆迁补偿费。（贵州省地方税务局公告2016年第13号，第三十八条）

建成后移交给政府、公用事业单位用于非营利性社会公共事业的，房地产开发企业因移交公共配套设施而取得的经济补偿或补贴，应当抵减公共配套设施费，抵减后仍有余额的，允许扣除。（贵州省地方税务局公告2016年第13号公告，第四十二条）

安徽规定，依据有关土地转让、出让合同、协议及其补充协议，政府或有关单位、部门以扶持、奖励、补助、改制或其他形式返还、支付、拨付给纳税人或其控股方、关联方的金额应从取得土地使用权所支付的金额中剔除。（安徽省地方税务局公告2017年第6号，第三十七条）

政府或有关部门直接向房地产开发企业收取的市政配套费、报批报建费、"四源"费、供电贴费、增容费等应由房地产开发企业缴纳、并在核算时计入房地产开发成本的收费项目，在计算土地增值税时，列入开发土地和新建房及配套设施的成本计算扣除项目金额。上述费用政府或有关部门收取后又返还的，返还的部分不得计入扣除项目金额。（安徽省地方税务局公告2017年第6号，第四十三条）

大连规定，纳税人应当凭政府或政府有关部门下发的土地批件《土地出让金缴费证明》以及财政、土地管理等部门出具的土地出让金缴纳收据、土地使用权购置发票、政府或政府部门出具的相关证明等合法有效凭据，计算"取得土地使用权所支付的金额"。凡取得票据或者其他资料，但未实际支付土地出让金或购置土地使用权价款或支付土地出让金、购置土地使用权价款后又返还的，不允许计入扣除项目。［大地税函〔2008〕188号，第一条第（一）项］

江苏规定，纳税人为取得土地使用权所支付的地价款，在计算土地增值税时，应以纳税人实际支付土地出让金(包括后期补缴的土地出让金),减去因受让该宗土地政府以各种形式支付给纳税人的经济利益后予以确认。[苏地税规〔2012〕1号,第五条第(四)项]

辽宁规定,房地产开发企业从政府部门取得各种形式的返还款,地方税务机关在土地增值税清算时,其返还款不允许扣除,直接冲减土地成本。(辽地税函〔2012〕92号,第六条)

黑龙江规定,对于房地产开发企业从政府、财政等部门取得的财政补贴、奖励、土地出让金返还、税收返还等财政补贴性收入,在计征土地增值税时,凡是明确相关款项用途的,直接冲减相关扣除项目金额,如土地出让金返还冲减取得土地使用权支付的金额等;凡是没有明确相关款项用途的,依次冲减取得土地使用权支付的金额和房地产开发成本。(黑龙江省地方税务局公告2016年第1号,第十一条)

内蒙古规定,纳税人拆迁安置超面积返还部分应取得的收入,或者拆迁安置中对外销售部分取得的收入,可作为该房地产扣除项目的冲减因素。(内地税字〔2005〕116号,第二十四条)

24. 委托其他单位提供规划、设计等支出的扣除规定

政策解读

开展规划或设计等业务一般需要相应的资质,若委托不具备相应资质的单位提供对应的服务,既不符合法律、法规的要求,也可能涉嫌虚列相应扣除项目。

各地政策

北京规定,纳税人委托其他单位进行规划、设计、项目可行性研究和水文、地质、勘察、测绘的,提供服务的单位应当符合相关法律、法规的要求。(北京市地方税务局公告2016年第7号,第三十三条)

厦门规定,纳税人委托其他单位进行规划、设计、项目可行性研究和水文、地质、勘察、测绘的,提供服务的单位应当符合法律、法规要求。(厦门市地方税务局公告2016年第7号,第三十六条)

25. 四项成本扣除的相关规定

政策解读

各地均有制定“前期工程费”“基础设施费”“建筑安装工程费”“开发间接费用”四项

成本的核定扣除标准,但由于流程复杂,核定标准争议大,且核定的四项成本可能较低,导致税负较高,税务机关和纳税人更愿意选择采用核定征收率的方式核定征收土地增值税。

各地政策

北京规定,对开发土地和新建房及配套设施的成本中的前期工程费、基础设施费、建筑安装工程费、开发间接费用(以下简称四项成本),按有效凭证金额据实扣除。对纳税人进行土地增值税清算时,有下列情况之一的,应按核定办法扣除:(1)无法按清算要求提供开发成本核算资料的。(2)提供的开发成本资料不实的。(3)发现清算资料中存在虚假、不准确的涉税信息,影响清算税款计算结果的。(4)清算项目中四项成本的每平方米建安成本扣除额,明显高于北京市地方税务局制定的《分类房产单位面积建安造价表》中公布的每平方米工程造价金额,又无正当理由的。(北京市地方税务局公告2016年第7号,第三十四条;京地税地〔2009〕245号)

广州规定,(1)按照广州市公布的四项成本核定扣除标准分类核定;(2)其他合理方法。(穗地税函〔2014〕187号,第三条)

安徽规定,纳税人办理土地增值税清算时的前期工程费、建筑安装工程费、基础设施费、开发间接费用的凭证或资料不符合清算要求或不实的,各市、县地税局可参照当地建设工程造价管理部门公布的建安造价定额资料,结合房屋结构、用途、区位等因素,核定上述四项开发成本的单位面积金额标准,并据以计算扣除。(皖地税〔2007〕39号,第三条)

大连规定,房地产开发项目四项成本的每平方米扣除额高于大连市地方税务局制定的《房地产开发项目单位面积四项成本扣除标准额度表》中公布的每平方米四项成本金额,且经主管税务机关审核,发现有下列情形之一的,主管税务机关应当按扣除额度表中的额度核定四项成本:(1)纳税人有《中华人民共和国税收征收管理法》第三十五条列举情形之一,导致四项成本无法查账的;(2)四项成本的合同、票据等凭证有虚假、非法或无效等情况的;(3)四项成本虽能提供发票等票据,但款项未实际支付的(合理的质量保证金除外);(4)纳税人与其关联企业之间的业务往来未按独立企业之间的业务往来支付四项成本的;(5)主管税务机关认为应核定四项成本的其他情况。(大地税函〔2008〕188号,第一条)

福建规定,各设区市局应参照当地建设工程造价管理部门公布的建安造价定额资料,结合房屋结构、用途、区位等因素,对前期工程费、建筑安装工程费、基础设施费、开发间接费用等四项开发成本设定预警值。对土地增值税清算过程中,四项开发成本明显高于预警值,又无正当理由的,可按预警值进行计算扣除。(闽地税发〔2008〕64号,第二条)

对房地产开发企业办理土地增值税清算所附送的前期工程费、建筑安装工程费、基础设施费、开发间接费用的凭证及资料不符合清算要求或不实，需要进行核定的，在省局未确定具体核定办法前，由负责清算的地方税务机关按照国税发〔2006〕187 号第四条第(二)项规定确定上述四项开发成本的单位面积金额标准。(闽地税发〔2007〕24 号，第三条)

广西规定，房地产开发企业办理土地增值税清算所附送的前期工程费、建筑安装费、基础设施费、开发间接费用的凭证或资料不符合清算要求或不实的，由房地产开发项目所在地市级地方税务机关参照当地建设工程造价管理部门公布的建安造价资料，结合房屋结构、用途、区位等因素，核定上述四项开发成本的单位面积金额标准，并据以计算扣除。(桂地税发〔2007〕88 号，第二条)

吉林规定，要据实计算前期工程费、建筑安装工程费、基本设施费、开发间接费等四项开发成本，对计算不实的要对成本的单位金额标准进行核定。地方税务机关要参照当地政府或建设工程造价管理部门上一年公布的建安造价定额资料核定上述四项开发成本的单位面积金额标准，并据以计算扣除。(吉地税发〔2007〕77 号，第三条)

山西规定，纳税人进行土地增值税清算时，有下列情况之一的，地税机关可参照《山西省建设工程计价依据》和当地建设工程管理部门公布的建安造价定额资料，结合房屋结构、用途、区位等因素，核定上述四项开发成本的单位面积金额标准，并据以计算扣除：(1)无法按清算要求提供开发成本核算资料的；(2)提供的开发成本资料不实的；(3)发现《土地增值税清算鉴证报告》不真实的；(4)虚报房地产开发成本的；(5)清算项目中的前期工程费、建筑安装工程费、基础设施费、开发间接费用的平方米成本，明显高于当地公布的四项费用单位平方米造价，又无正当理由的。(山西省地方税务局公告 2014 年第 3 号，第二十二条)

辽宁规定，房地产开发企业办理土地增值税清算所附的前期工程费、建筑安装工程费、基础建设费、开发间接费用的凭证或资料不符合要求或不实的，各市地方税务机关要积极取得本地政府和住建部门的支持与配合，提请本地政府或住建部门公布本地区各年度建设工程造价定额，并以此作为核定年度四项开发成本的单位面积金额标准；本地政府或住建部门没有公布本地区各年度建设工程造价定额，地方税务机关可以参照住建部门各年度建设工程造价定额资料，结合房屋结构、用途、区位等因素，核定年度四项开发成本的单位面积金额标准，并据以计算扣除。(辽地税函〔2012〕92 号，第四条)

青岛规定，对房地产开发企业成本申报资料存在下列情形之一的，主管税务机关应参照税务机关通过评估建立的房地产开发成本平方米造价预警指标，结合房屋结构、用途、区位等因素，核定其准予扣除的成本；上述预警指标中没有的，可以参照各级建筑工程行政主管部门各项房地产开发成本平方米造价指标以及政府有关部门公布的建设规费收取标准等，结合房屋结构、用途、区位等因素，核定其准予扣除的成本；房地产开发企业有异议的，可委托物价部门进行个案评估：(1)建筑工程费明显高于中标概算价格或者建筑工程承包合同金额又无正当理由的；(2)大宗建筑材料供应商或者建筑工程承包人(含分包人)为房地产开发企业的关联企业，并且未按照独立企业之间的业务往来支付价款、费用的，或者价格明显偏高的；(3)前期工程费、基础设施费、开发间接费等价格明显偏高的；(4)清算申报时所附送的凭证和资料不符合清算申报要求的。核定房地产开发成本后，清算项目的土地增值税税负率原则上不得低于5%。(青岛市地方税务局公告2018年第4号，第七条)

第八章
土地增值税清算申报

1. 什么企业需要进行土地增值税清算

政策解读

房地产开发企业开发销售房地产的，应按规定进行土地增值税清算。部分地区对开征土地增值税前已经立项并建造完成开始销售，一直销售至开征后才销售完毕的项目，对开征后的部分仅进行预征，而不进行清算。

各地政策

湖北规定，不具有房地产开发资质的单位或个人开发房地产或转让国有土地使用权的，比照《湖北省房地产开发企业土地增值税清算管理办法》及本规定的有关政策执行。（鄂地税发〔2008〕211 号，第十条）

对在 2005 年 1 月 1 日前销售房地产建筑面积（以签订的房地产合同时间为准）占整个项目可售建筑面积不足 50%的，其项目应进行土地增值税清算。在 2005 年 1 月 1 日前销售房地产建筑面积占整个项目可售建筑面积 50%（含 50%）以上的房地产开发项目，对该项目的全部销售收入，分别按规定的预征率计征土地增值税，不再清算。但下列情形除外：主管地方税务机关认为如不清算有可能造成较大税款流失、经县以上地方税务局局长批准清算的；纳税人符合清算条件且向主管地方税务机关提出清算申请的。（鄂地税发〔2008〕207 号，第七条）

云南规定，凡从事房地产开发的企业开发销售的房地产开发项目，包括未预征土地增值税税款的房地产开发项目（经济适用住房项目除外），均应按规定办理土地增值税的清算手续。（云地税发〔2007〕180 号，第一条）

2. 清算申报的计税依据

政策解读

预征申报的不含税收入还原可以直接按照：含税收入/（1+适用税率 5%或 11%）

确定;清算申报不能简单按上述公式换算,主要源于营改增财税〔2016〕36 号和增值税财税〔2016〕140 号文土地成本和拆迁补偿费对销项税额的扣减规定:"七、《营业税改征增值税试点有关事项的规定》(财税〔2016〕36 号)第一条第(三)项第 10 点中'向政府部门支付的土地价款',包括土地受让人向政府部门支付的征地和拆迁补偿费用、土地前期开发费用和土地出让收益等。房地产开发企业中的一般纳税人销售其开发的房地产项目(选择简易计税方法的房地产老项目除外),在取得土地时向其他单位或个人支付的拆迁补偿费用也允许在计算销售额时扣除。"(财税〔2016〕140 号)

"土地增值税预征的计征依据=预收款-应预缴增值税税款。"(国家税务总局公告 2016 年第 70 号)

"土地增值税纳税人转让房地产取得的收入为不含增值税收入。"(财税〔2016〕43 号)

举例说明:

A 房地产开发企业销售房地产采用一般计税方法,2018 年销售一套房产,含税金额 1 200 万元,其分摊的土地成本和拆迁补偿费为 100 万元。增值税销项税额=(1 200-100)÷(1+10%)×10%=100(万元),土地增值税收入=1 200-100=1 100(万元)。若直接采用适用税率 10%进行不含税收入还原,即:含税收入÷(1+10%)=1 090.91(万元),计算结果与前者不相同。上述正确计算方法简化后为:(含税销售收入+本项目土地价款×10%)÷(1+10%)=(1 200+100×10%)÷(1+10%)=1 100(万元)。

综上所述,由于土地成本和拆迁补偿费抵减了增值税的销项税额,土地增值税的计税依据要大于增值税销项税额的计税依据。

各地政策

广州规定,(1)纳税人选用增值税简易计税方法计税的,土地增值税清算收入按"含税销售收入/(1+5%)"确认。(2)纳税人选用增值税一般计税方法计税的,土地增值税清算收入按"(含税销售收入+本项目土地价款×11%)/(1+11%)"确认,即:纳税人按规定允许以本项目土地价款扣减销售额而减少的销项税金,应调增土地增值税清算收入。含税销售收入是指纳税人销售房地产时取得的全部价款及有关的经济利益。本项目土地价款是指按照财税〔2016〕36 号文规定,纳税人受让土地时向政府部门支付的土地价款(如果一次受让土地使用权,分期开发、清算的,则土地价款需要按照合法合理的方法进行分摊确认)。(穗地税函〔2016〕188 号,第一条)

3. 是否需要分房地产类型清算

政策解读

“对纳税人既建普通标准住宅又搞其他房地产开发的，应分别核算增值额。不分别核算增值额或不能准确核算增值额的，其建造的普通标准住宅不能适用条例第八条(一)项的免税规定。”(财税字〔1995〕48号)

按照上述条文和土地增值税新申报表的规定，纳税人应分类型计算土地增值税。但上述条文的歧义在于若不分类型核算或不能准确核算增值额的，不能享受相关减免。这是否意味着纳税人可以存在不分类型核算但也不享受相关减免的情况。

各地做法有“三分法”“二分法”和“一分法”三种情况，税负影响差异较大。

各地政策

北京规定，清算单位中建造的普通住宅，应单独计算增值额、增值率。(北京市地方税务局公告2016年第7号，第四十八条)

广州规定，同一房地产项目中既建造普通住宅、又建造其他商品房的，进行清算时，应分别计算增值额、增值率，分别核算土地增值税。(穗地税函〔2012〕198号，第十四条)

青岛规定，开发项目中既包括普通住宅又包括非普通住宅的，应当分别计算土地增值税增值额和增值率。(青岛市地方税务局公告2015年第2号，第一条，已废止；青岛市地方税务局公告2018年第4号)

主管税务机关应当按照普通住宅、非普通住宅和其他类型房地产三种类型确定的预征率进行预征，并按规定的三种类型进行清算审核。(青岛市地方税务局公告2018年第4号，第八条)

天津规定，在土地增值税计算时，房地产开发企业在同一项目或同一期中，普通住宅和非普通住宅，可以合并计算增值税。(津地税地〔2011〕24号，第三条)

房地产开发项目中同时包含普通住宅、非普通住宅或其他类型房地产的，应分别进行土地增值税清算。(天津市地方税务局公告2016年第24号，第六条)

贵州规定，房地产开发企业在房地产开发项目中既建造普通住宅，又建造其他类型房地产的，在土地增值税清算时，应当按“普通住宅”和“其他类型房地产”分别计算增值额、增值率，缴纳土地增值税。(贵州省地方税务局公告2016年第13号，第五条)

宁波规定，房地产清算项目按普通住宅、非普通住宅、其他类型房地产三种房地产类型分别计算增值额和增值率。(宁波市地方税务局公告2015年第1号，第一条)

安徽规定，(1)纳税人办理清算申报时，对同一开发项目或同一分期项目中既建有普通标准住宅又建有非普通标准住宅(其他类型房地产)的,如纳税人在清算报告中就其普通标准住宅申请免征土地增值税,应分别计算增值额、增值率以及应缴的土地增值税;如纳税人在清算报告提出放弃申请免征普通标准住宅土地增值税权利的,应以整个开发项目为对象,统一计算增值额、增值率以及应缴的土地增值税。(2)纳税人在清算申报时未明确是否就其普通标准住宅申请免征土地增值税的,主管地税机关应告知纳税人相关政策,并将清算报告退还纳税人,待纳税人明确后予以受理。(安徽省地方税务局公告2017年第6号,第五十二条)

大连规定,主管税务机关同时对同一纳税人开发的不同项目的土地增值税清算完毕的,可合并征收或退还应补缴(退还)税款。(大地税函〔2008〕188号,第二条)

山东规定,各市地方税务局应当按照普通住房、非普通住房和其他房地产三种类型,科学合理地确定预征率进行预征,并按规定进行清算。(山东省地方税务局公告2017年第5号,第十四条)

福建规定,对纳税人既建造住宅又从事其他房地产开发转让的,应分别核算增值额,不分别核算增值额或不能准确核算增值额的,由主管地税机关统一按其各占总建筑面积的比例,分别计算扣除项目金额和增值额;对纳税人既建造普通标准住宅又建造非普通标准住宅转让的,也应分别核算增值额,不分别核算增值额或不能准确核算增值额的,其建造的普通标准住宅不能适用《中华人民共和国土地增值税暂行条例》第八条(一)项的免税规定。(闽地税发〔2005〕195号,第十七条)

对清算项目按普通住宅、非普通住宅和非住宅分别计征土地增值税。(闽地税发〔2008〕64号,第二条)

厦门规定,清算项目中包含不同房地产类型的,应当分别计算增值额、增值率,缴纳土地增值税。(厦门市地方税务局公告〔2016〕7号,第二十六条)

四川规定,(1)属于既建造普通标准住宅,又建造其他商用房的房地产开发项目,纳税人应分别计算扣除项目金额、增值额和增值率,否则,其建造的普通标准住宅不得适用免税规定。(2)对难以分别计算扣除项目金额的,应按普通标准住宅和其他商品房销售面积占销售总面积的比例进行分摊确定。(川地税发〔2009〕60号,第二条)

同一清算单位中同时包含多种房地产类型的,应按普通标准住宅、非普通标准住宅、非住宅三种类型分别计算增值额、增值率,并据此申报土地增值税。(四川省地方税务局公告2015年第5号,第二条)

重庆规定,清算单位中建造多类房产的,应按普通住宅、非普通住宅、非住宅,确认计税收入、扣除项目金额,分别计算增值额和土地增值税。[重庆市地方税务局公告2014年第9号,第一条第(二)项]

黑龙江规定,对普通标准住宅、非普通标准住宅和其他类型房地产是否分别计算增值额、增值率,缴纳土地增值税。(黑龙江省地方税务局公告2016年第2号,第十六条)

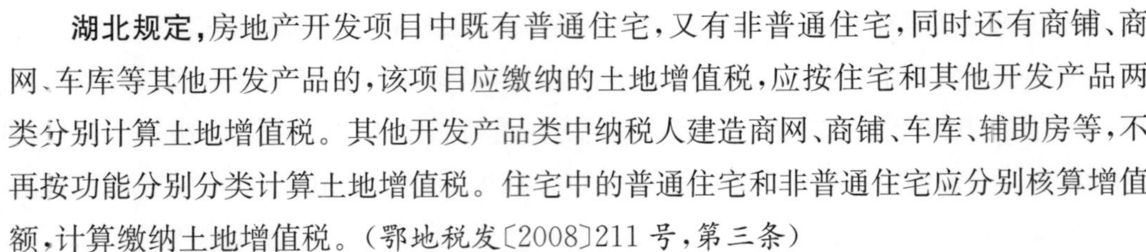

湖北规定，房地产开发项目中既有普通住宅，又有非普通住宅，同时还有商铺、商网、车库等其他开发产品的，该项目应缴纳的土地增值税，应按住宅和其他开发产品两类分别计算土地增值税。其他开发产品类中纳税人建造商网、商铺、车库、辅助房等，不再按功能分别分类计算土地增值税。住宅中的普通住宅和非普通住宅应分别核算增值额，计算缴纳土地增值税。（鄂地税发〔2008〕211 号，第三条）

吉林规定，土地增值税清算要按普通标准住宅、非普通标准住宅和其他类型房产分别计算土地增值税。（吉林省地方税务局公告 2014 年第 1 号，第三条）

江苏规定，同一清算单位中包含普通住宅、非普通住宅、其他类型房产的，应分别计算收入、扣除项目金额、增值额、增值率和应纳税额。（苏地税规〔2015〕8 号，第一条）

普通标准住宅与其他类型的房屋应分别计算增值额、增值率，缴纳土地增值税。（苏地税发〔2009〕72 号，第十七条）

内蒙古规定，清算单位应按照普通标准住宅、非普通标准住宅、非住宅类型分类，实行查账清算或核定征收清算土地增值税。（内地税字〔2014〕159 号，第二条）

宁夏规定，出售不同房屋类型的应按普通住房、非普通住房和其他类型房地产分别计算申报。［宁政发〔2015〕43 号，第四条第（三）项］

山西规定，同一清算单位中既有普通标准住宅又有非普通住宅及其他房地产开发项目的，应当分别核算增值额，计征土地增值税。未分别核算或不能分别核算增值额的，建造的普通标准住宅不能适用条例第八条（一）项的免税规定，应当按合理的方式分别计算住宅和其他房地产开发项目的增值额。（山西省地方税务局公告 2014 年第 3 号，第四条）

新疆规定，同一清算单位中包含普通住宅、非普通住宅、其他类型房地产的，应分别计算收入、扣除项目金额、增值额、增值率和应纳税额。（新疆维吾尔自治区地方税务局公告 2016 年第 6 号，第一条）

云南规定，对纳税人开发项目中同时包含普通住宅和非普通住宅的，应分别核算增值额。凡不分别核算增值额或不能准确核算增值额的，普通住宅不能适用《中华人民共和国土地增值税暂行条例》第八条（一）项的免税规定，应按照其他房地产开发项目办理清算。（云地税发〔2007〕180 号，第二条）

江西规定，对纳税人建造既有住宅又有非住宅的综合楼（或连体楼），如果其中有普通住宅的，应区分普通住宅与其他类型的房地产分别核算土地增值额。（赣地税发〔2008〕76 号，第一条）

土地增值税清算时未转让的房地产（包括地下车库、车位），清算后销售或有偿转让的，纳税人应按普通住宅与其他类型房产区分核算对象，依据国税发〔2006〕187 号文件的规定，分别计算土地增值税，按规定申报缴纳；主管税务机关应加强审核，按照清算时已确定分摊的扣除项目金额计算征收转让部分的土地增值税。（赣地税发〔2013〕117

号,第六条)

湖南规定,清算单位应按照普通标准住宅、非普通标准住宅、非住宅类型分类,分别计算增值额、增值率,据此申报土地增值税。(湖南省地方税务局公告2015年第9号,第三条)

广东规定,同一个项目,既建造普通住宅,又建造其他商品房的,应分别计算增值额、增值率,分别清算土地增值税。(广东省地方税务局公告2014年第3号,第十三条)

4. 清算审核后补缴税款的期限

政策解读

"纳税人应当自转让房地产合同签订之日起七日内向房地产所在地主管税务机关办理纳税申报,并在税务机关核定的期限内缴纳土地增值税。"(国务院令第138号)

补缴税款的期限由当地税务机关确定。具体包括:3日、10日、15日、90日等。

各地政策

北京规定,纳税人应自接到《土地增值税清算核准通知书》后三个工作日内缴纳税款。(京地税地〔2009〕267号,第三条)

大连规定,纳税人在接到《房地产开发项目土地增值税清算结论通知书》后10个工作日内,办理税款补缴或者退还手续。[大地税函〔2007〕200号,第一条第(四)项]

宁夏规定,对纳税人按照规定应进行土地增值税清算,纳税人应当在达到清算条件之日起90日内向主管税务机关办理清算手续,并结清税款。[宁政发〔2015〕43号,第四条第(五)项]

湖北规定,纳税人应当自收到土地增值税纳税清算结论或《应纳税款核定通知书》之日起15日内到主管地方税务机关办理土地增值税税款的补缴(或退税)手续。(鄂地税发〔2008〕207号,第二十四条)

贵州规定,房地产开发企业应当在收到主管地方税务机关出具的清算审核意见次月的纳税申报期内办理补(退)税手续。(贵州省地方税务局公告2016年第13号,第二十七条)

海南规定,主管税务机关应在出具土地增值税清算结论之日起5个工作日内下达《土地增值税清算缴款通知书》,清算税款缴纳期限自通知书下达之日起起算不得超过90日,具体时限由各市县区局自行确定。(琼地税发〔2014〕205号,第六条)

辽宁规定,对进行土地增值税清算后应补缴税款的纳税人,自主管地方税务机关清算审核完毕之日起15个工作日内到主管地方税务机关缴纳税款。(辽地税发〔2007〕102号,第二十三条)

5. 直接转让土地如何缴纳土地增值税

政策解读

直接转让土地缴纳土地增值税的处理方法有：一是一般转让土地使用权不得核定征收；二是转让土地使用权据实征收时不能按土地成本的评估价扣除；三是未进行土地开发直接转让的，土地成本不得加计扣除；四是只做了土地的简单开发后转让的，土地开发的成本可以加计扣除，但土地成本不得加计扣除。

各地政策

上海规定，关于企业(不包括房地产开发企业，下同)转让土地使用权计征土地增值税时，按沪地税地(1995)52 号文件《关于企业置换土地使用权税收处理问题的规定》第二点，可扣除补缴土地出让金(指由企业支付，如属于受让方支付的不得扣除)、市政“七通一平”费用和销售税金后的余额，按分档税率计征。现经研究，还可扣除企业的基准地价，如还未核定基准地价的，应根据国家税务总局、国家土地管理局《关于土地增值税若干征管问题的通知》规定，以评估地价扣除。对机关、人民团体、事业单位转让土地使用权比照本规定办理。(沪地税地〔1998〕13 号)

土地使用者转让、抵押或置换土地，无论其是否取得了该土地的使用权属证书，无论其在转让、抵押或置换土地过程中是否与对方当事人办理了土地使用权属证书变更登记手续，只要土地使用者享有占有、使用、收益或处分该土地的权利，且有合同等证据表明其实质转让、抵押或置换了土地并取得了相应的经济利益，土地使用者及其对方当事人应当依照税法规定缴纳营业税、土地增值税和契税等相关税收。(沪地税法〔2007〕2 号)

青岛规定，取得土地使用权后未进行任何形式的开发即转让的，其扣除项目如下：(1)取得土地使用权所支付的金额和按国家统一规定交纳的有关费用，包括契税；(2)与转让土地使用权有关的税金，包括税金及附加。(青岛市地方税务局公告 2016 年第 1 号，第五十九条，已废止；青岛地方税务局公告 2018 年第 4 号)

取得土地使用权后进行了实质性的土地整理、开发，但未建造房屋即转让土地使用权的，其扣除项目如下：(1)取得土地使用权所支付的金额和按国家统一规定交纳的有关费用，包括契税；(2)开发土地的成本；(3)加计开发土地成本的 20%；(4)与转让土地使用权有关的税金，包括税金及附加。(青岛市地方税务局公告 2016 年第 1 号，第六十条，已废止；青岛市地方税务局公告 2018 年第 4 号)

大连规定，纳税人直接转让土地使用权的，原则上不应定率核定征收土地增值税，如纳税人直接转让土地使用权的土地增值税无法查账征收的，主管税务机关报经市局同意后，可采取其他征收方式。［大地税函〔2007〕200 号，第一条第（六）项］

宁波规定，直接转让土地使月权的一律按实清算，不适用核定征收办法。［甬地税二〔2009〕104 号，第一条第（五）项］

重庆规定，（1）对取得土地（不论是生地还是熟地）使用权后，未进行任何形式的开发即转让的，只允许扣除取得土地使用权时支付的地价款和交纳的有关费用，以及在转让环节缴纳的税金。（2）对取得土地使用权后，仅进行土地开发（如“三通一平”等），不建造房屋即转让土地使用权的，允许扣除取得土地使用权时支付的地价款、交纳的有关费用、开发土地所需成本以及在转让环节缴纳的税金，再按开发土地所需成本的 20％予以加计扣除。加计扣除计算基数不包括取得土地使用权时支付的地价款。（3）对取得房地产产权后，未进行任何实质性的改良或开发即转让的，只允许扣除取得房地产产权时支付的价款、交纳的有关费用以及在转让环节缴纳的税金。（4）对取得土地使用权后进行房地产开发建造的，允许扣除取得土地使用权时支付的地价款、交纳的有关费用、开发土地和新建房及配套设施的成本、规定的房地产开发费用以及转让房地产有关的税金，并按实施细则的规定准予加计 20％扣除。（渝地税发〔2011〕221 号，第一条）

贵州规定，房地产开发企业取得土地使用权后投入资金，将生地变为熟地转让的，其扣除项目总金额按取得土地使用权所支付的金额、房地产开发成本、与转让房地产有关的税金和加计房地产开发成本的 20％进行确认。［贵州省地方税务局公告 2016 年第 13 号，第五十三条第（二）项］

房地产开发企业取得国有土地使用权后，未进行开发即直接转让的，不得核定征收土地增值税。（贵州省地方税务公告 2016 年第 13 号，第五十八条）

江西规定，单纯转让土地的，原则上按土地增值税有关规定据实征收。（赣地税发〔2008〕76 号，第六条）

新疆规定，（1）对于单纯从事地皮买卖，而不进行开发的纳税人，不允许加计 20％的扣除。（2）对于把生地进行开发变成熟地后再进行转让的，可就其取得土地使用权所支付的金额和开发土地的成本之和加计 20％的扣除。（新地税三〔1997〕27 号，第六条）

海南规定，纳税人受让土地使用权后未进行任何开发再销售的，据实计征土地增值税。（琼地税函〔2007〕356 号，第九条）

（1）对于取得土地使用权后直接再转让的，应据实征收土地增值税。对取得土地使用权时未支付地价款或不能提供已支付的地价款合法有效凭据的，原则上不允许扣除取得土地使用权所支付的金额。（2）对通过政府出让方式取得土地使用权的，未能提供取得土地使用权所支付的地价款原始凭据，但能提供政府相关部门的文件、协议、合同或相应合法有效凭据，并已缴清受让环节相关税费的，计征土地增值税时，其实际支付的地价款可结合土地出让合同或其他证明材料上记载的金额予以确认。（琼地税发

〔2014〕205 号,第五条)

河南规定,所有纳税人转让“土地”的一律按查账方式征收土地增值税。转让土地是指转让国有土地使用权或以转让国有土地使用权为主(建筑物占总售价的 30%以内)的行为。[河南省地方税务局公告 2011 年第 10 号,第一条第(四)项]

广东规定,纳税人直接转让国有土地使用权的,原则上不得核定征收。(广东省地方税务局公告 2014 年第 3 号,第三十七条)

深圳规定,对转让土地使用权,无论其持有年限有多长,均不能以评估价作为扣除项目。[深地税发〔2006〕454 号,第一条第(一)项]

6. 在建工程转让和开发如何计算土地增值税

政策解读

转让在建工程扣除主要问题在于是否可以加计扣除,以及加计扣除的范围。

“对从事房地产开发的纳税人,可按取得土地使用权所支付的金额与房地产开发成本之和加计 20%的扣除。”(国税函发〔1995〕110 号)

转让在建工程是否属于从事房地产开发,若属于从事房地产开发则可以加计扣除,若不属于从事房地产开发则不得加计扣除。主要做法有两种:一种是转让在建工程时允许加计扣除,后续再次开发时,除了新投入的房地产开发成本可以加计扣除之外,已经加计扣除的在建工程发票金额不能重复加计扣除;另一种做法是转让在建工程时不允许加计扣除,后续再次开发时,可按照转让在建工程发票金额和新投入的房地产开发成本之和加计扣除。

总而言之,处理思路是不能重复加计扣除。

各地政策

青岛规定,对房地产开发企业整体购买未竣工的房地产开发项目,投入资金继续建设后转让,其扣除项目如下:(1)取得未竣工房地产所支付的价款和按国家统一规定交纳的有关费用;(2)改良开发未竣工房地产的成本;(3)房地产开发费用(房地产开发企业购买未竣工房地产开发项目发生的金额不作为计算房地产开发费用扣除的基数);(4)转让房地产环节缴纳的有关税金,包括营业税金及附加;(5)加计改良开发未竣工房地产成本的百分之二十。(青岛市地方税务局公告 2018 年第 4 号,第十三条)

天津规定,受让的在建工程再转让进行土地增值税清算时,取得在建工程支付的金额,能提供合法有效凭证的,允许据实扣除,但不能加计扣除,后续投入的各项开发成本及费用按照土地增值税清算的有关规定处理。(天津市地方税务局公告 2016 年第 25

号,第七条)

大连规定,纳税人整体购置未竣工房地产开发项目后,再投资建设后转让的,在清算土地增值税时,其整体购置未竣工房地产开发项目的价款可作为加计 20%扣除的基数,但未经投资、建设而直接转让的,不得加计扣除。[大地税函〔2008〕188 号,第一条第(五)项]

浙江规定,房地产开发企业购买在建房地产开发项目后,继续投入资金进行后续建设,达到销售条件进行商品房销售的,其购买在建项目所支付的价款及税金允许扣除,但不得作为土地成本和房地产开发成本加计 20%扣除以及房地产开发费用按比例计算扣除的基数。后续建设支出的扣除项目处理按照《中华人民共和国土地增值税暂行条例》第六条及其实施细则第七条相关规定执行。(浙江省地方税务局公告 2014 年第 16 号,第四条)

海南规定,房地产开发企业购进整栋楼或整层楼(已取得房产证),进行重新改建或扩建后再销售的,若能同时提供规划和建设主管部门核发的"建设工程规划许可证"和"建筑工程施工许可证",证明该项目属改建或扩建的房地产项目的,视同房地产开发企业从事房地产开发,适用有关的土地增值税政策。(琼地税函〔2007〕356 号,第三条)

7. 与转让房地产有关的税金

政策解读

"与转让房地产有关的税金,是指在转让房地产时缴纳的营业税、城市维护建设税、印花税。因转让房地产交纳的教育费附加,也可视同税金予以扣除。"(财法字〔1995〕6 号)

与转让房地产有关的税金,一是指在转让环节的税金,而不包括开发房地产期间发生的土地使用税、房产税等;二是增值税属于价外税,不包括在与转让房地产有关的税金范围内,原营业税属于扣除范围;三是转让房地产时的印花税包括在内,开发房地产期间发生的印花税不包括在内;四是教育费附加视同税金扣除,地方教育附加未明文列举扣除,各地实操不同。

各地政策

厦门规定,土地增值税清算时未转让的房地产,清算后销售或有偿转让产生的有关的税金在计算土地增值税时不得扣除。(厦门市地方税务局公告 2011 年第 5 号,第二条)

天津规定,在转让房地产开发项目时缴纳的营业税、城市维护建设税(以下简称"城

建税”)、教育费附加可据实扣除。(1)营改增前,计算土地增值税增值额的扣除项目中“与转让房地产有关的税金”包括营业税。(2)营改增后,计算土地增值税增值额的扣除项目中“与转让房地产有关的税金”不包括增值税。(3)营改增后,房地产开发企业实际缴纳的城建税、教育费附加,凡能够按清算项目准确计算的,允许据实扣除。凡不能按清算项目准确计算的,则按该清算项目预缴增值税时实际缴纳的城建税、教育费附加扣除。(天津市地方税务局公告 2016 年第 25 号,第六条)

广州规定,营改增后“与转让房地产有关的税金”不含转让房地产时缴纳的增值税。(穗地税函〔2016〕188 号,第一条)

第九章
清算后再转让房地产

1. 清算后再转让房地产如何进行项目管理

政策解读

清算后剩余的房地产往往疏于监控。开发商再销售时，在国土部门过户属于销售一手房，土地增值税采取先过户后缴税的办法，属于监管薄弱环节。

各地政策

青岛规定，主管税务机关出具土地增值税清算税款结论后，应根据相关规定跟踪监控销售剩余开发产品应缴纳的土地增值税。[青岛市地方税务局公告 2018 年第 4 号，第十四条第(四)项]

2. 清算后再转让房地产是否区分房地产类型

政策解读

清算后再转让房地产时对分类型计算增值额的做法应保持与预征、清算时一致，若采取核定方式缴纳土地增值税的，其房地产类型的划分也应与清算时和清算后保持一致。

各地政策

广州规定，对后续转让的房地产，应区分普通住宅和其他项目分别计算增值额、增值率，征收土地增值税。(穗地税函〔2015〕146 号，第二条)

3. 清算后再转让房地产的纳税期限

政策解读

清算后再转让房地产的纳税期限有按月、按季度、按次三种做法，具体申报日期有

10日内和15日内两种做法。

各地政策

北京规定，清算后再转让房地产的纳税人应在每季度终了后15日内进行纳税申报(含零申报)。[北京市地方税务局公告2016年第7号，第四十六条第(一)项]

广州规定，后续转让的房地产，可按月合并申报缴纳土地增值税。[穗地税函(2015)146号，第二条第(五)项]

贵州规定，清算后再转让的，房地产开发企业应当按月区分"普通住宅"和"其他类型房地产"分别计算并申报缴纳土地增值税。(贵州省地方税务局公告2016年第13号，第五十九条)

安徽规定，土地增值税清算时未转让的房地产，清算后销售或有偿转让的(以下简称清算后转让的)，纳税人应按月汇总进行土地增值税纳税申报。(安徽省地方税务局公告2017年第6号，第四十八条)

纳税人在土地增值税清算时未转让的房地产，清算后销售或有偿转让的，纳税人应在销售或有偿转让的次月10日前办理土地增值税申报纳税。(皖地税〔2007〕39号，第五条)

大连规定，房地产开发企业在土地增值税清算时未转让的房地产，清算后销售或有偿转让的，企业应于房地产销售合同签订次月，按照合同约定金额缴纳土地增值税，应区分普通标准住宅、非普通标准住宅和非住宅计算应纳税额。清算后再转让房地产的，纳税人应于每月终了后10日内，向主管税务机关申报缴纳土地增值税。[大连市地方税务局公告2014年第1号，第十一条第(三)项]

厦门规定，(1)纳税人清算后再转让房地产应当按月区分不同房地产类型分别计算增值额、增值率，缴纳土地增值税。(2)纳税人清算后再转让房地产的，对于买卖双方签订的房地产销售合同有约定付款日期的，纳税义务发生时间为合同签订的付款日期的当天;对于对采取预收款方式的，纳税义务发生时间为收到预收款的当天。(厦门市地方税务局公告2016年第7号，第四十七条、第四十八条)

重庆规定，清算后转让房产土地增值税应按月计算，于次月征收期内申报缴纳;清算后转让房产涉及上述后续扣除的，土地增值税应按月预缴、按年计算，于年度终了后十五日内申报，在主管税务机关规定的期限内缴纳。[重庆市地方税务局公告2014年第9号，第一条第(五)项第三点]

浙江规定，对纳税人在清算审核结束后发生的房地产转让收入，按清算后再转让规定计算土地增值税，并在次月15日内向主管地税机关报送《土地增值税已清算项目后续销售纳税申报表》。[浙江省地方税务局公告2015年第8号，第一条第(二)项第三点]

4. 清算后再销售如何计算土地增值税

政策解读

“在土地增值税清算时未转让的房地产，清算后销售或有偿转让的，纳税人应按规定进行土地增值税的纳税申报，扣除项目金额按清算时的单位建筑面积成本费用乘以销售或转让面积计算。单位建筑面积成本费用＝清算时的扣除项目总金额÷清算的总建筑面积。”（国税发〔2006〕187 号）

清算后再销售房地产的几个问题：一是未规定申报的期限是按月申报还是按季申报，又或是按次申报；二是未规定清算时扣除项目总金额是否包括清算时与转让房地产有关的税金；三是对采取核定方式清算的，清算后再转让房地产未明确应保持核定征收方式不变。

各地政策

北京规定，清算后再转让房地产应当区分普通住宅和其他商品房分别计算增值额、增值率，缴纳土地增值税。[北京市地方税务局公告 2016 年第 7 号，第四十六条第（二）项]其中：“本次清算扣除项目总金额”不包括纳税人进行清算时扣除的与转让房地产有关的税金。[北京市地方税务局公告 2016 年第 7 号，第四十六条第（三）项]

纳税人在清算审核期间转让的房地产，扣除项目金额以本次清算确认的单位建筑面积成本费用乘以转让面积计算。纳税人应按照该方法计算清算审核期间转让房地产对应的税款，与本次清算税款合并后，一并申报缴纳。（北京市地方税务局公告 2016 年第 7 号，第四十七条）

广州规定，“清算时的扣除项目总金额”应是清算的房地产开发项目或分期项目中，经主管税务机关审核确认允许扣除的扣除项目金额；“清算的总建筑面积”应是清算的房地产开发项目或分期项目中，经主管税务机关审核确认已转让房地产的建筑面积。根据《广州市地方税务局关于明确土地增值税征管工作有关问题的通知》（穗地税函〔2015〕146 号，第二条，广州市地方税务局公告 2015 年第 19 号废止）的规定，在土地增值税清算时未转让的房地产，清算后销售或有偿转让的（简称后续转让），纳税人应按规定进行土地增值税申报，扣除项目金额按清算时的单位建筑面积成本费用乘以销售或转让面积计算，其中：单位建筑面积成本费用＝清算时已售部分的扣除项目金额÷已售建筑面积。（穗地税函〔2015〕146 号，第二条）

山西规定，清算后销售或有偿转让未使用及使用年限在一年以内的房地产的，纳税人应当按规定进行土地增值税纳税申报，收入按实际取得的收入计算，扣除项目金额按

清算时的单位建筑面积成本费用乘以销售或转让面积计算。(山西省地方税务局公告 2014 年第 3 号,第八条)

青岛规定,主管税务机关出具土地增值税清算税款结论后,房地产开发企业取得的转让房地产收入,应当按月区分普通住宅和非普通住宅分别计算增值额、增值率,缴纳土地增值税。次月十五日内向主管税务机关申报缴纳土地增值税,其扣除项目总金额按清算时的单位建筑面积扣除项目金额乘以销售或转让面积,加转让环节税金计算。其中单位建筑面积扣除项目金额的计算公式如下:单位建筑面积扣除项目金额=清算时的扣除项目总金额÷清算的总建筑面积。上述公式中,清算时的扣除项目总金额不包括与转让房地产有关的税金。(青岛市地方税务局公告 2016 年第 1 号,第六十二条,已废止;青岛市地方税务局公告 2018 年第 4 号)

贵州规定,(1)清算后再转让的,房地产开发企业应当按月区分"普通住宅"和"其他类型房地产"按下列方法分别计算并申报缴纳土地增值税:(2)单位建筑面积成本费用=(清算时的扣除项目总金额-清算时已扣除的与转让房地产有关的税金及附加)÷清算的总建筑面积,"单位建筑面积成本费用"是指清算时已售建筑面积和允许扣除的不可售建筑面积之和的单位成本费用:"清算的总建筑面积"是指清算时已售建筑面积和允许扣除成本费用的不可售建筑面积之和。(贵州省地方税务局公告 2016 年第 13 号,第五十九条)

重庆规定,(1)查账征收方式清算后转让房产(简称清算后转让房产),应分房产类型确定单位建筑面积成本费用额,以此计算清算后转让扣除额,公式如下:单位建筑面积成本费用额=清算成本费用额(不含转让房产有关税金及附加)÷清算可售建筑面积,清算后转让扣除额=单位建筑面积成本费用额×本期转让面积+本期转让房产有关税金及附加。(2)清算时因未取得合法有效凭证,而未能认定的成本项目(简称未定成本项目),清算后取得合法有效凭证的,应分房产类型归集"后续成本额",可在计算当期清算后转让房产应纳税额时后续扣除,公式如下:单位建筑面积成本费用额=清算认定(或上期累计)"单位建筑面积成本费用额"+本期"后续成本额"÷清算可售建筑面积,清算后转让扣除额=单位建筑面积成本费用额×本期转让面积+本期转让房产有关税金及附加。纳税人在清算申报时应对"未定成本项目"进行附加说明,主管税务机关在清算审核时一并核实确认,否则相关成本不予以后续扣除。(重庆市地方税务局公告 2014 年第 9 号,第一条)

海南规定,在土地增值税清算时未转让的房地产,清算后销售或有偿转让的,纳税人应按规定进行土地增值税的纳税申报,其销售收入的确认应遵循以下原则:(1)采取一次性全额收款或分期收款方式销售开发产品的,于实际收讫首笔价款或取得索取营业收入款项凭据的当天确认收入的实现,并按照合同约定的总价款确定销售收入。(2)采取银行按揭方式销售开发产品的,于销售合同或协议约定收取首付款之日确认收入的实现，并按合同约定的总价款确定销售收入。(3)采取委托方式销售开发产品的，按以下原则确认收入的实现：①采取支付手续费方式委托销售开发产品的，按销售合同或协议中约定的价款于收到受托方已销开发产品清单之日确认收入的实现，并按合同约定的总价款确定销售收入。②采取视同买断方式委托销售开发产品的，于收到受托方已销开发产品清单之日确认收入的实现，并按销售合同或协议约定的价格和买断价格孰高原则确定销售收入。③采取基价(保底价)并实行超基价双方分成方式委托销售开发产品的，应于收到受托方已销开发产品清单之日确认收入的实现，并按销售合同或协议约定的价格和保底价孰高原则确认销售收入。(琼地税函〔2015〕917 号，第十二条)

在土地增值税清算时未转让的房地产，清算后销售或有偿转让的，纳税人应按规定进行土地增值税的纳税申报，扣除项目金额分别按清算时的普通住宅、非普通住宅单位建筑面积成本费用乘以销售或转让面积计算。(琼地税函〔2015〕917 号，第十一条)

黑龙江规定，在土地增值税清算时未转让的房地产，清算后销售或有偿转让的，纳税人应按规定进行土地增值税的纳税申报。其中对于以查账方式进行清算的项目，扣除项目金额按清算时的单位建筑面积成本费用(剔除与转让房地产有关的税金)乘以销售或转让面积，加上本次转让时与转让房地产有关的税金计算；对于以核定征收方式进行清算的项目，按再转让房地产所取得的收入，乘以该项目清算审核时确定的核定征收率计算。(黑龙江地方税务局公告 2016 年第 1 号，第十二条)

5. 清算后再发生支出能否二次清算

政策解读

能否二次清算在法律条文上没有明确规定，主要依托于税务机关的申报征收信息系统是否支持二次清算。实际操作中，纳税人自行清算申报缴款后，主管税务机关清算审核时发现纳税人需要补缴税款的，在规定期限内更正申报不需缴纳滞纳金，超过规定期限补缴税款的，按规定加收滞纳金。

各地政策

北京规定，纳税人在项目完成清算后继续支付并取得合法有效凭证的成本和费用，主管税务机关可根据实际情况重新调整扣除项目金额，但原则上应在项目全部销售完毕时进行调整。(京地税地〔2007〕325 号，第五条)

广州规定，在部分分期项目已完成清算后发生的，但属于全体项目共同受益的公共配套设施费，只在未完成清算的分期项目之间计算分摊，已完成清算的分期项目不再参

与分摊。[穗地税函〔2014〕175号,第五条第(三)项]

青岛规定,房地产开发企业有下列情形之一的,可在自收到清算结论后3年内向主管税务机关进行申报,经主管税务机关审核属实的,调整清算申报审查结论:(1)清算申报审核完毕的开发项目又发生成本、费用的;(2)取得清算申报时尚未取得的扣除项目相关凭证的。(青岛市地方税务局公告2016年第1号,第六十五条,已废止;青岛市地方税务局公告2018年第4号)

湖北规定,纳税人在项目完成清算后继续支付并取得合法、有效凭证的成本和费用,主管税务机关可根据实际情况重新调整扣除项目金额,但该调整应在项目全部销售完毕后进行。(鄂地税发〔2008〕207号,第二十五条)

纳税人达到清算条件并进行土地增值税清算后,继续支付并取得合法、有效凭证的支出,可申请二次清算,但必须是所有成本、费用均已全部发生完毕。主管税务机关可根据实际情况重新调整扣除项目金额并调整应纳土地增值税税额,二次清算后,纳税人不得再要求进行土地增值税清算。(鄂地税发〔2013〕44号,第九条)

内蒙古规定,房地产开发企业在申报期内未能取得建筑业发票或施工单位建筑业完税凭证的,主管地税机关可责令限期内提供合法有效凭证,对限期内仍然不能提供合法有效凭证的,主管地税机关可采取核定征收清算土地增值税。(内地税字〔2014〕159号,第六条)

广西规定,对房地产项目销售尚未结束前已清算,其后继续发生收支并取得合法有效凭证成本和费用的,可在项目销售结束之后据实进行重新调整。不能提供合法有效凭证的,不予扣除。(桂地税发〔2008〕44号,第四条)

6. 清算前发生补、退款的处理

政策解读

清算前发生的补、退款或面积调整,可在清算时调整相应的收入或分摊面积。

各地政策

北京规定,已全额开具发票的,按照发票所载金额确认收入;未开具发票或未全额开具发票的,以交易双方签订的销售合同所载的售房金额及其他收益确认收入。销售合同所载商品房面积与有关部门实际测量面积不一致,在清算前已发生补、退房款的,应在计算土地增值税时予以调整。[北京市地方税务局公告2016年第7号,第二十九条第(一)项]

广州规定,(1)退还属于办理清算手续前收取的房款,不调减清算总建筑面积的,应根据所对应的房地产类型调减土地增值税计税收入，计算和抵退多缴的土地增值税。(2)退还属于办理清算手续前收取的房款，调减清算总建筑面积的，应根据所对应的房地产类型分别调减土地增值税计税收入和按单位建筑面积成本费用计算的扣除项目金额，计算和抵退多缴的土地增值税。(穗地税函〔2012〕198 号，第十八条)

贵州规定，土地增值税清算时，已全额开具发票的，按照发票所载金额确认收入；未开具发票或未全额开具发票的，以交易双方签订的销售合同所载的售房金额及其他收益确认收入。销售合同所载商品房面积与有关部门实际测量面积不一致，在清算前已发生补、退房款的，应在计算土地增值税时予以调整。(贵州省地方税务局公告 2016 年第 13 号，第二十九条)

宁波规定，土地增值税清算时，已全额开具商品房销售发票的，按照发票所载金额确认收入；未开具发票或未全额开具发票的，以交易双方签订的销售合同所载的售房金额及其他收益确认收入。销售合同所载商品房面积与有关部门实际测量面积不一致，在清算前已发生补、退房款的，应在计算土地增值税时予以调整。(甬地税二〔2010〕106 号，第一条)

安徽规定，土地增值税清算时，已全额开具发票的，按照发票所载金额确认收入；未开具发票或未全额开具发票的，以交易双方签订的销售合同所载的售房金额及其他收益确认收入。销售合同所载商品房面积与有关部门实际测量面积不一致，在清算前已发生补、退房款的，应在计算土地增值税时予以调整。[安徽省地方税务局公告 2017 年第 6 号，第三十三条第(一)项]

7. 清算后发生退款能否退税

政策解读

房地产已经过户并已办理清算手续，出现退房的，因房地产权属已经发生转移，无法执行回转，所以已缴纳的土地增值税无法退税。若仅发生退款或面积差错减少面积，而房地产权属无需发生变化的，应按规定办理退税。

各地政策

广州规定，(1)退还属于办理清算手续前收取的房款，不调减清算总建筑面积的，应根据所对应的房地产类型调减土地增值税计税收入，计算和抵退多缴的土地增值税。(2)退还属于办理清算手续前收取的房款，调减清算总建筑面积的，应根据所对应的房地产类型分别调减土地增值税计税收入和按单位建筑面积成本费用计算的扣除项目金额，计算和抵退多缴的土地增值税。(穗地税函〔2012〕198 号，第十八条)

第十章
旧房转让土地增值税

1. 什么是土地增值税政策所指的旧房

政策解读

“新建房是指建成后未使用的房产。凡是已使用一定时间或达到一定磨损程度的房产均属旧房。使用时间和磨损程度标准可由各省、自治区、直辖市财政厅(局)和地方税务局具体规定。”(财税字〔1995〕48 号)

国土部门规定的新房和土地增值税政策规定的新建房是有差异的。土地增值税各地执行标准中,执行尺度若从宽规定,则房地产开发企业开发的产品出租或自用达到一定程度时,也可以认定为旧房。

各地政策

青岛规定,(1)房地产开发企业纳税人建造商品房,已自用或出租使用年限在一年(满 12 个月)以上再出售的,为旧房,其转让适用旧房转让土地增值税政策。“自用或用于出租”是指同时满足下列条件:①将开发产品转作开发企业固定资产的;②从自用或用于出租之日起连续使用年限一年以上(含一年)的。(2)非房地产开发企业自建房屋,使用超过 2 年(含 2 年)转让的,为旧房,其转让适用旧房转让土地增值税政策。自建房使用时间超过 2 年(含 2 年)是指竣工验收时间至转让合同签订时间超过 2 年。(3)对单位或个人购买新房再转让的,不论其是否使用,均作为旧房。(青财税〔2016〕19 号,第一条)

天津规定,房地产开发企业转让取得房地权证的自建商品房,不论使用时间和磨损程度如何,凡签署存量房买卖合同(协议)的均属于存量房,按存量房转让计征土地增值税。(天津市地方税务局公告 2016 年第 22 号,第十条)

安徽规定,凡是已使用一定时间达到一定磨损程度的房产均属于旧房。并应包括:(1)新建成的房产使用时间满一年的,在转让时应作为旧房;(2)购买新房再转让的,不论其是否使用,均作为旧房;(3)个人新建房产转让,不论其建成后使用时间长短,均作

为旧房。（皖地税政三字〔1997〕277 号，第七条）

对房地产开发项目中的房地产，纳税人出租、自用或借予他人使用超过 1 年的，转让时应按销售旧房处理。（安徽省地方税务局公告〔2017〕年第 6 号，第四十九条）

重庆规定，以下情形房产，再转让属于转让旧房：(1)单位和个人对外取得（购置、接收投资、抵债、受赠、交换等）的房产；(2)房地产企业以外的其他单位和个人建造的房产；(3)房地产企业建造房产已转为固定资产或投资性房地产。［重庆市地方税务局公告 2014 年第 9 号，第二条第（一）项］

海南规定，二手房、房地产开发企业所开发的商品房已转为自用，作为固定资产核算的房产、非房地产开发企业自建自用超过一年的房产，均适用转让旧房的土地增值税政策。（琼地税发〔2009〕104 号，第二条）

湖北规定，对房地产开发企业转让已自用（包括出租使用）年限在一年以上再出售的房地产项目，应按照转让旧房及建筑物的有关规定缴纳土地增值税。（鄂地税发〔2008〕207 号，第二条）

湖南规定，新建非商品房取得房屋所有权证后、新建商品房实现销售（或视同销售）取得房屋所有权证（或办理房屋产权登记）后，即为旧房，转让时按照旧房的有关规定征收土地增值税。（湘财税〔2015〕13 号，第一条）

原《湖南省财政厅　湖南省地方税务局转发财政部国家税务总局关于土地增值税一些具体问题规定的通知》（湘财〔1995〕财税字第 213 号）中的“凡新建房交付使用后，不论时间长短和磨损程度如何，均为旧房”“新建房从竣工之日起一年（12 个月）内，尚未转让的亦视同旧房”已作废。

新疆规定，未使用或使用未超过五年的房屋为新建房。（新地税三〔1997〕27 号，第二条）

《新疆维吾尔自治区地方税务局关于修订土地增值税若干政策问题部分条款的公告》第九条修订为，新建房是指建成后未交付使用（自用及出租）的房产。凡已交付使用，不论时间长短或磨损程度大小均属于旧房。《新疆维吾尔自治区地方税务局关于废止土地增值税若干政策问题公告的公告》均将以上涉及文件废止。

云南规定，房地产开发企业建造商品房，已自用或出租使用年限在 2 年以上（不含 2 年）再出售的，应按照转让旧房及建筑物的政策规定缴纳土地增值税，不再列入土地增值税清算的范围。［云地税发〔2007〕180 号，第三条第（四）项］

凡是建成后未使用或者使用时间在 2 年以内的，属新建房；凡使用时间超过 2 年的属旧房。（云财税政字〔1995〕18 号，第一条）

浙江规定，凡新建完工可投入使用的房产为新建房，新建房连续使用一年以上或未使用三年以上的房产视作旧房。（浙地税〔1995〕38 号，第五条）

辽宁规定，房地产开发企业纳税人建造商品房，已自用或出租使用年限在一年以上

再出售的，应按照转让旧房及建筑物的政策规定缴纳土地增值税，不再列入土地增值税清算的范围。（辽地税发〔2007〕102 号，第七条）

山西规定，清算后再销售或转让使用年限超过一年以上房地产的，应当按照转让旧房及建筑物的政策规定计算缴纳土地增值税。（山西省地方税务局公告 2014 年第 3 号，第八条）

江苏规定，房地产开发企业建造的商品房（不含已列入固定资产或作为投资性房地产的房屋），应按照转让新建房的政策规定缴纳土地增值税。非房地产开发企业自建房屋，自房屋竣工之日起 3 年内（含）转让的，可按照转让新建房的政策规定缴纳土地增值税。（苏地税规〔2015〕8 号，第六条）

深圳规定，从房地产二级市场购入、自建房使用超过 1 年（不含 1 年）的房产以及从房地产三级市场购入的房产，其转让适用旧房转让土地增值税政策。从房地产三级市场购买的房产再转让不受 1 年时间限制。自建房使用时间超过 1 年是指竣工验收时间至转让合同签订时间超过 1 年。从房地产二级市场购入时间超过 1 年是指购买合同签订时间至转让合同签订时间超过 1 年。（深圳市地方税务局公告 2015 年第 1 号，第四十七条）

2. 旧房转让的起止时间

政策解读

“计算扣除项目时‘每年’按购房发票所载日期起至售房发票开具之日止，每满 12 个月计一年；超过一年，未满 12 个月但超过 6 个月的，可以视同为一年。”（国税函〔2010〕220 号）

取得发票时间和购房合同签订时间往往不一致。特别是新房销售的发票开具时间往往滞后于购房合同签订日期。此外，购房发票所载日期有两个，一是发票开具时间，二是发票注明的购房合同时间。若执行尺度从宽，采用购房合同时间对纳税人更有利。

各地政策

北京规定，纳税人转让旧房按照发票所载金额计算扣除项目时分次取得购房发票的，可按取得首张发票所载时间作为购买年度。（北京市地方税务局公告 2010 年第 2 号，第二条）

宁波规定，“已转让的房地产”转让确认时间以房地产销售发票开具时间为准。（甬地税二〔2010〕106 号，第十三条）

计算扣除项目时“每年”按购房发票所载日期起至售房发票开具之日止。（甬地税

二〔2010〕106 号，第十四条）

深圳规定，购买时间和转让时间以房地产转让合同记载的时间为准。（深圳市地方税务局公告 2015 年第 1 号，第五十一条）

3. 投资作价入股如何计算土地增值税

政策解读

投资作价入股无法享受财税〔2018〕57 号文减免的，应按规定缴纳土地增值税，其扣除项目按照历史成本确认，转让价款的确认有两种方法：一是有商业实质的按照市场价格确认收入；二是无商业是指的按照账面价值确认收入。

国税发〔2006〕187 号文第三条规定，房地产开发企业将开发产品用于职工福利、奖励、对外投资、分配给股东或投资人、抵偿债务、换取其他单位和个人的非货币性资产等，发生所有权转移时应视同销售房地产，其收入按同期同类平均价格、市场价格或评估价格确认。该条文并未包括作价入股的方式。该条文的“等”解释权在发文部门，各地不能自行随意扩大解释。

各地政策

重庆规定，（1）对以土地（房地产）作价入股进行投资的，凡所投资的企业从事房地产开发的，发生所有权转移时应视同销售土地（房地产），按有关规定，计算缴纳土地增值税。（2）被投资企业接受上述投资房地产时，可按作价入股价值确认接受的房地产成本，并报主管税务机关备案。（渝地税发〔2011〕221 号，第三条）

4. 旧房转让据实计算

政策解读

旧房转让默认采取据实征收的方式。据实征收的计算方法和顺序如下：一是重置成本评估法；二是原购房发票加计扣除法（取得方式为购入）或土地成本加建安成本扣除（自建房出售）。

各地政策

广州规定，对纳税人以购买或者抵债形式取得的房产，并能提供契税完税证的，可参考上一环节契税完税证确定的计税金额核定其扣除项目金额。［穗地税函〔2013〕152

号,第二条第(二)项]

纳税人转让旧房的扣除项目金额包括房屋建筑物的评估价格、取得土地使用权所支付的地价款和按国家统一规定缴纳的有关费用以及在转让环节缴纳的税金。其中,对取得土地使用权所支付的地价款,纳税人应提供国土房管部门出具的相关凭据确定,不能提供的,可参照取得土地使用权时的基准地价确定。(穗地税函〔2014〕175 号,第七条)

贵州规定,(1)取得房地产时有效发票所载的金额;(2)按发票所载金额从购买年度起至转让年度止每年加计 5%的金额;(3)按国家规定统一交纳的与转让房地产有关税金;(4)取得房地产时所缴纳的契税。(黔地税发〔2007〕141 号,第一条)

纳税人转让旧房及建筑物(不含普通住宅),不能提供购房发票,但能够提供房地产评估机构按照重置成本评估法评定的房屋及建筑物价格评估报告的,扣除项目金额按以下标准确认:(1)取得国有土地使用权时所支付的金额证明;(2)中介机构评定的房屋及建筑物价格(不包括土地评估价值),需经主管地方税务机关对评定的房屋及建筑物价格进行确认;(3)按国家规定统一交纳的与转让房地产有关的税金和价格评估费用。(黔地税发〔2007〕141 号,第二条)

山东规定,纳税人转让旧房及建筑物,凡不能取得评估价格,但能提供购房发票的,可按发票所载金额从购买年度起至转让年度止每年加计 5%计算,对纳税人购房时缴纳的契税,凡能提供契税完税凭证的,准予作为"与转让房地产有关的税金"予以扣除,但不作为加计 5%的基数。(鲁财税〔2007〕35 号,第二条)

重庆规定,纳税人转让旧房计算房产扣除额可选择以下两种方式:(1)由评估机构以"成本法"评估建筑物重置成本,乘以"成新度折扣率",计算建筑物评估价格,同时提供取得土地支付价款的凭据,合并计入房产扣除额。(2)提供购置房产相关凭据(发票;支付凭据及其合同协议或司法文书),确定购置成本和购置年度,按购置成本额并每年加计 5%计入房产扣除额。"每年"指从购置月份起至办理权属转让手续月份止每满 12 个月计一年;超过一年,未满 12 个月但超过 6 个月的,可以视同为一年。购置月份按购置发票、契税证明以及房地产权证载明时间孰先原则确定。纳税人转让旧房,以下费用项目可在计算土地增值税时扣除:(1)转让房产时缴纳的营业税及其附加、印花税;(2)因计算纳税的需要支付的房产评估费;(3)取得房产环节契税(评估价格中已含契税的除外)。[重庆市地方税务局公告 2014 年第 9 号,第二条第(二)项]

内蒙古规定,(1)凡能够提供购房发票的,扣除项目金额按以下标准确认:取得房地产时有效发票所载的金额;按发票所载金额从购买年度起至转让年度止每年加计 5%的金额:按国家规定统一交纳的与转让房地产有关税金;取得房地产时所缴纳的契税。(2)凡不能够提供购房发票,但能够提供房地产评估机构按照重置成本评估法评定的房屋及建筑物价格评估报告的,扣除项目金额按以下标准确认:取得国有土地使用权时所支付的金额证明；中介机构评定的房屋及建筑物价格（不包括土地评估价值）需经地方主管税务机关对评定的房屋及建筑物价格进行确定；按国家规定统一交纳的与转让房地产有关的税金和价格评估费用。（内地税字〔2006〕438 号，第一条、第二条）

江苏规定，对单位转让旧房及建筑物，既没有评估价格，又不能提供购房发票的，按转让收入的 80％至 95％作为扣除项目金额计征土地增值税，具体比例由各省辖市确定，并报省财政厅、省地税局备案。（苏财税〔2007〕45 号，第一条）

深圳规定，(1)纳税人不能提供购房发票，主管税务机关在确定其加计扣除基数时可以依据房产证登记价格或在国土产权管理部门查询的原购买价格核定。(2)属于自建房的，主管税务机关可以依据房产建造价格以及原地价款，核定加计扣除的基数。（深圳市地方税务局公告 2015 年第 1 号，第五十八条）

房地产转让过程中发生的合理费用可作为扣除项目，具体包括：税收法律法规明确可扣除项目，以及有关法律文书、房地产转让合同、拍卖成交确认书等明确由受让方代缴的税款和费用。对已经作为扣除项目的凭证应当加盖已抵扣章。（深圳市地方税务局公告 2015 年第 1 号，第五十三条）

按国家统一规定交纳的有关费用，包含原房产登记环节和转让环节缴纳的税费。（深圳市地方税务局公告 2015 年第 1 号，第四十九条、第五十一条）

5. 转让自建房土地增值税计算

政策解读

“新建房是指建成后未使用的房产。凡是已使用一定时间或达到一定磨损程度的房产均属旧房。使用时间和磨损程度标准可由各省、自治区、直辖市财政厅（局）和地方税务局具体规定。”（财税字〔1995〕48 号）

自建房使用或磨损达到一定程度，在办理产权转移时，在国土部门可能被认定为新房销售。但根据当地税务机关对旧房的认定规定，转让自建房也可能存在被认定为旧房的情况，即：可以适用重置成本扣除法。若不能采取重置成本扣除法，因自建房并非购入，所以无法按照取得发票金额加计扣除，只能扣除其土地成本和建安成本等。

各地政策

大连规定，纳税人开发的、已办理本单位房屋所有权证的房产，属自建自用范围。在对整个项目进行土地增值税清算时，此部分房产不列入清算范围，其分摊的土地成本、各项开发成本、费用、税金等，不应在清算时扣除。如其转让时，应按照转让旧房及

建筑物的相关规定缴纳土地增值税。[大地税函〔2007〕200号,第一条第(九)项]

重庆规定,个人建造非自用住宅用于对外销售的,不适用个人转让住宅免征土地增值税政策,应按规定征税。[重庆市地方税务局公告2014年第9号,第四条第(二)项]

天津规定,自建房转让扣除项目金额包括:(1)取得土地使用权所支付的金额;(2)房地产评估机构评定的自建房重置成本价乘以成新度折扣率后的价格;(3)自建房的评估费;(4)与转让自建房有关的税金。[天津市地方税务局公告2016年第22号,第九条第(一)项]

6. 存量房转让提供的资料

政策解读

(1)按重置评估扣除法扣除的,一般要提供评估报告;(2)采取发票加计扣除的,需要提供原购房发票;(3)购入时的契税凭借契税缴纳凭证扣除;(4)按发票加计扣除需要根据原购房发票所载日期进行计算确认;(5)此外还需要提供买卖双方身份信息,原购房合同、房产证、是否家庭唯一住房证明、婚姻状况证明等。

各地政策

厦门规定,异地单位和个人转让二手房产申请按查账征收方式进行土地增值税清算的,应当提供书面申请、购房合同、购房发票、契税完税证明、由具有福建省房地产价格评估管理机构颁发的从事房地产价格评估甲级资质的房地产评估机构出具的证明其转让交易价格公允的评估报告等书面资料,经主管税务机关审核确认,予以按实进行土地增值税清算。(厦门市地方税务局公告2013年第7号,第二条)

深圳规定,在主管税务机关缴纳的单位和个人,转让房地产缴纳土地增值税应当填写《土地增值税纳税申报表》,并同时报送以下资料:(1)《土地增值税纳税申报表》;(2)房地产证、房地产转让合同;(3)扣除项目凭证,或建筑物评估报告。(深圳市地方税务局公告2015年第1号,第五十五条)

7. 重置评估扣除时土地成本能否评估

政策解读

按评估价作为扣除项目的仅指"旧房及建筑物"。因此,对转让土地使用权,无论其持有年限有多长,均不能以评估价作为扣除项目。

"企业在重组改制过程中经省级以上(含省级)国土管理部门批准,国家以国有土地使用权作价出资入股的,再转让该宗国有土地使用权并申报缴纳土地增值税时,应以该宗土地作价入股时省级以上(含省级)国土管理部门批准的评估价格,作为该企业'取得土地使用权所支付的金额'扣除。"(财税〔2015〕5 号,文件已执行到期)

各地政策

深圳规定,按评估价作为扣除项目,评估价是指建筑物的评估价,不包含土地价款。(深圳市地方税务局公告 2015 年第 1 号,第四十九条)

8. 评估费用能否扣除

政策解读

"纳税人交纳的评估费用,允许作为扣除项目金额予以扣除。"(国税函发〔1995〕110 号)

"纳税人转让旧房及建筑物时因计算纳税的需要而对房地产进行评估,其支付的评估费用允许在计算增值额时予以扣除。对条例第九条规定的纳税人隐瞒、虚报房地产成交价格等情形而按房地产评估价格计算征收土地增值税所发生的评估费用,不允许在计算土地增值税时予以扣除。"(财税字〔1995〕48 号)

各地政策

河北规定,纳税人因计税需要而请评估机构进行房地产评估所发生的评估费用,允许在计算土地增值额时予以扣除。(冀地税函〔1995〕53 号,第六条)

9. 二手房申报期限和缴纳期限

政策解读

"纳税人应当自转让房地产合同签订之日起 7 日内向房地产所在地主管税务机关办理纳税申报,并在税务机关核定的期限内缴纳土地增值税。"(国务院令第 138 号)

二手房交易缴纳土地增值税前,需经税务机关审核确认申报相关信息。

各地政策

大连规定,合同约定纳税人分期取得转让房地产(非房地产开发项目)收入,纳税人应于取得第一笔收入7日内,到主管税务机关,按合同约定的全部收入金额计算缴纳土地增值税。[大连市地方税务局公告2014年第1号,第十一条第(四)项]

宁夏规定,房地产开发企业以外的纳税人转让房地产的,应当从签订房地产转让合同之日起7日内办理纳税申报。[宁政发〔2015〕43号,第四条第(六)项]

甘肃规定,其他单位和个人转让房地产项目的,应当自转让合同签订之日起7日内向主管税务机关申报和预缴土地增值税。并报送《土地增值税纳税申报表》(非从事房地产开发纳税人适用)。[甘地税函发〔2006〕206号,第七条第(二)项]

新疆规定,非房地产纳税人应在每次签订转让房地产合同后7日内,到房地产所在地地方税务机关办理纳税申报。非房地产纳税人应于申报后5日内缴纳土地增值税。(新地税发〔2002〕150号,第二条、第四条)

天津规定,转让存量房的纳税人应当自转让合同签订之日起7日内向房地产所在地主管税务机关办理纳税申报手续,并在主管税务机关核定的期限内缴纳土地增值税。(天津市地方税务局公告2016年第22号,第七条)

山东规定,非房地产开发企业按次缴纳土地增值税的,申报纳税期限为房地产转让合同签订之日起7日内。(鲁地税函〔2008〕7号,第三条)

深圳规定,主管税务机关管理科在5个工作日内确认扣除项目及原始凭证或评估报告后,向纳税人发送《税款缴纳通知书》,确定纳税人缴纳期限。(深圳市地方税务局公告2015年第1号,第五十六条)

10. 二手房交易时是否需对"上手税"进行核查

政策解读

二手房交易在缴纳相关税费时,税务机关可能存在对卖方持有期间是否按规定缴纳房产税、土地使用税、原过户时是否缴纳契税等情况进行核查。卖方原购买房地产后未按规定进行房产、土地登记的,将面临补缴房产税、土地使用税和加收滞纳金和罚款的风险。

各地政策

辽宁规定,对于存量房地产交易,在房地产承受方申报缴纳契税时,征收机关要严格审核转让方在当初获得该宗房地产时是否足额缴纳了契税,是否足额缴纳了在本次交易中所涉及的其他各税、费,查验相关缴税凭证或证明材料。对转让方未足额缴纳各税的,征收机关应要求转让方补缴税款。(辽地税发〔2009〕57号,第二条)

第十一章
土地增值税核定征收

1. 各省市土地增值税核定征收率

政策解读

部分地区明文对符合条件的个人纳税人转让非住宅采取核定征收方式。对企业纳税人的要求可能存在比个人纳税人要求趋严的情况，即：企业纳税人采取核定方式缴纳土地增值税难度更大。

"核定征收率原则上不得低于5%。"（国税发〔2010〕53号）

核定征收率最高的有15%，最低的有0.5%。

各地政策

北京规定，个人转让存量房征收土地增值税时，对既不能提供房屋及建筑物价格评估报告，又不能提供购房发票证明的，税务机关可采取核定征收办法，按转让存量房交易价格全额5%的征收率计征土地增值税。（北京市地方税务局公告2013年第8号，第三条）

广州规定，2010年5月25日之后符合清算条件的，核定征收率不得低于5%。纳税人转让旧房及建筑物，既没有评估报告，又不能提供购房发票的，对个人转让旧房的，暂按5%的核定征收率征收土地增值税。（穗地税函〔2013〕152号，第二条）

天津规定，(1)普通标准住宅的核定征收率为6%。(2)非普通标准住宅和其他类型房地产的核定征收率为8%。(3)无法准确区分不同房地产类型的，核定征收率为8%(天津市地方税务局公告2016年第25号，第八条)。(4)对非房地产开发企业转让房地产和个人转让非住房，既没有评估价格，又不能提供购房发票的，暂按核定征收率5%计征土地增值税(津地税地〔2011〕24号，第八条)。(5)纳税人在存量房转让环节，无法据实征收土地增值税的，主管税务机关按8%的核定征收率计算征收税款(天津市地方税务局公告2016年第22号，第十一条)。

贵州规定，(1)贵阳市云岩区、南明区、金阳新区、小河区、乌当区、白云区和花溪区：

①普通标准住宅，核定征收率为5%；②非普通标准住宅，核定征收率为5.5%；③营业用房，核定征收率为6%；④其他房产，核定征收率为5.5%。(2)除上述地区之外的其他各市、县(市、区、特区)：①普通标准住宅，核定征收率为4.5%；②非普通标准住宅，核定征收率为5%；③营业用房，核定征收率为5.5%；④其他房产，核定征收率为5%。纳税人转让旧房及建筑物(不含普通住宅)，核定征收率为2%。(贵州省地方税务局公告2010第3号，第二条)

安徽规定，按照收入金额的一定比例实行核定征收的，核定征收率不得低于5%。[安徽省地方税务局公告2017年第6号，第四十六条第(五)项]

大连规定，普通住宅，土地增值税清算核定征收率调整为5%；非普通住宅，土地增值税清算核定征收率调整为6%；非住宅，土地增值税清算核定征收率调整为8%。纳税人转让坐落于大连市行政区域的旧房及建筑物，经税务机关确认土地增值税采取核定征收方式的，核定征收率调整为5%。(大地税公告〔2010〕1号，第二条)

辽宁规定，土地增值税核定征收率不得低于本地区的土地增值税预征率。对转让非住房的，按转让收入额的0.5%核定征收土地增值税。(辽地税发〔2009〕57号，第三条)

山东规定，核定征收率原则上不得低于5%。(山东省地方税务局公告2017年第5号，第三十九条)

纳税人转让旧房及建筑物核定征收率0.5%。(鲁财税〔2007〕35号，第二条)

福建规定，普通住宅核定征收率不得低于5%，非普通住宅核定征收率不得低于5.5%，非住宅核定征收率不得低于6%。(福建省地方税务局公告2014年第4号，第一条)

对纳税人转让旧房及建筑物，既没有评估价格，又不能提供购房发票的，核定征收率不得低于5%。[福建省地方税务局公告2013年第2号，第二条第(二)项]

厦门规定，按照不低于预征率的征收率核定征收土地增值税。(厦门市地方税务局公告〔2016〕7号，第四十四条)

核定征收率不得低于5%，其中非住宅核定征收率不得低于6%。(厦门市地方税务局公告2013年第7号，第三条)

个人转让写字楼、商业营业用房、车位等二手房产的，按转让收入全额的5%征收土地增值税。[厦门市地方税务局公告2013年第7号，第二条第(一)项]

四川规定，各地应在1.5%～2.5%的幅度内确定征收率核定征收土地增值税。(川地税发〔2007〕21号，第五条)

重庆规定，(1)单位纳税人转让房产：普通住宅为5%；非普通住宅及车库为6%；非住宅(车库除外)为8%。(2)个人纳税人转让非住宅类房产为6%。(重庆市地方税务局公告2014年第3号，第一条)

广西规定，按不低于1%～3%的预征率核定征收土地增值税。(桂地税发〔2007〕88号，第三条)

河南规定，对同一清算项目的同类房地产平均价格在20 000元/平方米以下的，(1)普通标准住宅5%；(2)除普通标准住宅以外的其他住宅6%；(3)除住宅以外的其他房地产项目8%。根据《河南省地方税务局关于调整土地增值税预征率、核定征收率的公告》第二条规定：(1)对同一清算项目的同类房地产平均价格在20 000元/平方米(含)至30 000元/平方米的，核定征收率为12%。(2)对同一清算项目的同类房地产平均价格在30 000元/平方米(含)以上的，核定征收率为15%。(3)有下列行为之一的，核定征收率调整为15%：①擅自销毁账簿或账目混乱，造成收入、扣除项目无法准确计算的。②拒不提供纳税资料或不按税务机关要求提供纳税资料的。③申报的计税价格明显偏低，又无正当理由的。④符合土地增值税清算条件，未按规定的期限清算，经税务机关责令清算，逾期仍不清算的。(河南省地方税务局公告2017年第3号，第二条)

国有企业改组改制中遇到的土地转让项目，无法计算扣除项目的，报省辖市局批准后可按核定征收方式，按7%的核定征收率征收土地增值税。个人转让除住房以外的其他房地产项目无法清算的按6%的核定征收率征收土地增值税。(河南省地方税务局公告2011年第10号，第一条)

黑龙江规定，按不低于5%的标准确定具体核定征收率。(黑龙江省地方税务局公告2011年第5号)

湖北规定，土地增值税核定征收率，按普通住宅、非普通住宅及非住宅开发产品三种划分，分别调整为5%、7%、9%。各市州可在此基础上，根据当地房地产市场实际情况，对所辖县(市、区)非普通住宅、非住宅开发产品两类核定征收率上下浮动1%予以确定。非房地产开发企业销售房地产的核定征收率比照此"三率"执行。(鄂地税发〔2012〕127号，第二条)

湖南规定，(1)普通标准住宅：5%；(2)非普通标准住宅：6%；(3)非住宅：6%；(4)符合清算条件但未按规定期限办理清算手续，经税务机关责令限期清算，逾期仍不清算的：10%。[湖南省地方税务局公告2015年第4号，第三条第(二)项]

吉林规定，转让普通标准住宅为转让收入的0.5%。转让超出普通住宅标准条件的非普通住宅及写字楼、商业用房等，每平方米转让收入在5千元以下、5千元至1万元、1万元以上的核定征收率分别为1%、2%、3%。[吉地税发〔2007〕77号，第五条第(二)项]

江苏规定，个人转让非住宅类的旧房及建筑物，既没有计算增值额的扣除项目的评估价格，又不能提供购房发票的，地方税务机关可以实行核定征收，核定征收率为5%。(苏地税规〔2016〕4号)

江西规定，转让普通住宅，按5%；转让非普通住宅，按6%；转让非住宅，按8%；符合应清算条件但未按规定期限办理清算手续，经税务机关责令限期清算，逾期仍不清算的，按10%核定征收。(江西省地方税务局公告2017年第1号，第二条)

内蒙古规定，转让普通标准住宅为5%，转让非普通标准住宅为6%，转让非住宅为7%。由于我区各地房地产行业利润差异较大,各盟市地税机关根据实际情况,核定征收率可以上浮或下调1%～2%,但原则上不得低于5%。旧房转让核定征收率可暂在1%～2%的幅度内确定。(内蒙古自治区地方税务局公告2016年10号,第二条)

宁夏规定,银川地区:普通住宅5%,非普通住宅7%,其他类型房地产10%;石嘴山地区、吴忠地区:普通住宅5%,非普通住宅6%,其他类型房地产8%;中卫地区、固原地区:普通住宅5%,非普通住宅5.5%,其他类型房地产6%。(宁夏回族自治区地方税务局公告2016年第7号,附件)

青海规定,普通住宅5%,非普通住宅7%,其他商品房10%。(青海省地方税务局公告2016年第5号,第二条)

陕西规定,个人转让非住宅类的旧房及建筑物,既没有计算增值额的扣除项目的评估价格,又不能提供购房发票的,地方税务机关可以实行核定征收,核定征收率为5%。(陕西省地方税务局公告2016年第3号)

云南规定,(1)昆明市的核定征收率。昆明市主城区范围内(盘龙、五华、西山、官渡以及三个开发[度假]区范围),普通住宅为5%,非普通住宅为5.5%;呈贡县、安宁市的普通住宅为3.5%,非普通住宅为4%;上述范围以外的其他各县(区)普通住宅为3%,非普通住宅为3.5%。昆明市范围内的写字楼、营业用房、车库等商品房为6%。(2)除昆明市以外的其他州、市的核定征收率。普通住宅为3%～5%;非普通住宅为3.5%～5.5%;写字楼、营业用房、车库等商品房为5.5%～6%。[云南省地方税务局公告2010年第3号,第六条第(二)项]

浙江规定,其核定征收率原则上不得低于5%。(浙江省地方税务局公告2010年第2号,第二条)

深圳规定,住宅类中普通标准住宅为6%,非普通标准住宅为8%;商业类10%,其他类型为5%。(深圳市地方税务局公告2015年第1号,第五十八条)

对2005年11月1日(不含当日)以前开发并开始销售且销售期至2005年11月1日(含当日)以后结束的房地产项目,仍按照《深圳市地方税务局关于土地增值税核定征收有关问题的通知》(深地税发〔2009〕460号)的规定,可以适用核定征收。(深地税发〔2009〕460号,第一条)

2. 清算后再转让房地产能否核定征收

政策解读

"在土地增值税清算时未转让的房地产,清算后销售或有偿转让的,纳税人应按规定进行土地增值税的纳税申报，扣除项目金额按清算时的单位建筑面积成本费用乘以销售或转让面积计算。单位建筑面积成本费用=清算时的扣除项目总金额÷清算的总建筑面积”(国税发〔2006〕187 号)

该条规定仅考虑了据实征收土地增值税的情况。

“对于分期开发的房地产项目，各期清算的方式应保持一致。”(国税发〔2009〕91 号)

虽然该条规定的是分期开发清算方式的问题，但该条规定在“核定征收”的章节中，意味着在核定征收时，清算采取核定征收方式的，清算后再销售也应保持核定征收方式。否则，若清算后再销售房地产可以据实征收，那么清算时采取核定征收的基础就不存在了。

各地政策

广州规定，后续转让房地产的土地增值税计算方式应与项目的清算方式保持一致。以核定方式清算的项目存在后续转让的，其核定征收率为税务机关清算本项目时确定的核定征收率。对 2010 年 5 月 25 日后发生的后续转让，核定征收率不得低于 5%。(穗地税函〔2015〕146 号，第二条)

青岛规定，房地产开发项目实行核定征收的，清算时未转让的房地产，在清算后销售或有偿转让的，于次月 15 日内向主管税务机关申报缴纳。按照征收率核定的，纳税人应按主管税务机关确定的不同类型的核定征收率分别计算土地增值税。按照房地产开发成本核定的，纳税人应按本公告十一条第二款方法计算土地增值税。(青岛市地方税务局公告 2018 年第 4 号，第十二条)

3. 什么情况旧房转让核定征收

政策解读

一般对个人转让非住宅采取核定征收。对企业纳税人的要求比对个人要求更严格，也即：企业纳税人旧房转让核定征收土地增值税的难度更大。

旧房转让的法定计算方法是有顺序的：首先，旧房转让第一顺序是采用重置评估扣除法；其次，若无法重置评估或不愿意重置评估扣除的，可按原购置房产时发票金额计算并加计扣除；最后，若无法提供发票加计扣除的，才考虑核定征收等其他情况。

各地政策

北京规定，纳税人转让旧房及建筑物时，既不能够提供购房发票证明，又不能提供

取得土地使用权支付的金额凭证和房屋及建筑物价格评估报告的，核定扣除项目金额＝房产重置成本×成新率×区位调整系数×建筑面积。个人转让存量房征收土地增值税时，对既不能提供房屋及建筑物价格评估报告，又不能提供购房发票证明的，税务机关可采取核定征收办法，按转让存量房交易价格全额5%的征收率计征土地增值税。（京地税地〔2007〕325号，第八条）

广州规定，由于历史遗留问题，单位或个人购买房地产未取得购房发票，经广州市解决历史遗留的办理房地产证问题办公室解决房地产证后再转让，不能提供购房发票和评估价格的，可根据财税〔2006〕21号文第二条规定，核定征收土地增值税。以单位或个人购买房地产所支付金额核定为《中华人民共和国土地增值税暂行条例》第六条第（一）项取得土地使用权所支付金额和第（三）项新建房及配套设施的成本、费用或旧房及建筑物的评估价格，按有关规定计算缴纳土地增值税。（穗地税函〔2012〕198号，第十九条）

湖北规定，对房地产企业转让旧房的，如符合《湖北省房地产开发企业土地增值税清算管理办法》第十九条关于核定征收的规定，可按销售收入的3%核定征收其应缴纳的土地增值税。各市、州地方税务局可以根据当地房地产市场的实际，适当上下浮动0.5%，并报省局备案。（鄂地税发〔2008〕211号，第八条）

贵州规定，纳税人转让旧房及建筑物（不含普通住宅），既不能提供购房发票证明，又不能提供房屋及建筑物价格评估报告的，税务机关可采取核定征收办法，生产经营、商业用房按转让交易价格全额的2%计征土地增值税。（黔地税发〔2007〕141号，第三条）

山东规定，对纳税人转让旧房及建筑物，既不能提供评估价格，又不能提供购房发票的，可暂按旧房及建筑物转让价格0.5%的比例，核定征收土地增值税。（鲁财税〔2007〕35号，第二条）

厦门规定，(1)单位为非正常户的，其房地产被委托拍卖，若买受人愿意代缴相关税费并向我局申请代开发票的，买受人应提交书面申请、法院的生效判决、裁定书或调解书、拍卖成交确认书等相关书面材料，主管税务机关在审核同意后，按拍卖收入全额的5%征收土地增值税。(2)异地单位以委托拍卖或其他形式转让其坐落在厦门市的房地产，应提供转让相关书面材料，按拍卖收入全额或经主管税务机关审核同意后的计税收入额的5%征收土地增值税。（厦门市地方税务局公告2013年第7号，第二条）

重庆规定，纳税人转让旧房未能提供“评估价格”“取得成本”，或者提供不实，不能计算房产扣除额的，应按规定核定征收土地增值税。［重庆市地方税务局公告2014年第9号，第二条第（三）项］

内蒙古规定，对既不能提供购房发票，又不能提供房屋及建筑物价格评估报告的，地方税务机关可以根据《中华人民共和国税收征收管理法》第三十五条的规定，实行核定征收。各盟市地方税务机关对转让旧房并取得收入的纳税人，可暂在1%～2%的幅度内确定土地增值税的征收率。（内地税字〔2006〕438号，第三条）

江西规定，从2007年9月1日起，对个人转让非普通住宅，既不能提供购买发票，又没有评估价格的，实行核定征收土地增值税。（赣地税发〔2007〕99号）

深圳规定，对转让旧房过程中有下列情形之一的，可以按照核定征收方式计征土地增值税：(1)未能提供合法、有效的房屋购买合同和构成房屋原值的相关凭证，不能正确计算房屋原值的；(2)未能提供支付合理费用的相关凭证，不能正确计算合理费用的。（深圳市地方税务局公告〔2016〕7号，第五十七条）

4. 什么情况清算项目核定征收

政策解读

"房地产开发企业有下列情形之一的，税务机关可以参照与其开发规模和收入水平相近的当地企业的土地增值税税负情况，按不低于预征率的征收率核定征收土地增值税：(1)依照法律、行政法规的规定应当设置但未设置账簿的；(2)擅自销毁账簿或者拒不提供纳税资料的；(3)虽设置账簿，但账目混乱或者成本资料、收入凭证、费用凭证残缺不全，难以确定转让收入或扣除项目金额的；(4)符合土地增值税清算条件，未按照规定的期限办理清算手续，经税务机关责令限期清算，逾期仍不清算的；(5)申报的计税依据明显偏低，又无正当理由的。"（国税发〔2006〕187号）

各地制定的核定征收率有高有低。若核定征收率明显低于当地平均税负水平，在同等情况下，纳税人更愿意选择核定征收的方式，而税务机关更不愿意采取核定征收的方式；相反，若当地制定的核定征收率较高，纳税人更愿意选择据实征收的方式，而税务机关更愿意采取核定征收。

各地政策

宁夏规定，房地产开发项目中既包括普通住宅，又包括非普通住宅和其他类型房地产的，纳税人应按不同的房产类型分别核算，纳税人不能按照房地产类型分开核算或不能准确核算的，按其他类型房地产核定征收率计算征收土地增值税。（宁夏回族自治区地方税务局公告2016年第7号）

福建规定，纳税人因财务制度不健全等原因导致主管税务机关难以对房地产项目进行清算的，税务机关可以按照税收征管法的有关规定，对整个房地产项目应纳的土地增值税实行核定征收。核定征收的税款不能低于按预征率计算的税款。（闽地税发

〔2005〕195 号,第十九条)

5. 核定征收方式能否变更

政策解读

核定征收是在不能准确计算应缴税费的前提下由主管税务机关主动做出的行政行为,除非有证据证明具备据实征收条件,否则核定征收方式一旦确定,一般不得变更。

各地政策

湖南规定,土地增值税清算单位确定为核定征收方式的,在该清算单位清算审核完毕前不得变更。(湖南省地方税务局公告 2015 年第 4 号,第二条)

6. 从高核定土地增值税的情形

政策解读

"第三十五条　纳税人有下列情形之一的,税务机关有权核定其应纳税额:(一)依照法律、行政法规的规定可以不设置账簿的;(二)依照法律、行政法规的规定应当设置账簿但未设置的;(三)擅自销毁账簿或者拒不提供纳税资料的;(四)虽设置账簿,但账目混乱或者成本资料、收入凭证、费用凭证残缺不全,难以查账的;(五)发生纳税义务,未按照规定的期限办理纳税申报,经税务机关责令限期申报,逾期仍不申报的;(六)纳税人申报的计税依据明显偏低,又无正当理由的。"(《中华人民共和国税收征收管理法》)

核定征收具有惩罚性质,核定征收包括:核定扣除项目和核定征收率两种情况。在采取核定征收率方式下,未分别核算或不能准确核算的,从高适用核定征收率。

各地政策

云南规定,执行核定征收时,对房地产开发企业既建普通住宅,又搞其他房地产开发的,应分别核算销售收入,未分别核算或不能准确核算的,从高适用核定征收率征收。[云南省地方税务局公告 2010 年第 3 号,第六条第(二)项第三点]

贵州规定,房地产开发项目中既包括普通标准住宅、非普通标准住宅,又包括商业用房和其他房产的,纳税人应按不同的房产类型分别核算销售收入,未分别核算或不能

准确核算的，一律从高适用核定征收率。（贵州省地方税务局公告2010第3号，第三条）

7. 房地产项目能否事先核定

政策解读

核定征收是税务机关发现纳税人存在无法提供准确计算相关税款资料情况时，主动发起的强制措施，一般不存在事先核定的情况。

各地政策

江西规定，(1)房地产开发项目清算前，应严格按省局《关于调整土地增值税预征率的通知》(赣地税〔2006〕99号)文件规定进行预征，不得采用核定征收率代替预征率。(2)土地增值税实行核定征收管理的时点在清算审核阶段。（赣地税发〔2013〕117号，第一条、第二条）

8. 核定征收是否区分不同房地产类型

政策解读

“对纳税人既建普通标准住宅又搞其他房地产开发的，应分别核算增值额。不分别核算增值额或不能准确核算增值额的，其建造的普通标准住宅不能适用条例第八条(一)项的免税规定。”(财税字〔1995〕48号)

核定征收具有惩罚性质，日常预征和清算均要求区分房地产类型计算土地增值税。核定征收时一般采取从严管理，从高适用核定征收率。

各地政策

青岛规定，对符合条件的房地产开发项目核定征收土地增值税时，应通知纳税人提供开发项目的收入和主要成本费用数据和信息，分别核定普通标准住宅、非普通标准住宅、别墅和非住宅等三种类型开发产品的应纳土地增值税税额。单独转让“公共配套设施”取得的收入，按照“非普通标准住宅”的核定征收率执行。（青岛市地方税务局公告2014年第1号，第二条）

9. 核定征收的办理期限

政策解读

纳税人存在税收征管法第三十五条所述六种情况或国税发〔2006〕187号文所述五种情况的，主管税务机关有权采取核定方式征收土地增值税。这几种情况主要包括纳税人不设置账簿、不提供账簿等情况，导致核定税款过程复杂。因此，国家税务总局和各地一般未规定核定征收的办理期限。

各地政策

广州规定，主管税务机关应按照确定的清算单位进行核定征收，对于同一清算单位内开发建造不同类型房地产的，不区分普通住宅和其他项目。（穗地税函〔2014〕187号，第四条）

深圳规定，主管税务机关启动核定清算程序后，应当在90个工作日内完成核定清算，确定应当补缴的税款数额，并发送《税款缴纳通知书》限定纳税人在15日内补缴税款，逾期则根据《中华人民共和国税收征收管理法》等有关规定加收罚款和滞纳金。（深圳市地方税务局公告2015年第1号，第二十九条）

10. 核定征收的审核方式

政策解读

“房地产开发企业有下列情形之一的，税务机关可以参照与其开发规模和收入水平相近的当地企业的土地增值税税负情况，按不低于预征率的征收率核定征收土地增值税：（一）依照法律、行政法规的规定应当设置但未设置账簿的；（二）擅自销毁账簿或者拒不提供纳税资料的；（三）虽设置账簿，但账目混乱或者成本资料、收入凭证、费用凭证残缺不全，难以确定转让收入或扣除项目金额的；（四）符合土地增值税清算条件，未按照规定的期限办理清算手续，经税务机关责令限期清算，逾期仍不清算的；（五）申报的计税依据明显偏低，又无正当理由的。”（国税发〔2006〕187号）

核定征收一般由税务机关依职权发起，需经过一定的内部管理流程，并向纳税人出具核定相关税务事项通知书。

各地政策

山东规定，符合核定征收条件的，税务人员应当对房地产项目开展土地增值税核定征收核查，经主管地税机关集体审议并报上一级地税机关备案后，通知纳税人补缴税款或办理退税。（山东省地方税务局公告2017年第5号，第四十条）

黑龙江规定，符合核定征收条件的，经主管地税机关局长办公会议审核合议，以会议纪要形式确定后，由主管地税机关下达《税务事项通知书（核定征收通知）》，税务人员对房地产项目开展土地增值税核定征收核查，并将结果书面通知纳税人，同时确定办理补（退）税期限。（黑龙江省地方税务局公告2016年第2号，第三十六条）

第十二章 其他相关问题

1. 税款征收和稽查的职责划分

政策解读

稽查局主要负责“偷、逃、抗、骗”税款。各地对土地增值税的查处规定有细微差异，有些地方规定在征收环节纳税人拒不配合清算的，稽查局也可采取稽查手段；有些地方规定征收环节和稽查环节可实行管查联动；有些地方规定纳税人存在清算退税的，可作为稽查案源。

各地政策

深圳规定，各区地方税务局负责辖区内房地产开发项目的土地增值税具体征收管理，包括项目登记、预缴、清算等工作。各稽查局负责查处辖区内房地产开发企业、房地产项目的偷、逃、骗、抗土地增值税税收违法行为，包括查补少预缴土地增值税、房地产开发企业和房地产项目清算后偷逃土地增值税等。（深圳市地方税务局公告2015年第1号，第三条）

2. 稽查房地产项目的时间

政策解读

纳税人只要存在“偷、逃、抗、骗”税款情形的，无论在征收环节、清算环节或清算之后，均存在被稽查选中案源的可能。各地在稽查案源选择时各有侧重，纳税人应按当地的规定依法缴纳土地增值税。

各地政策

北京规定，不能补齐资料且无正当理由的，税务机关可进行核定征收或移交税务

稽查部门处理。(北京市地方税务局公告 2016 年第 7 号,第十九条)

清算中有下列情况之一的,可作为重点检查案源:(1)纳税人涉嫌偷税、逃避追缴欠税、抗税或者其他需要立案查处的税收违法行为的;(2)纳税人办理清算时,发生鉴证报告、清算报告内容不规范,退回重报仍不规范且拒不重报的;(3)纳税人办理清算后,根据鉴证报告、清算报告发生退税的;(4)纳税人清算后,再转让房地产情况异常的。(北京市地方税务局公告 2016 年第 7 号,第五十二条)

逾期未能补齐资料,经纳税人提供确因不可抗力客观原因造成资料难以补齐的书面说明及相关证明材料,可以受理;不能补齐资料且无正当理由的,税务机关可进行核定征收或移交税务稽查部门处理。主管税务机关受理清算申请后,稽查部门对纳税人立案检查的,主管税务机关应终止清算审核,待稽查完毕后重新办理清算事宜。(北京市地方税务局公告 2016 年第 7 号,第五十四条)

贵州规定,主管地方税务机关在进行土地增值税清算审核时,发现重大疑点的,应当及时移交税务稽查部门进行稽查。(贵州省地方税务局公告 2016 年第 13 号,第二十六条)

主管地方税务机关受理清算申请后,稽查部门又对该房地产开发企业立案检查的,主管地方税务机关应终止清算审核,并告知该房地产开发企业,待稽查部门检查完毕后重新办理清算事宜。(贵州省地方税务局公告 2016 年第 13 号,第六十一条)

安徽规定,主管地税机关在清算审核中发现纳税人涉嫌偷税、逃避追缴欠税、抗税或者其他需要立案查处的税收违法行为的,应当终止清算审核,并按规定程序移交稽查部门处理。主管地税机关在对纳税人房地产开发项目进行土地增值税清算审核时,稽查部门又对纳税人立案检查的,主管地税机关应终止清算审核,并将清算审核事项移交稽查部门一并处理。主管地税机关终止清算审核的,应当于移交稽查部门处理的当日书面告知纳税人。(安徽省地方税务局公告 2017 年第 6 号,第四十七条)

福建规定,土地增值税清结算已结束的纳税人,如果有证据表明纳税人在清结算过程中提供虚假收入、成本费用等情况的,主管税务机关应重新清结算或移交稽查部门立案稽查。(闽地税发〔2005〕195 号,第二十条)

厦门规定,(1)主管税务机关在土地增值税清算审核过程中,发现纳税人涉嫌偷税、逃避追缴欠税、抗税或者其他需要立案查处的税收违法行为,应当移交稽查部门处理。(2)纳税人清算申报后,稽查部门已立案检查的,主管税务机关不再进行清算审核,由稽查部门处理。(3)主管税务机关在土地增值税清算审核过程,稽查部门又对纳税人立案检查的,主管税务机关应将清算审核事项移交稽查部门一并处理。(厦门市地方税务局公告 2016 年第 7 号,第十八条)

海南规定,擅自销毁账簿、未按照规定的期限办理清算手续的,予以核定征收清算后有补缴税款的，市县区局应根据《中华人民共和国税收征收管理法》第六十三条的规定，按涉嫌偷税移交稽查部门立案处理。[海南省地方税务局公告2016年第8号，第六条第(三)项]

广东规定，纳税人符合清算条件，但报送的清算资料不全的，主管税务机关应发出限期提供资料通知书，通知纳税人在限期(原则上不超过15日)内补全清算资料。不能补齐关键资料且无正当理由的，由主管税务机关移交税务稽查部门处理。(广东省地方税务局公告2014年第3号，第十六条)

湖北规定，稽查部门对未达到土地增值税清算条件的房地产开发项目，仅就预征的土地增值税额进行税务稽查；对可清算项目，应及时通知主管税务机关要求纳税人进行土地增值税清算申报，并可对预征的土地增值税税额进行税务稽查；对应清算项目，不论是否进行了土地增值税清算，均可按规定进行税务稽查。(鄂地税发〔2013〕44号，第十条)

深圳规定，(1)各稽查局发现已清算房地产开发项目未如实清算的，追缴税款，并按《中华人民共和国税收征收管理法》等有关规定进行处理。(2)发现符合应当清算的情形但未清算的项目，稽查局就其土地增税预缴情况进行检查，并向纳税人发出《税务稽查建议书》，限其90日内到房地产项目主管税务机关进行土地增值税清算申报，同时向房地产项目主管税务机关发出《税务稽查建议反馈书》，通知区地方税务局对纳税人进行土地增值税清算。清算完后，由区地方税务局将清算情况反馈给相关稽查局。其中对涉嫌偷、逃、骗、抗税等情况的，由稽查局按税务检查程序处理。(深圳市地方税务局公告2015年第1号，第三十二条)

3. 中介机构出具虚假报告的责任

政策解读

纳税人可自行组织清算，也可聘请中介机构提供清算鉴证服务。按照最新规定，会计师事务所、律师事务所、税务师事务所均可提供相关服务。

各地政策

宁波规定，税务机关在土地增值税清算审核工作中，一经发现中介机构违反有关税收法律、法规出具虚假鉴证报告，造成纳税人少缴、未缴土地增值税的，按照《中华人民共和国税收征收管理法实施细则》第九十八条规定进行处罚。(甬地税二〔2009〕104号，第二条)

4. 税务机关能否约谈中介机构

政策解读

中介机构对纳税人的资料具有保密义务。同时，中介机构配合协助相关检查也是有必要的。

各地政策

安徽规定，纳税人可以委托涉税专业服务机构对房地产开发项目清算进行涉税鉴证。主管地税机关在清算审核中，需要核查受托开展涉税鉴证的涉税专业服务机构工作底稿或认为需要就涉税鉴证事项开展约谈的，受托涉税专业服务机构应当积极配合。（安徽省地方税务局公告 2017 年第 6 号，第二十六条）

5. 税务机关清算资料如何归档

政策解读

税务机关应按照税收征管档案资料的管理规定进行归档，并按照规定的时间，在规定的部门进行整理和存档，以备查阅。

各地政策

北京规定，在清算工作中形成的资料应与原保存的该项目税务资料合并立卷存档。对于成片开发分期清算土地增值税的项目，应在该项目土地增值税清算工作全部办理完毕后再进行归档。（北京市地方税务局公告 2016 年第 7 号，第二十七条）

吉林规定，(1)主管税务机关负责将清算审核工作中形成的资料与原保存的该项目税务资料，按照税收征管档案管理工作的要求，于清算终了后 3 个月内立卷归档；对于成片开发分批清算土地增值税的项目，应在全部项目土地增值税清算审核终了后再进行归档。(2)对房地产开发企业报送的清算资料、中介机构的鉴证报告、税务机关的相关文书等各项资料应统一编制目录，应注意报表和相关凭证的对应关系，按照规定的资料顺序进行整理，使清算审核资料便于查阅。(3)税务机关应加强土地增值税清算数据的统计管理，设立税款清算台账，详细登记清算项目、类型、面积、收入、扣除项目金额、增值额、预缴税款、补(退)税款。（吉林省地方税务局公告 2014 年第 1 号，第二十五条）

大连规定，主管税务机关应当将清算资料按项目立卷归档。房地产开发项目清算完毕后，主管税务机关应当于房地产开发项目清算完毕之日起 30 日内，将清算情况报告市局。（大地税函〔2008〕188 号，第二条）

6. 土地增值税退税有什么规定

政策解读

“土地增值税清算审核结束，主管税务机关应当将审核结果书面通知纳税人，并确定办理补、退税期限。”（国税发〔2009〕91 号）

退税一般需要税务机关审核确认。退税可按事项类型分类，例如，多缴退税，汇算清缴退税等；也有按退税程序分类，例如，简易退税、审核退税、检查退税等。房地产项目土地增值税清算较复杂，纳税年度跨期较长，其计算方法并不完全建立在企业财务报表的基础上。因此，各地采取审核流程或检查流程退税的可能较大，不排除有些地方将涉及退税的项目列入稽查选案范围。

各地政策

吉林规定，纳税人清算退税需填写《土地增值税清算退税审核备案表》，报主管税务机关审核。退税额度在 50 万元（含）以上的，应逐级上报省地方税务局备案。（吉林省地方税务局公告 2014 年第 1 号，第二十条）

安徽规定，因下列原因，纳税人自结算缴纳土地增值税清算税款之日起 3 年内发现多缴税款的，可以向主管地税机关要求退还多缴的税款，主管地税机关应当自接到纳税人书面退还申请之日起 30 日内核查，对查实的事项应予以追溯调整，涉及从国库中退库的，依照法律、行政法规有关国库管理的规定退还。（1）清算时应取得但未取得合法有效凭证，清算后取得的；（2）清算时应实际支付但未实际支付的款项，清算后实际支付的；（3）清算时应分摊但实际未能分摊的共同的成本费用，清算后能够按照受益对象、采用合理的分配方法分摊的；（4）其他合法合理原因。（安徽省地方税务局公告 2017 年第 6 号，第五十一条）

辽宁规定，经主管地方税务机关清算审核后，需办理土地增值税退税的，依照规定的程序办理退税手续，并报市局备案。（辽地税发〔2007〕102 号，第二十四条）

江西规定，对纳税人办理清算时应退税款额度占预缴税款 50%以上的或退税额度在 100 万元以上（含 100 万元）的，必须报省局审定后方可办理。（赣地税发〔2007〕22 号，第六条）

新疆规定，各级地税机关对清算后多征的土地增值税，经审核批准后，办理退税。（新地税发〔2002〕150 号，第十二条）

深圳规定，纳税人建造普通标准住宅出售，经过清算增值额未超过扣除项目金额20%的，可以按照规定申请免征土地增值税。纳税人向主管税务机关递交《土地增值税清算申报表》和《退税申请表》办理退税。（深圳市地方税务局公告2015年第1号，第二十三条）

7. 土地增值税减免税规定

政策解读

土地增值税减免的情形不多，主要涉及：赠与和继承减免、开发普通住宅减免、改制重组减免、个人转让住宅减免、保障住房不预征等。有些减免起到税款递延的作用，例如，改制重组减免。有些减免属于税款真实免除，例如，个人转让住宅减免。

各地政策

北京规定，清算后再转让的房地产，增值率未超过20%的普通住宅，免征土地增值税；[北京市地方税务局公告2016年第7号，第四十六条第（五）项]

纳税人清算申报时，其自行申报的普通住宅部分增值率未超过20%的，主管税务机关可将减免税事项一并审核，并在审核意见书中注明。（北京市地方税务局公告2016年第7号，第四十九条）

广州规定，对核定征收的房地产项目，不得享受土地增值税减免税优惠。（穗地税函〔2014〕187号，第四条）

对后续转让普通住宅的，增值率未超过20%的，免征土地增值税；增值率超过20%的，应征收土地增值税。[穗地税函（2015）146号，第二条第（三）项]

单位、个人直接以国有土地、房屋进行投资的情形适用“财税〔2015〕5号文”第四条减免规定。企业整体改建、企业合并、企业分立以及不动产投资过程中只要有一方为房地产开发企业的，不适用“财税〔2015〕5号文”第一条至第四条减免规定。[穗地税函（2015）146号，第三条第（三）项]

青岛规定，凡符合《财政部　国家税务总局关于企业改制重组有关土地增值税政策的通知》第四条规定“暂不征土地增值税”的，应向主管税务机关提交改制重组相关资料。（青财税〔2016〕19号，第二条）

房地产开发企业转让经政府批准建设的保障性住房和拆迁返还住房取得的收入，暂不预缴土地增值税，但应当在取得收入后次月15日内到主管税务机关申报、备案。[青岛市地方税务局公告2018年第4号，第三条第（二）项]

浙江规定，对经主管地税机关清算审核后，确认符合“建造普通住宅出售，增值额未超过扣除项目金额之和20%，免征土地增值税”优惠政策的项目，纳税人应在调整并确认土地增值税清算申报相关内容的同时，申请办理税收优惠。［浙江省地方税务局公告2015年第8号，第三条第(五)项］

吉林规定，房地产开发企业销售经济适用住房、限价商品房等保障性住房，凭发展和改革部门立项、各级政府审批备案的相关材料暂不预征土地增值税。(吉地税发〔2010〕184号，第二条)

河南省规定，普通标准住宅与其他用房同一体(豪华住宅、写字楼、商业用房及办公用房)的，在计算扣除项目时，应根据土地增值税政策规定分别计算扣除项目和增值额(凡不能准确计算扣除项目和增值额的，不得享受普通标准住宅减免税税收优惠政策。)。［豫地税函〔2007〕16号，第二条第(一)项，已废止；河南省地方税务局公告2017年第6号］

甘肃规定，符合减免税规定的纳税人应当在进行房地产项目登记或申报时，向主管税务机关提交减免税申请。经主管税务机关审核认为符合减免税条件的，可以不预征土地增值税。［甘地税函发〔2006〕206号，第六条第(四)项］

深圳规定，对核定征收的房地产开发项目，不得享受任何土地增值税减免税优惠。［深圳市地方税务局公告2015年第1号，第三十六条第(六)项］

8. 土地增值税开征前后衔接问题

政策解读

小部分省市开征土地增值税时间晚于《中华人民共和国土地增值税暂行条例》发布的时间，对于房地产项目销售期间跨越土地增值税开征时间的，由于企业无法按照土地增值税的要求进行房地产项目管理，在这种情况下，税务机关一般对房地产项目在土地增值税开征前的部分不征收土地增值税，开征后的部分需按规定预征土地增值税；因未按规定进行土地增值税项目管理，导致无法进行扣除项目分摊，且符合核定征收条件的，执行核定征收土地增值税。

各地政策

北京规定，开征前的销售可办理免税，可仅就项目应征税款部分计算增值额。［北京市地方税务局2010年第2号公告，第三条第(一)项］

厦门规定，对于在2006年1月1日前已销售建筑面积占整个项目可售建筑面积在85%以下(不含85%)的房地产项目，以后房地产开发企业在办理土地增值税清算时，应先计算该项目已售房地产的增值率，确定适应的土地增值税税率，再将2006年1月

1日后已售房地产的增值额乘以该项目已售房地产适应的土地增值税税率计算土地增值税。(厦门市地方税务局公告2011年第5号,第三条)

深圳规定,2005年11月1日(含当日)以后签订房地产销售合同取得的收入属于土地增值税征收范围。(深圳市地方税务局公告2015年第1号,第二条)

对深圳市土地增值税开征前已经竣工结算的房地产开发项目尾盘销售取得的收入,按尾盘建筑面积占该房地产开发项目全部建筑面积的比例,计算尾盘建筑面积应分摊的扣除项目金额后,再计算出尾盘增值额并按对应增值税税率计算征收土地增值税。如果该房地产开发项目属于普通标准住宅,实际增值额不超过20%,由纳税人申请,经核实后办理免税手续。(深地税发〔2006〕454号,第三条,已失效)

9. 土地增值税和企业所得税征收方式一致性问题

政策解读

一般来说,企业所得税可据实征收,且账册健全的企业,相应的土地增值税应可据实计算并缴纳,即:原则上企业所得税和土地增值税的征收方式应保持一致。企业所得税是建立在会计核算的基础上,但即便纳税人会计核算健全,也不排除一定能按照土地增值税的要求进行项目管理和按规定合理进行扣除项目分摊。

各地政策

湖北规定,对经济适用房项目、上市房地产公司、查账征收企业所得税的房地产企业以及房地产企业单纯转让土地的,原则上应实行土地增值税的查账清算。(鄂地税发〔2008〕211号,第二条)

河北规定,土地增值税清算时征收方式应参照企业所得税征收方式。同一纳税人土地增值税清算时征收方式原则上应与企业所得税征收方式保持一致;如果清算属期内企业所得税征收方式发生变化,土地增值税原则上采取核定征收方式。(冀地税发〔2016〕102号)

10. 清算项目容积率如何确定

政策解读

容积率一般按照国土部门的相关规定进行认定。

各地政策

海南规定，土地增值税清算项目的容积率按以下顺序依次确定：(1)按国家主管部门对清算项目核发的建设工程规划证上标明的容积率确认；(2)国家主管部门对清算项目核发的建设工程规划证上未标明容积率的，按整体立项的建设工程规划证上标明的容积率确认；(3)按国家有关部门核发的建设用地规划证上标明的容积率确认；(4)按其他合理的方式确认。(琼地税发〔2014〕205 号，第四条)

第十三章 土地增值税疑难解析

1 什么是土地增值税的合作建房?

答 合作建房是指一方出地,一方出资金,双方共同取得土地使用权,共同完成房地产开发全部流程,共担风险,即:通常所指的“双抬头”。一方出地,一方出资金,双方共同成立项目公司从事房地产开发的行为,或者,如一方收入固定利益,不承担责任和风险,不属于合作建房。

2 房地产开发企业开发的项目中既有普通住宅又有其他类型房地产,是否要分类型计算土地增值税?

答 该情况应当分别核算增值额。不分别核算增值额或不能准确核算增值额的,普通住宅部分不能享受增值额未超过扣除项目金额20%时免征土地增值税的规定,应合并为一个房地产类型计算增值额,填报土地增值税清算申报表时应选择“其他类型房地产”。

3 房地产开发项目的立项审批单位是哪个部门?

答 发展和改革委员会或城市更新局。

4 什么情况下一个房地产立项审批单位可以分期清算?

答 属于一个立项审批单位且属于分期开发、会计核算健全的情况,能按分期计算或分摊收入和扣除项目。

5 什么情况下房地产项目可以合并清算?

答 属于同一个立项审批单位,分期开发前后时间间隔较短,会计核算不健全或者无法按分期计算或分摊收入和扣除项目的,经项目所在地税务机关同意后可以合并项目清算。

6 首期“物业专项维修资金”能否列入土地增值税扣除项目?

答 首期专项维修资金由建设单位按照物业项目建筑安装工程总造价的2%,在办理该物业项目初始登记前缴清，并取得合法有效票据，其不属于代收费用范围，可按现有土地增值税的相关规定进行扣除。

7 房地产开发企业开发的产品出租或自用是否缴纳土地增值税？

答 房地产权属未发生转移，不缴纳土地增值税。

8 买卖小产权房和军产房是否缴纳土地增值税？

答 小产权房和军产房不属于在国有土地上建造的房产，不属于土地增值税征收范围。

9 合作建房应如何清算土地增值税？

答 土地增值税以项目为清算单位，合作建房分房销售的，分属于两个独立法人对外销售的行为，应按规定就分房的部分各自进行项目登记，并以各自取得收入和扣除项目计算土地增值税。

10 房地产开发企业将开发的房产无偿对外移交是否需要缴纳土地增值税？

答 该行为属于土地增值税视同销售的行为，不属于土地增值税赠与免税的范围，应按规定缴纳土地增值税。

11 土地储备部门通过市场行为购买或拍卖的方式取得土地使用权为国家收储土地，是否需要缴纳土地增值税？

答 以市场行为购买或拍卖取得土地或者房产的，应按规定缴纳土地增值税。

12 土地储备部门通过行政手段强制收回房产或土地，是否需要缴纳土地增值税？

答 因城市规划建设需要而被政府批准征用或收回土地房产的，按规定免征土地增值税。

13 土地房产分别办理房产证的，仅转让房产不转让土地的，是否缴纳土地增值税？

答 单独转让房产而不转让土地的，不属于土地增值税纳税义务范围。

14 清算后再转让房地产的，是否需要预征土地增值税？

答 不需要预征土地增值税，按照国家税务总局文件直接计算缴纳土地增值税。

15 司法强制拍卖约定税费由买方承担的，拍卖价款是否需要还原税前收入？

答 司法强制拍卖约定的是税款承担人，并未改变纳税义务人，不需要进行税前收入还原。

16 房地产项目之外的道路建设支出是否允许在土地增值税税前扣除?

答 土地出让合同约定应承担相应项目外相连接的道路建设支出,与项目有关且实际支付的,建议允许扣除。

17 向政府无偿赠与房产是否缴纳土地增值税?

答 该行为应按规定缴纳土地增值税。免征土地增值税的赠与行为是指通过国家机关将房产赠与教育、民政等福利、公益事业的行为,而不是指直接向政府赠与房地产的行为。

18 以股权转让为名义实质转让房地产是否缴纳土地增值税?

答 因房地产权属未发生转移,不缴纳土地增值税。

19 房地产开发企业分立时导致房地产权属发生转移的,如何计算缴纳土地增值税?

答 房地产开发企业分立不符合土地增值税减免税相关规定,应按规定计算并缴纳土地增值税。

20 签订房地产转让合同但未办理过户手续是否缴纳土地增值税?

答 纳税人应当自转让房地产合同签订之日起 7 日内向房地产所在地主管税务机关办理纳税申报,并在税务机关核定的期限内缴纳土地增值税。

21 通过长租形式转让车库是否缴纳土地增值税?

答 车库无产权的,不属于土地增值税纳税义务范围。

22 房地产开发企业收取的违约金是否计入土地增值税收入?

答 房地产开发企业与购买方未签订销售合同,违约金不确认为收入;签订销售合同后,如果为购买方违约,违约金确认为收入。

23 国有企业无偿划拨取得土地使用权,未支付土地出让金,如何确认土地成本?

答 土地成本为零。

24 集团统一拿地并支付土地出让金,土地权属直接确认在项目公司,集团取得的土地出让金财政票据能否计入开发项目的土地成本扣除?

答 提供土地出让协议、支付证明、权属证明等证据链资料,允许扣除。

25 取得土地使用权之前以及竣工决算之后的利息支出能否计入房地产开发费用扣除?

答 与房地产开发项目有关的利息费用允许扣除,包括资本化的利息和费用化的利息。

26 什么是土地增值税的开发间接费?

答 开发间接费用,是指直接组织、管理开发项目发生的费用,包括工资、职工福利费、折旧费、修理费、办公费、水电费、劳动保护费、周转房摊销等,主要是指在施工现场发生的相关费用。

27 管理费用和销售费用能否在土地增值税税前扣除?

答 管理费用和销售费用属于房地产开发费用的其他房地产开发费用,按照固定比例 5%扣除。

28 委托贷款发生的利息支出能否扣除?

答 从金融机构取得的贷款,能提供金融机构的利息证明的,允许据实扣除,但最高不能超过按商业银行同类同期贷款利率计算的金额。

29 地方教育附加能否扣除?

答 地方教育附加参照教育费附加扣除。

30 增值税是否允许在土地增值税税前扣除?

答 "与转让房地产有关的税金等"不包括增值税。

31 转让在建工程能否加计扣除?

答 从事房地产开发的纳税人可按规定 20%加计扣除。建造在建工程虽然未完工,仍然属于从事房地产开发的行为,可按规定 20%加计扣除。

32 购买在建工程后建设完工再转让房地产的,如何计算加计扣除基数?

答 购买在建工程后再投入资金开发的,仅就新投入的部分进行加计扣除。由于在整体转让时,计算转让方土地增值税时,对其扣除项目金额,已按规定该加计的已相应加计处理,因此不予重复加计扣除。

33 回迁安置房是否需要确认收入?

答 拆迁补偿回迁安置房属于视同销售行为,应按规定确认土地增值税收入。

34 回迁安置房确认拆迁补偿费时能否加计扣除?

答 按照市场价格确认土地增值税收入时,同时确认拆迁补偿费,属于从事房地产开发的按规定加计扣除。

35 回迁安置房确认拆迁补偿费时是否包含视同销售的增值税？

答 包括。

36 样板房和售楼部的建造成本能否在土地增值税税前扣除？

答 总体分为以下三种情况：(1)样板房和售楼部建成后用于营销使用，且项目销售完毕后拆除的，属于销售费用，其成本计入房地产开发费用扣除，不允许单独扣除；(2)样板房和售楼部临时用于营销使用，后续对外转让的，该部分应按规定确认收入和扣除项目，计入房地产开发成本扣除；(3)样板房和售楼部临时用于营销使用，后移交给政府或全体业主的，属于有产权的，该部分应视同销售，其成本允许扣除，属于公共配套的不计收入，成本允许扣除。

37 房地产开发企业支付的装修费用能否在土地增值税税前扣除？

答 一般情况下硬装（即安装后不可移动，成为房屋的组成部分）允许扣除，软装（即可移动家具等）不能扣除。

38 预提费用能否在土地增值税税前扣除？

答 预提费用属于尚未实际发生并支付的成本费用，该部分不能扣除。

39 车库的成本能否在土地增值税税前扣除？

答 分为两种情况：(1)车库无产权且建成后移交政府或权益属于全体业主的，该部分成本可按公共配套设施费扣除；(2)车库无产权但权益属于开发商或用于出租或自用的，该部分成本建议予以扣除；(3)车库有产权且销售的，该部分成本按房地产开发成本扣除并进行项目清算；(4)车库有产权但未销售的，应分摊扣除项目在今后销售时候进行扣除。

40 地下停车场面积是否属于可售建筑面积范围？

答 地下停车场属于无产权的，其面积不计入可售建筑面积。

41 在项目之外临时建造的营销设施的成本是否允许在土地增值税税前扣除？

答 项目之外建造的营销设施如果在项目销售完毕后拆除，该部分属于销售费用，应按照其他非房地产开发费用扣除，不允许单独扣除。

42 转让旧房时契税能否计入土地增值税税前扣除？

答 分为两种情况：(1)按照重置评估扣除法扣除的，契税包含在评估价内，不再允

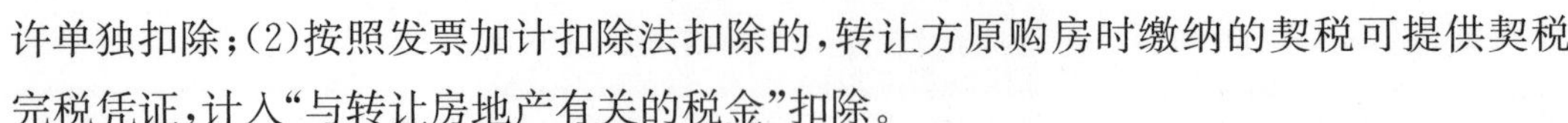

许单独扣除；(2)按照发票加计扣除法扣除的，转让方原购房时缴纳的契税可提供契税完税凭证，计入“与转让房地产有关的税金”扣除。

43 印花税能否计入土地增值税税前扣除？

答 与转让房地产有关的税金，是指在转让房地产时缴纳的营业税、城市维护建设税、印花税。只有销售房地产时缴纳的印花税允许扣除，其他印花税属于其他房地产开发费用范围，按照相关规定扣除，但不属于据实单独扣除的范围。

44 补缴的土地出让金能否在土地增值税税前扣除？

答 土地出让金扣除的依据是实际发生并支付、可提供发票或财政票据等扣除凭证。若在清算前补缴的土地出让金，应按规定允许扣除。若项目已经清算，清算时因无未补缴且无相关扣除凭证无法予以扣除，在清算后又发生补缴土地出让金的，成本费用实际发生且已支付，相关扣除凭证齐全，应予以扣除。

45 土地闲置费、滞纳金罚款等能否在土地增值税税前扣除？

答 因企业违约而承受的处罚性支出，不属于按国家统一规定缴纳的有关成本费用，不应予以扣除。

46 转让旧房如何计算土地增值税？

答 二手房属于土地增值税旧房规定范围的，法定计算方法是重置评估扣除法；若无法评估扣除，有购房发票的，按照购房发票的有关规定扣除；若无法提供购房发票的，按照房产证记载价格核定原购买价格，按照规定计算扣除。

47 什么情况属于土地增值税的旧房？

答 房地产三级市场购买的、自建使用超过一年及以上的，一般认为属于土地增值税旧房范围。

48 什么情况下二手房可以核定征收土地增值税？

答 符合《中华人民共和国税收征收管理法》第三十五条规定的，一般由税务机关依职权发起核定征收。核定征收不属于申请事项，无法由纳税人事先申请核定征收土地增值税。

49 房地产开发企业销售房地产时土地增值税清算如何计算不含增值税收入？

答 要先区分增值税一般计税方法和简易计税方法，按规定计算增值税销项税额或应纳税额后，以合同金额减去增值税销项税额或应纳税额后，作为土地增值税清算收入的计税依据。不能简单按照合同金额除以 1.11 或除以 1.05 进行还原。因为增值税一般计税方法下，存在拆迁补偿费和土地成本的抵扣项，影响销项税额。

50 房地产开发企业未发生借款能否在土地增值税税前扣除利息费用？

答 未发生借款利息费用或已发生借款但利息费用低于 5%的，纳税人可选择按照 5%比例固定进行扣除，但不得采取扣除实际发生的利息费用后再使用 5%固定比例扣除的方式。

51 计入房地产开发成本的资本化利息能否作为 20%加计扣除的基数？

答 在土地增值税清算时所有利息费用应调整计入房地产开发费用的利息费用中扣除，账务处理时计入房地产开发成本的资本化利息费用不再扣除，同时也不属于加计扣除的范围。

52 企业之间发生的借款支付的利息费用能否在土地增值税税前扣除？

答 凡能够按转让房地产项目计算分摊并提供金融机构证明，同时利息不超过商业银行同类同期贷款利率的利息费用，允许作为开发费用据实扣除。

53 委托第三方进行拆迁支付给第三方的拆迁服务费是否属于拆迁补偿费？

答 只有支付给被拆迁方的部分，才属于拆迁补偿费。

54 房地产开发企业扣留建筑企业的质量保证金能否在土地增值税税前扣除？

答 扣留建安企业工程款的一部分做质量保证金的，若建安企业向房地产开发企业就该工程款项开具了发票，虽该工程款未实际支付，但允许扣除。

55 房地产开发企业土地增值税能否二次清算？

答 目前没有政策支持二次清算。

56 土地增值税税前扣除的利息费用是否有资本弱化的扣除限制？

答 土地增值税关于利息扣除目前没有资本弱化的限制，有金融机构借款利息扣除凭证的，同时不高于商业银行同期同类贷款利率水平的，可据实扣除利息费用。

57 土地出让合同中因延期缴纳土地出让金加收的利息费用能否作为土地成本扣除？

答 按照国土部门的规定，在土地出让合同约定范围内支付的土地出让金的组成部分，属于土地增值税的土地成本，应予以扣除。

58 什么是利息费用扣除时的金融机构的证明?

答 一般是指贷款合同、利息结算单据等。

59 房地产开发费用和期间费用有什么区别?

答 土地增值税的房地产开发费用包括两个部分,一是利息费用,二是其他房地产开发费用。其他房地产开发费用是指与房地产开发项目有关的销售费用、管理费用、财务费用,即:期间费用中与房地产开发相关的部分属于其他房地产开发费用的范围。

60 直接转让土地能否加计扣除20%?

答 从事房地产开发的可以加计扣除20%,直接转让土地使用权或“生地变熟地”不属于从事房地产开发,土地成本部分不应计入加计扣除范围。

61 回迁安置房是否要预征土地增值税?

答 回迁安置房应视同销售按规定预征土地增值税,但回迁安置房无现金流,建议对该部分视同销售收入不预征土地增值税。

62 预计增值为负数的房地产项目是否要预征土地增值税?

答 销售房地产应按规定预征土地增值税。但预计增值为负数的,为避免先交税后退税的情况发生,建议预计增值为负数的项目不预征土地增值税。

63 已享受以房产、土地投资作价入股暂不征土地增值税的,在投资作价之后从事房地产开发清算时,其土地成本按什么扣除?

答 应按作价之前取得该土地实际支付的金额进行扣除。

64 如何判断“因国家建设需要依法征用、收回房地产”的行为?

答 目前以相关官方网站公布的列入城市更新的批复或国土部门对企业的相关批复为准。

65 个体工商户在处理土地增值税问题时视同企业还是个人?

答 土地增值税的个人包括个体经营者,即:包括个体工商户。

66 转让房地产成交价格偏低又无正当理由的按评估价确认计税依据,什么情况下属于正当理由?

答 一般认为直系三代亲属内转让房地产的,成交价格偏低,属于正当理由的范围。

67 企业以评估价征税的价格签订转让合同是否有法律风险?

答 企业纳税人通过相关账载资料和银行流水判断,若采取“阴阳合同”以评估价签订房地产转让合同的,一旦发现若具有主观故意行为,可能被视为偷税处理。

68 法院强制拍卖成交的价格低于评估价的,拍卖价格能否作为转让房地产的计税依据?

答 一般认为法院强制拍卖的成交价格属于真实意思的表达,若不存在虚假的情况,应按照拍卖价格确认收入,作为计税依据。

69 房地产开发企业以开发的房地产对外投资成立新公司独立运营,发生房产过户行为的,如何缴纳土地增值税?

答 该情况属于视同销售行为,应按规定计算缴纳土地增值税。

70 个人转让商务公寓是否免征土地增值税?

答 商务公寓不属于普通住宅,个人转让商务公寓应按规定计算缴纳土地增值税。

71 行政机关和事业单位转让或划转房地产是否缴纳土地增值税?

答 土地增值税的纳税人是指转让国有土地使用权、地上建筑物及附着物并取得收入的单位和个人。其中“单位”包括行政机关和事业单位。

72 未按规定期限预征或清算土地增值税是否加收滞纳金?

答 未按规定期限预征土地增值税的,加收滞纳金。清算申报后税务机关审核需要清算补缴土地增值税的,在规定期限内补缴的,不加收滞纳金;超过规定期限补缴的,加收滞纳金。

73 以房抵债的情况下,房产过户是否缴纳土地增值税?

答 因以房抵债导致房地产权属转移的,应按规定计算并缴纳土地增值税。

74 未按规定预缴土地增值税是否会被认定为偷税?

答 偷税的认定一般以有主观故意为前提。预征土地增值税但未清算,意味着税款事项尚未办结,可按规定责令限期改正、加收滞纳金并予以处罚,一般情况下不认定为偷税。

75 应清算项目由谁发起清算？

答　房地产开发企业在项目达到应清算条件时，应主动向税务机关提出清算申请，并按当地税务局规定，提交相应资料进行清算。

76 可清算项目由谁发起清算？

答　税务机关在掌握房地产开发企业的相应项目达到可清算条件时，经研究认为需要启动清算后，通知相应企业进行项目清算，房地产开发企业不需要主动进行清算。

77 合作建房能否列支拆迁补偿费？

答　"双抬头"合作建房一般是指从取得土地使用权开始，出资方和出地方均为权利主体，不应存在权利主体自己向自己支付补偿的情况，也就是通常所说的"自拆没有补偿"。但考虑村民被国家收回集体土地后，政府给予的土地补偿不能直接确认在村民个人名下，而需要以村集体股份公司统一承受土地，"双抬头"合作建房的双方签订了拆迁补偿协议，实质上是对村民的补偿行为，建议该部分允许作为拆迁补偿费列支。

78 土地增值税清算时是否一定要提供相关鉴证报告？

答　纳税人能自行组织清算的，不需要提供相关鉴证报告。

79 哪种情况下房地产权属发生了转移，但是不需要缴纳土地增值税？

答　以继承或赠与方式转让房地产的，不属于土地增值税的征收范围。其中："赠与"有特定范围内的限制。

80 土地增值税核定征收是否一定要与企业所得税核定征收保持一致？

答　符合《中华人民共和国税收征收管理法》第三十五条规定的，主管税务机关依职权发起核定征收，但各税种之间并未明文规定征收方式需保持一致。

81 房地产开发企业的土地成本在土地增值税税前扣除时能否按照评估价进行扣除？

答　土地成本可以进行评估，但不能作为土地增值税扣除的依据。土地成本应以实际发生和支付的金额作为扣除的依据，并在扣除时取得合法有效凭证。

82 什么属于总可售建筑面积？

答　总可售建筑面积包括：已经批准销售的建筑面积、今后可以批准销售但尚未批准销售的建筑面积，还包括不允许对外销售但权属归房地产开发企业所有的有房产证的建筑面积，即"绿本"。

83 已经出让并登记取得的土地使用权，因房地产开发需要通过国土部门补充协议的方式变更土地权属的情况，是否属于土地转让行为？

答 因房地产发生了权属转移行为，应按规定计算缴纳土地增值税。

84 已经销售并办理房地产权属过户手续，后因付款方不支付房款而违约，被法院认定解除合同的，是否需要缴纳土地增值税？

答 解除合同意味着已经生效的部分依然有效，尚未执行的部分不再执行。因房地产权属已经发生转移，应按规定缴纳土地增值税。同时，因解除合同导致房地产权属回转的，因权属再次发生了转移，也应按规定缴纳土地增值税。

85 已经销售并办理房地产权属过户手续，后因付款方不支付房款而违约，被法院认定合同无效的，是否需要缴纳土地增值税？

答 法院认定合同无效意味着合同自始至终都不生效，即认定为房产过户行为无效，不属于房地产权属转移行为，不缴纳土地增值税。

86 撮合项目成交而支付的项目中介费是否能在土地增值税税前扣除？

答 撮合项目的中介费用属于期间费用，已经在房地产开发费用的其他房地产开发费用中扣除，不属于据实扣除的范围。

87 "甲供材"能否列入土地增值税税前扣除？

答 房地产开发企业自行采购建安材料等发生支出，按照增值税发票记载金额列支建安成本扣除。建安企业提供建安服务时"甲供材"部分，已经扣除的材料款项部分不得重复扣除。

88 从金融机构借入的贷款超过贷款期限而产生的利息和罚息，能否在土地增值税税前扣除？

答 从金融机构借入的正常贷款利息部分，同时不超过同期同类贷款利率的可以据实扣除，但超期限而产生的利息和罚息不允许在税前扣除。

89 母公司向金融机构统一借款后由项目公司分摊使用的，项目公司在土地增值税税前扣除利息费用时的合法有效凭证是什么？

答 在统借统还贷款方式下，母公司从金融机构借款的合同、利息单据，以及母公司借款后分摊给项目公司使用的资金证明等均为有效凭证。

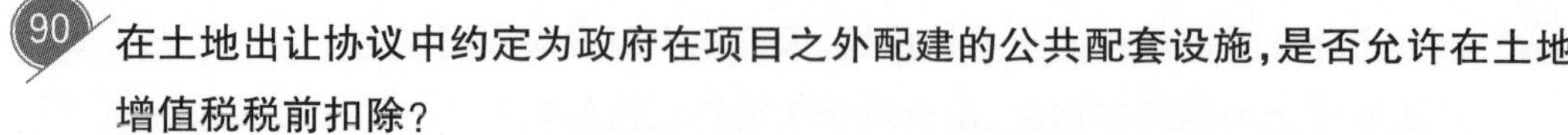

90 在土地出让协议中约定为政府在项目之外配建的公共配套设施，是否允许在土地增值税税前扣除？

答 土地增值税以项目为清算单位，项目之外配建的公共设施一般不属于与项目有关的成本支出，不属于在土地增值税税前扣除的范围。但考虑企业在取得项目土地成本时为政府建造的公共配套设施实质上构成了取得土地成本的一部分对价，此情况下无法取得相应的财政票据，建议以替政府实际建造该公共配套设施的相关成本费用计入土地成本进行扣除。

91 房地产开发企业取得的政府土地返还补贴在土地增值税清算时应如何处理？

答 取得的政府补贴收入不属于销售房地产取得的收入，其土地成本在清算时按财政票据或发票金额扣除，政府对土地的返还补贴应调减土地成本的扣除项目。

92 土地增值税项目登记应在什么期限内完成？

答 纳税人应在取得项目立项后的30个工作日内向税务机关办理土地增值税项目登记。

93 土地增值税的是由房地产开发企业的机构所在地管辖还是房地产项目所在地管辖？

答 房地产项目所在地的税务机关。

94 房地产开发企业能否多预征或提前预征土地增值税？

答 目前只能按照法定的土地增值税预征率进行预征土地增值税，不能提前预征。

95 签订购房合同后因某种原因无法及时办理交税过户手续的，土地增值税纳税义务发生时间如何确定？

答 以签订房地产转让合同的时间为准。没有签订房地产转让合同而是通过民事判决或裁定、调解、仲裁等方式过户的，以相应文书确定的权属转移时间为准，并适用纳税义务发生时相应的税收政策。

96 未按规定期限办理土地增值税清算手续的，会面临什么处罚？

答 由税务机关责令限期改正，并按照征管法的相应规定进行处罚。

97 房地产开发企业转让房地产价格明显偏低如何认定？

答 按照司法相关解释，一般认为转让价格低于市场价格70%的，有存在被认定为计税价格偏低的可能。

98 发票是否属于土地增值税扣除的唯一合法有效凭证？

答 除了发票之外，财政票据、拆迁补偿协议、利息单据等实际支付且真实合法有效的凭证均可作为土地增值税税前扣除的凭证。

99 清算后继续销售房地产的能否核定征收土地增值税？

答 土地增值税开征前，进行开发并销售，销售期至土地增值税开征后，且符合《中华人民共和国税收征收管理法》第三十五条规定的，其开征后销售的部分可以适用核定征收。

100 清算后发生的支出能否重新在土地增值税税前扣除？

答 发生的支出属于项目清算法定允许扣除的事项范围的，建议纳税人向税务机关提供相应的资料重新计算并按规定申请退税。

附录一
各地政策文件目录

序号	文 件 名 称	文 号	备 注
一、	财政部、国家税务总局文件		
1.	中华人民共和国土地增值税暂行条例	国务院令第138号	
2.	中华人民共和国土地增值税暂行条例实施细则	财法字〔1995〕6号	
3.	财政部关于对1994年1月1日前签订开发及转让合同的房地产征免土地增值税的通知	财法字〔1995〕7号	
4.	国家税务总局关于印发《土地增值税宣传提纲》的通知	国税函发〔1995〕110号	
5.	财政部 国家税务总局关于土地增值税一些具体问题规定的通知	财税字〔1995〕48号	条款失效:第一条、第三条
6.	财政部 国家税务总局 国家国有资产管理局关于转让国有房地产征收土地增值税中有关房地产价格评估问题的通知	财税字〔1995〕61号	
7.	国家税务总局 国家土地管理局关于土地增值税若干征管问题的通知	国税发〔1996〕4号	
8.	国家税务总局 建设部关于土地增值税征收管理有关问题的通知	国税发〔1996〕48号	
9.	国家税务总局关于进一步加强土地增值税征收管理工作的通知	国税发〔1996〕227号	
10.	国家税务总局关于广西土地增值税计算问题请示的批复	国税函〔1999〕112号	
11.	国家税务总局关于认真做好土地增值税征收管理工作的通知	国税函〔2002〕615号	
12.	国家税务总局关于加强土地增值税管理工作的通知	国税函〔2004〕938号	
13.	国家税务总局关于土地增值税若干问题的通知	财税〔2006〕21号	
14.	财政部 国家税务总局关于土地增值税普通标准住宅有关政策的通知	财税〔2006〕141号	

续表

序号	文件名称	文号	备注
15.	国家税务总局关于房地产开发企业土地增值税清算管理有关问题的通知	国税发〔2006〕187 号	
16.	国家税务总局关于建立土地增值税重点税源户监控制度的通知	国税函〔2007〕544 号	
17.	国家税务总局关于印发《土地增值税清算鉴证业务准则》的通知	国税发〔2007〕132 号	
18.	财政部 国家税务总局关于调整房地产交易环节税收政策的通知	财税〔2008〕137 号	
19.	国家税务总局关于印发《土地增值税清算管理规程》的通知	国税发(2009)91 号	
20.	国家税务总局关于加强土地增值税征管工作的通知	国税发〔2010〕53 号	
21.	国家税务总局关于土地增值税清算有关问题的通知	国税函〔2010〕220 号	
22.	国家税务总局关于进一步做好土地增值税征管工作的通知	税总发〔2013〕67 号	
23.	财政部国家税务总局关于企业改制重组有关土地增值税政策的通知	财税〔2015〕5 号	
24.	关于营改增后契税房产税土地增值税个人所得税计税依据问题的通知	财税〔2016〕43 号	
25.	国家税务总局关于营改增后土地增值税若干征管规定的公告	国家税务总局公告 2016 年第 70 号	
26.	财政部 国家税务总局关于继续实施企业改制重组有关土地增值税政策的通知	财税〔2018〕57 号	
27.	国家税务总局关于修订土地增值税纳税申报表的通知	税兑函〔2016〕309 号	
二、	北京市文件		
1.	北京市地方税务局关于明确土地增值税有关问题的通知	京地税地〔2005〕557 号	
2.	北京市地方税务局关于土地增值税征收管理有关问题的通知	京地税地〔2006〕509 号	
3.	北京市地方税务局关于土地增值税清算管理若干问题的通知	京地税地〔2007〕325 号	
4.	北京市地方税务局关于土地增值税核定扣除项目金额标准有关问题的通知	京地税地〔2009〕245 号	
5.	北京市地方税务局转发国家税务总局于印发《土地增值税清算管理规程》的通知	京地税地〔2009〕267 号	

续表

序号	文 件 名 称	文 号	备 注
6.	北京市地方税务局关于土地增值税清算问题的公告	北京市地方税务局公告 2010 年第 2 号	
7.	北京市地方税务局北京市住房和城乡建设委员会关于进一步做好房地产市场调控工作有关税收问题的公告	北京市地方税务局公告 2013 年第 3 号	
8.	北京市地方税务局北京市财政局关于调整我市土地增值税纳税地点的公告	北京市地方税务局公告 2013 年第 5 号	
9.	北京市地方税务局关于明确土地增值税有关问题的公告	北京市地方税务局公告 2013 年第 8 号	
10.	关于发布《北京市地方税务局土地增值税清算管理规程》的公告	北京市地方税务局公告 2016 年第 7 号	
11.	北京市地方税务局关于修订土地增值税纳税申报表的公告	北京市地方税务局公告 2016 年第 12 号	
三、	上海市文件		
1.	关于贯彻实施土地增值税征收管理的补充规定	沪地税地〔1995〕40 号	
2.	关于企业置换土地使用权税收处理的补充规定	沪地税地〔1998〕13 号	全文废止：沪国税发〔2009〕9 号
3.	关于转发《国家税务总局关于未办理土地使用权证转让土地有关税收问题的批复》的通知	沪地税法〔2007〕2 号	
4.	上海市地方税务局关于土地增值税清算管理有关问题的通知	沪地税财行〔2010〕1 号	
5.	关于调整住宅开发项目土地增值税预征办法的公告	上海市地方税务局公告 2010 年第 1 号	
6.	关于调整本市普通住房标准的通知	沪房管规范市〔2014〕6 号	
四、	广州市文件		
1.	广州市地方税务局关于印发土地增值税清算工作若干问题处理指引[2012 年修订版]的通知	穗地税函〔2012〕198 号	条款废止：第五条第（四）点第八条第（一）项、第十二条第（二）项第 1 点、第十五条、第一条、第十六条、第十七条
2.	广州市地方税务局关于印发 2013 年土地增值税清算工作有关问题的处理指引的通知	穗地税函〔2013〕179 号	条款废止：第三条、第二条
3.	广州市地方税务局关于明确土地增值税征管中有关问题的通知	穗地税函〔2013〕152 号	

续表

序号	文 件 名 称	文 号	备 注
4.	广州市地方税务局关于印发2014年土地增值税清算工作有关问题的处理指引的通知	穗地税函〔2014〕175号	
5.	广州市地方税务局关于印发《广州市房地产开发项目土地增值税核定征收工作指引》的通知	穗地税函〔2014〕187号	
6.	广州市地方税务局关于明确土地增值税征管工作有关问题的通知	穗地税函〔2015〕146号	
7.	广州市地方税务局关于我市土地增值税预征率的公告	广州市地方税务局公告2016年第5号	全文废止
8.	广州市地方税务局关于印发2016年土地增值税清算工作有关问题处理指引的通知	穗地税函〔2016〕188号	
9.	广州市地方税务局关于我市土地增值税预征率的公告	广州市地方税务局公告2017年第7号	
五、	青岛市文件		
1.	青岛市财政局青岛市国税局青岛市地税局 关于调整我市房地产税收政策有关问题的通知	青财源〔2010〕2号	条款失效:第二条
2.	青岛市地方税务局关于调整房地产开发项目土地增值税预征率的公告	青岛市地方税务局公告2011年第1号	停止执行
3.	青岛市地方税务局关于土地增值税预征和核定征收有关问题的公告	青岛市地方税务局公告2014年第1号	有效期至2018年12月31日
4.	青岛市地方税务局关于土地增值税和契税若干具体政策的公告	青岛市地方税务局公告2015年第2号	第一条、第三条停止执行
5.	青岛市财政局青岛市地方税务局关于土地增值税有关具体规定的通知	青财税〔2016〕19号	
6.	青岛市地方税务局关于发布《房地产开发项目土地增值税管理办法》的公告	青岛市地方税务局公告2016年第1号	全文废止
7.	青岛市地方税务局关于修订《房地产开发项目土地增值税管理办法》的公告	青岛市地方税务局公告2017年第3号	全文废止
8.	关于贯彻落实《山东省地方税务局土地增值税"三控一促"管理办法》若干问题的公告	青岛市地方税务局公告2018年第4号	
六、	天津市文件		
1.	天津市人民政府关于进一步规范我市房地产市场持续健康发展的若干意见	津政发〔2011〕2号	
2.	天津市地方税务局关于明确土地增值税清算若干问题的通知	津地税地〔2011〕24号	

续表

序号	文件名称	文号	备注
3.	天津市地方税务局关于土地增值税相关政策的公告	天津市地方税务局公告2016年第22号	
4.	天津市地方税务局关于发布《天津市土地增值税清算管理办法》的公告	天津市地方税务局公告2016年第24号	
5.	天津市地方税务局关于土地增值税清算有关问题的公告	天津市地方税务局公告2016年第25号	
七、	贵州省文件		
1.	贵州省地方税务局、贵州省城乡建设环境保护厅转发国家税务总局、建设部关于《土地增值税征收管理有关问题的通知》的通知	黔地税二字〔1996〕第07号	
2.	贵州省地方税务局转发财政部、国家税务总局关于土地增值税普通标准住宅有关政策的通知	黔地税发〔2006〕168号	
3.	贵州省地方税务局关于个人转让二手房征收土地增值税有关问题的通知	黔地税发〔2007〕141号	条款失效:第三条
4.	贵州省地方税务局关于调整土地增值税预征率问题的通知	黔地税发〔2008〕61号	
5.	贵州省地方税务局关于房地产开发项目土地增值税核定征收率的公告	贵州省地方税务局公告2010第3号	
6.	贵州省地方税务局关于发布《贵州省土地增值税清算管理办法》的公告	贵州省地方税务局公告2016年第13号	
八、	宁波市文件		
1.	宁波市人民政府办公厅关于确定市区普通住房标准的通知	甬政办发〔2005〕104号	
2.	宁波市地方税务局关于进一步加强房地产开发项目土地增值税清算工作的通知	甬地税二〔2009〕104号	条款失效:第一条(六)款
3.	宁波市地方税务局关于土地增值税征管问题的公告	宁波市地方税务局公告2010年第1号	
4.	宁波市地方税务局关于宁波市土地增值税若干政策问题的补充通知	甬地税二〔2010〕106号	条款失效:第七条
5.	宁波市地方税务局关于土地增值税若干政策问题的公告	宁波市地方税务局公告2015年第1号	
6.	宁波市地方税务局关于修订土地增值税纳税申报表的公告	宁波市地方税务局公告2016年第2号	
九、	安徽省文件		
1.	安徽省地方税务局关于明确房产税、土地增值税等税种若干政策问题的通知	皖地税政三字〔1997〕277号	

续表

序号	文件名称	文号	备注
2.	安徽省地方税务局关于印发《安徽省土地增值税预征暂行办法》的通知	皖地税政三字〔1997〕288号	
3.	安徽省地税局转发国家税务总局关于加强土地增值税管理工作的通知	皖地税函〔2004〕600号	
4.	安徽省地方税务局转发国家税务总局 关于房地产开发企业土地增值税清算管理有关问题的通知	皖地税〔2007〕39号	
5.	安徽省地方税务局关于土地增值税有关问题的通知	皖地税函〔2007〕311号	
6.	安徽省地税局转发国家税务总局关于加强土地增值税征管工作的通知	皖地税〔2010〕38号	
7.	安徽省地方税务局关于若干税收政策问题的公告	安徽省地方税务局公告2012年第2号	
8.	安徽省地方税务局关于土地增值税有关问题的批复	皖地税函〔2012〕583号	部分废止:第二条关于房地产开发项目的确认问题
9.	安徽省地方税务局关于发布《安徽省土地增值税清算管理办法》的公告	安徽省地方税务局公告2017年第6号	
10.	安徽省地方税务局关于调整保障性住房土地增值税预征率的公告	安徽省地方税务局公告2017年第9号	
十、	大连市文件		
1.	大连市地税局印发《土地增值税若干问题的具体规定》的通知	大地税一〔1995〕121号	条款废止:第九条、第十一条第一款、第十二条、第十五条
2.	大连市地方税务局 关于进一步明确土地增值税若干问题的通知	大地税函〔2007〕200号	
3.	大连市地方税务局关于进一步加强土地增值税清算工作的通知	大地税函〔2008〕188号	
4.	大连市地方税务局关于房地产开发项目土地增值税清算若干问题的通知	大地税函〔2009〕183号	
5.	大连市地方税务局 关于调整大连市房地产开发项目土地增值税预征率和清算核定征收率的公告	大地税公告〔2010〕1号	
6.	大连市地方税务局关于土地增值税征收管理若干问题的公告	大连市地方税务局公告2014年第1号	部分条款失效
7.	大连市地方税务局关于进一步明确土地增值税征收管理若干问题的公告	大地税公告〔2015〕5号	

续表

序号	文件名称	文号	备注
十一、	辽宁省文件		
1.	辽宁省地方税务局关于印发《辽宁省土地增值税预征管理规定》的通知	辽地税发〔2006〕86号	
2.	辽宁省地方税务局关于印发《辽宁省房地产开发企业土地增值税 清算管理办法》的通知	辽地税发〔2007〕102号	
3.	辽宁省地方税务局关于土地增值税清算工作有关问题的通知	辽地税函〔2008〕176号	
4.	辽宁省地方税务局关于房地产税收一体化管理若干问题的通知	辽地税发〔2009〕57号	
5.	辽宁省地方税务局关于加强土地增值税征管工作的通知	辽地税函〔2010〕201号	
6.	辽宁省地方税务局关于明确土地增值税清算有关问题的通知	辽地税函〔2012〕92号	
十二、	山东省文件		
1.	山东省财政厅山东省地方税务局关于土地增值税有关问题的通知	鲁财税〔2007〕35号	
2.	山东省地方税务局关于统一房产税、城镇土地使用税、土地增值税申报纳税期限的通知	鲁地税函〔2008〕7号	
3.	山东省地方税务局关于发布《山东省地方税务局土地增值税“三控一促”管理办法(试行)》的公告	山东省地方税务局公告2015年第1号	2017年重新修订
4.	山东省财政厅 山东省地方税务局转发财政部国家税务总局《关于企业改制重组有关土地增值税政策的通知》的通知	鲁财税〔2015〕15号	
5.	山东省地方税务局关于废止《山东省地方税务局土地增值税“三控一促”管理办法(试行)》有关条款的公告	山东省地方税务局公告2016年第5号	
6.	山东省地方税务局关于修订《山东省地方税务局土地增值税“三控一促”管理办法》的公告	山东省地方税务局公告2017年第5号	
十三、	福建省文件		
1.	福建省地方税务局 关于重新明确我省土地增值税预征范围和预征率的通知	闽地税发〔2005〕32号	
2.	福建省地方税务局关于印发《福建省房地产开发企业土地增值税征收管理办法(试行)》的通知	闽地税发〔2005〕195号	部分条款废止

续表

序号	文件名称	文号	备注
3.	国家税务总局关于房地产开发企业土地增值税清算管理有关问题的通知	国税发〔2006〕187号	
4.	福建省地方税务局关于进一步加强我省房地产开发企业土地增值税管理的通知	闽地税发〔2008〕64号	
5.	福建省地方税务局关于土地增值税预征和核定征收有关问题的公告	福建省地方税务局公告2013年第2号	
6.	福建省地方税务局关于进一步明确土地增值税核定征收有关问题的公告	福建省地方税务局公告2014年第4号	
7.	福建省地方税务局转发国家税务总局关于房地产开发企业土地增值税 清算管理有关问题的通知	闽地税发〔2007〕24号	
十四、	厦门市文件		
1.	厦门市地方税务局关于调整土地增值税预征率的通知	厦地税发〔2010〕93号	
2.	国家税务总局关于转让地上建筑物土地增值税征收问题的批复	国税函〔2010〕347号	
3.	厦门市地方税务局关于土地增值税征收管理有关事项的公告	厦门市地方税务局公告2011年第5号	条款失效:第四条第一款
4.	厦门市地方税务局关于土地增值税预征和核定征收有关问题的公告	厦门市地方税务局公告2013年第7号	根据2017年征求意见稿:全文废止
5.	厦门市地方税务局关于修订《厦门市土地增值税清算管理办法》的公告	厦门市地方税务局公告〔2016〕7号	
6.	厦门市地方税务局关于公开征求《厦门市地方税务局关于土地增值税预征和核定征收有关事项的公告[征求意见稿]》意见的通知		征求意见稿
7.	关于普通住宅与高档住宅界定的标准		厦门市地方税务局,未见文号
8.	厦门市国土资源与房产管理局厦门市财政局厦门市建设与管理局厦门市规划局厦门市地方税务局厦门市物价局关于促进房地产市场平稳健康发展的实施意见	厦国土房〔2014〕312号	
十五、	四川省文件		
1.	四川省地方税务局关于确定土地增值税征收管理中普通住房标准的通知	川地税函〔2005〕399号	
2.	四川省地方税务局转发《国家税务总局关于房地产开发企业土地增值税清算管理有关问题的通知》的通知	川地税发〔2007〕21号	条款失效:第一条

续表

序号	文件名称	文号	备注
3.	四川省地方税务局转发《国家税务总局关于印发〈土地增值税清算管理规程〉的通知》的通知	川地税发〔2009〕60号	条款失效:第三条
4.	四川省地方税务局四川省财政厅关于土地增值税征管问题的公告	四川省地方税务局公告2010年第1号	
5.	四川省财政厅四川省地方税务局关于印发《四川省关于贯彻〈中华人民共和国土地增值税暂行条例实施细则〉的补充规定》	川财税〔2010〕12号	
6.	四川地方税务局关于修改《四川省地方税务局关于下发土地增值税征收管理暂行规定的通知》的通知	川地税发〔2010〕88号	
7.	四川省地方税务局关于土地增值税清算单位等有关问题的公告	四川省地方税务局公告2015年第5号	
十六、	重庆市文件		
1.	重庆市地方税务局转发国家税务总局关于土地增值税清算有关问题的通知	渝地税发〔2010〕167号	全文废止
2.	重庆市地方税务局转发国家税务总局关于印发《土地增值税清算管理规程》的通知	渝地税发〔2010〕168号	全文废止
3.	重庆市地方税务局关于调整土地增值税预征率有关问题的通告	重庆市地方税务局公告2011年第2号	条款废止:第一条第一款
4.	重庆市地方税务局关于土地增值税若干问题的通知	渝地税发〔2011〕221号	
5.	重庆市地方税务局关于发布《重庆市地方税务局房地产开发企业土地增值税核定征收管理办法(试行)》的公告	重庆市地方税务局公告2012年第7号	
6.	重庆市地方税务局 关于土地增值税核定征收率的公告	重庆市地方税务局公告2014年第3号	
7.	重庆市地方税务局关于土地增值税若干政策执行问题的公告	重庆市地方税务局公告2014年第9号	部分废止:第一条第(一)项、第二条第(二)项第(2)点条款
8.	重庆市财政局 重庆市地方税务局关于进一步做好房地产项目土地增值税预征工作的通知	渝财税〔2014〕247号	
十七、	海南省文件		
1.	海南省地方税务局关于土地增值税有关问题的通知	琼地税发〔2009〕104号	
2.	海南省地方税务局关于明确土地增值税若干政策问题的通知	琼地税函〔2007〕356号	条款失效:第一条、第五条

续表

序号	文 件 名 称	文 号	备 注
3.	海南省地方税务局关于调整土地增值税征管工作流程(试行)的通知	琼地税发〔2013〕16 号	
4.	海南省地方税务局关于明确土地增值税有关政策问题的通知	琼地税发〔2014〕205 号	
5.	海南省地方税务局关于明确暂不预征土地增值税的保障性住房范围的通知	琼地税函〔2014〕589 号	
6.	海南省地方税务局关于土地增值税预征率的公告	海南省地方税务局公告 2014 年第 21 号	
7.	海南省地方税务局关于明确转让旧房土地增值税计税依据有关问题的通知	琼地税函〔2014〕818 号	
8.	海南省地方税务局关于印发土地增值税清算有关业务问答的通知	琼地税函〔2015〕917 号	
9.	海南省地方税务局关于调整房地产开发项目土地增值税核定征收办法的公告	海南省地方税务局公告 2016 年第 8 号	
十八、	广西壮族自治区文件		
1.	广西壮族自治区地方税务局转发国家税务总局关于房地产开发企业土地增值税清算管理有关问题的通知	桂地税发〔2007〕88 号	
2.	广西壮族自治区地方税务局关于明确土地增值税清算若干政策问题的通知	桂地税发〔2008〕44 号	
3.	广西壮族自治区地方税务局关于土地增值税清算工作若干问题的通知	桂地税发〔2008〕96 号	
4.	广西壮族自治区地方税务局关于调整土地增值税预征率的通知	桂地税发〔2010〕18 号	
5.	广西壮族自治区地方税务局关于调整部分房地产企业土地增值税预征率的公告	广西壮族自治区地方税务局公告 2016 年第 3 号	
十九、	广东省文件		
1.	广东省地方税务局关于委托代征土地增值税有关问题的通知	粤地税〔1995〕235 号	条款失效:第三条部分、第四条
2.	广东省地方税务局关于发布《广东省地方税务局土地增值税清算管理规程(暂行)》的公告	广东省地方税务局公告 2014 年第 3 号	
二十、	河北省文件		
1.	河北省地方税务局河北省国家税务局 关于印发土地增值税几个具体问题的暂行规定的通知	冀地税函〔1995〕53 号	
2.	河北省地方税务局关于印发《河北省土地增值税管理办法》的通知	冀地税发〔2006〕37 号	

续表

序号	文件名称	文号	备注
3.	河北省地方税务局关于明确土地增值税预征率的补充通知	冀地税发〔2006〕51号	
4.	河北省地方税务局关于土地增值税和企业所得税征收方式认定有关事项的通知	冀地税发〔2016〕102号	
二十一、	河南省文件		
1.	河南省地方税务局关于营业税、资源税、土地增值税若干征税问题的通知	豫地税发〔1997〕160号	
2.	河南省地方税务局关于转发国家税务总局关于房地产开发企业土地增值税清算管理有关问题的通知	豫地税函〔2007〕16号	部分废止
3.	河南省地方税务局关于明确土地增值税若干政策的通知	豫地税发〔2010〕28号	部分废止
4.	河南省地方税务局转发关于土地增值税清算有关问题的通知	豫地税函〔2010〕202号	部分废止
5.	河南省地方税务局关于调整土地增值税核定征收率有关问题的公告	河南省地方税务局公告2011年第10号	条款废止:第一条(三)
6.	河南省地方税务局关于调整土地增值税预征率、核定征收率的公告	河南省地方税务局公告2017年第3号	
7.	河南省地方税务局关于《调整土地增值税预征率、核定征收率的公告》政策解读		来源于河南省地方税务局
二十二、	黑龙江省文件		
1.	黑龙江省地方税务局关于调整土地增值税核定征收率问题的公告	黑龙江省地方税务局公告2011年第5号	
2.	黑龙江省地方税务局关于土地增值税若干政策问题的公告	黑龙江省地方税务局公告2016年第1号	
3.	黑龙江省地方税务局关于发布《黑龙江省土地增值税清算管理操作规程》的公告	黑龙江省地方税务局公告2016年第2号	
二十三、	湖北省文件		
1.	湖北省地方税务局关于印发《湖北省房地产开发企业土地增值税清算管理办法》的通知	鄂地税发〔2008〕207号	
2.	湖北省地方税务局关于房地产开发企业土地增值税清算工作若干政策问题的通知	鄂地税发〔2008〕211号	条款失效:第三条第二款
3.	湖北省地方税务局关于调整土地增值税预征率和核定征收率的通知	鄂地税发〔2012〕127号	部分废止:第一条
4.	湖北省地方税务局关于进一步规范土地增值税征管工作的若干意见	鄂地税发〔2013〕44号	部分废止:第一条

续表

序号	文件名称	文号	备注
5.	湖北省地方税务局关于土地流转有关税收问题的通知	鄂地税发〔2013〕97号	
6.	湖北省地方税务局关于调整土地增值税预征率的公告	湖北省地方税务局〔2014〕7号	条款内容修改
7.	湖北省地方税务局关于财产行为税若干政策问题的通知	鄂地税发〔2014〕63号	
二十四、	湖南省文件		
1.	湖南省财政厅 湖南省地方税务局转发财政部国家税务总局关于土地增值税一些具体问题规定的通知	湘财〔1995〕财税字第213号	条款废止
2.	湖南省地方税务局关于调整房产税、城镇土地使用税、土地增值税、资源税、印花税纳税期限的通知	湘地税发〔2010〕24号	
3.	湖南省地方税务局关于进一步规范土地增值税管理的公告	湖南省地方税务局公告2014年第7号	条款失效：第三条、第六条
4.	湖南省地税局财产和行为税处关于明确“以股权转让名义转让房地产”征收土地增值税的通知	湘地税财行便函〔2015〕3号	
5.	湖南省地方税务局关于加强土地增值税管理的公告	湖南省地方税务局公告2015年第4号	条款失效：第二条第(三)项
6.	湖南省地方税务局关于财产行为税若干政策问题的公告	湖南省地方税务局公告2015年第9号	
7.	湖南省财政厅湖南省地方税务局关于土地增值税新旧房界定问题的通知	湘财税〔2015〕13号	
二十五、	吉林省文件		
1.	吉林省地方税务局关于印发吉林省土地增值税征收管理暂行办法的通知	吉地税发〔2004〕85号	
2.	吉林省地税局转发财政部国家税务总局关于土地增值税若干问题的通知	吉地税发〔2006〕40号	条款废止：第一条第一款；第二条第二款；第三条第一款、第二款
3.	吉林省地方税务局转发国家税务总局关于房地产开发企业土地增值税清算管理有关问题的通知	吉地税发〔2007〕77号	
4.	吉林省地方税务局转发国家税务总局关于土地增值税清算有关问题的通知	吉地税函〔2010〕34号	
5.	吉林省地方税务局转发国家税务总局关于加强土地增值税征管工作的通知	吉地税发〔2010〕184号	

续表

序号	文件名称	文号	备注
6.	吉林省地方税务局关于发布《房地产开发企业土地增值税清算管理办法(试行)》的公告	吉林省地方税务局公告2014年第1号	第十三条、第十九条、第二十七条、第三十一条进行修订,第二十九条废止
二十六、	江苏省文件		
1.	江苏省财政厅　江苏省地方税务局转发财政部　国家税务总局关于土地增值税若干问题的通知	苏财税〔2007〕45号	条款失效
2.	江苏省地方税务局关于印发《土地增值税清算管理规程》的通知	苏地税发〔2009〕72号	
3.	江苏省地方税务局关于加强土地增值税征管工作的通知	苏地税发〔2011〕53号	
4.	江苏省财政厅 江苏省地方税务局关于明确土地增值税清算过程中行政事业性收费和政府性基金归集方向的通知	苏地税函〔2011〕81号	
5.	江苏省地方税务局关于土地增值税有关业务问题的公告	苏地税规〔2012〕1号	条款失效:第一条、第二条、第四条第(一)项、第五条第(二)项和第(三)项
6.	江苏省地方税务局公告关于土地增值税若干问题的公告	苏地税规〔2015〕8号	条款废止
7.	江苏省地方税务局关于调整土地增值税预征率的公告	苏地税规〔2016〕2号	
8.	江苏省地方税务局关于明确个人转让非住宅类旧房及建筑物土地增值税核定征收率的公告	苏地税规〔2016〕4号	
9.	江苏省地方税务局关于调整土地增值税有关政策的公告	苏地税规〔2016〕7号	
二十七、	江西省文件		
1.	江西省地方税务局关于土地增值税清算有关问题的通知	赣地税发〔2007〕22号	
2.	江西省地方税务局关于对转让二手房征收土地增值税有关问题的通知	赣地税发〔2007〕99号	
3.	江西省地方税务局关于土地增值税清算若干问题的通知	赣地税发〔2008〕76号	
4.	江西省地方税务局关于明确土地增值税若干问题的通知	赣地税函〔2013〕101号	
5.	江西省地方税务局关于土地增值税征收管理有关问题的通知	赣地税发〔2013〕117号	

续表

序号	文 件 名 称	文 号	备 注
6.	江西省地方税务局关于调整土地增值税预征率及核定征收率的公告	江西省地方税务局公告2017年第1号	
二十八、	内蒙古自治区文件		
1.	内蒙古自治区地方税务局关于印发《房地产开发企业土地增值税预征和清算管理暂行办法》的通知	内地税字〔2005〕116号	条款失效:第四章和第八章
2.	内蒙古自治区地方税务局关于认真落实"三去一降一补"五大任务有关税费优惠政策的通知	内地税字〔2016〕136号	
3.	内蒙古自治区地方税务局关于转让旧房征收土地增值税问题的通知	内地税字〔2006〕438号	
4.	内蒙古自治区地方税务局关于进一步明确土地增值税有关政策的通知	内地税字〔2014〕159号	
5.	内蒙古自治区地方税务局关于土地增值税核定征收问题的公告	内蒙古自治区地方税务局公告2016年10号	
二十九、	宁夏回族自治区文件		
1.	宁夏回族自治区人民政府关于印发《宁夏回族自治区土地增值税征收管理实施暂行办法》的通知	宁政发〔2015〕43号	
2.	宁夏回族自治区地方税务局关于发布《宁夏回族自治区地方税务局土地增值税核定征收管理办法(试行)》的公告	宁夏回族自治区地方税务局公告2016年第7号	
三十、	青海省文件		
1.	青海省地方税务局关于调整土地增值税预征率和核定征收率的公告	青海省地方税务局公告2016年第5号	
三十一、	山西省文件		
1.	山西省地方税务局关于重新公布《土地增值税预征管理办法》的公告	山西省地方税务局公告2012年第3号	
2.	山西省地方税务局关于发布《房地产开发企业土地增值税清算管理办法》的公告	山西省地方税务局公告2014年第3号	
三十二、	陕西省文件		
1.	陕西省地方税务局关于调整土地增值税预征率的公告	陕西省地方税务局公告2012年第3号	条款调整
2.	陕西省地方税务局关于调整土地增值税预征率的公告	陕西省地方税务局公告2016年第1号	

续表

序号	文件名称	文号	备注
3.	陕西省地方税务局关于明确个人转让非住宅类旧房及建筑物土地增值税核定征收率的公告	陕西省地方税务局公告 2016 年第 3 号	
三十三、	新疆维吾尔自治区文件		
1.	新疆维吾尔自治区地方税务局关于土地增值税的若干问题的通知	新地税三〔1997〕27 号	条款失效:第二条
2.	新疆维吾尔自治区地方税务局关于土地增值税若干问题的通知	新地税发〔2002〕150 号	条款失效:第六条、第十一条
3.	新疆维吾尔自治区地方税务局关于土地增值税有关问题的通知	新地税发〔2005〕208 号	条款废止:第一条
4.	新疆维吾尔自治区地方税务局关于转让人防设施地下建筑征收土地增值税问题的批复	新地税函〔2010〕192 号	
5.	新疆地税关于土地使用者将土地使用权归还给土地所有者行为土地增值税问题的通知	新地税函〔2012〕76 号	
6.	新疆维吾尔自治区地方税务局关于明确土地增值税相关问题的公告	新疆维吾尔自治区地方税务局公告 2016 年第 6 号	
三十四、	云南省文件		
1.	云南省土地增值税征收管理暂行规定	云南省人民政府令第 22 号	
2.	云南省地方税务局转发财政部、国家税务总局关于土地增值税一些具体问题规定的通知	云财税政字〔1995〕18 号	
3.	云南省地方税务局关于进一步加强土地增值税征收管理有关问题的通知	云地税发〔2005〕181 号	
4.	云南省地方税务局转发国家税务总局关于进一步加强城镇土地使用税和土地增值税征收管理工作的通知	云地税发〔2005〕163 号	
5.	云南省地方税务局转发国家税务总局关于房地产开发企业土地增值税清算管理有关问题的通知	云地税发〔2007〕180 号	
6.	云南省地方税务局贯彻国家税务总局关于加强土地增值税征管工作的通知的意见	云南省地方税务局公告 2010 年第 3 号	
三十五、	浙江省文件		
1.	浙江省国家税务局、浙江省地方税务局关于土地增值税若干问题的补充通知	浙地税〔1995〕38 号	

续表

序号	文 件 名 称	文 号	备 注
2.	浙江省地方税务局关于土地增值税征管若干问题的规定	浙江省地方税务局公告 2010 年第 2 号	
3.	浙江省地方税务局关于土地增值税若干政策问题的公告	浙江省地方税务局公告 2014 年第 16 号	
4.	浙江省地方税务局关于房地产开发企业土地增值税清算管理有关问题的公告	浙江省地方税务局公告 2015 年第 8 号	
5.	浙江省地方税务局关于房地产开发企业土地增值税清算四项开发成本核定办法的公告	浙江省地方税务局公告 2016 年第 20 号	
三十六、	甘肃省文件		
1.	甘肃省地方税务局印发《甘肃省土地增值税预征办法》和《甘肃省土地增值税预征清算办法》的通知	甘地税函发〔2006〕206 号	
三十七、	深圳市文件		
1.	深圳市地方税务局关于我市开征土地增值税的通告	深地税告〔2005〕6 号	
2.	深圳市地方税务局关于土地增值税纳税义务发生时间有关问题的通知	深地税发〔2006〕266 号	
3.	深圳市地方税务局关于土地增值税扣除项目等有关问题的通知	深地税发〔2006〕454 号	
4.	深圳市地方税务局关于土地增值税核定征收有关问题的通知	深地税发〔2009〕460 号	
5.	深圳市地方税务局关于调整我市土地增值税预征率的公告	深地税告〔2010〕6 号	
6.	深圳市地方税务局关于发布土地增值税征管工作规程(试行)的公告	深圳市地方税务局公告 2015 年第 1 号	
7.	深圳市地方税务局关于修订《土地增值税征管工作规程(试行)》的公告	深圳市地方税务局公告〔2016〕7 号	

附录二
国务院及各组成机构颁布的相关政策

1. 中华人民共和国土地增值税暂行条例

1993 年 12 月 13 日　国务院令第 138 号

第一条　为了规范土地、房地产市场交易秩序，合理调节土地增值收益，维护国家权益，制定本条例。

第二条　转让国有土地使用权、地上的建筑物及其附着物（以下简称转让房地产）并取得收入的单位和个人，为土地增值税的纳税义务人（以下简称纳税人），应当依照本条例缴纳土地增值税。

第三条　土地增值税按照纳税人转让房地产所取得的增值额和本条例第七条规定的税率计算征收。

第四条　纳税人转让房地产所取得的收入减除本条例第六条规定扣除项目金额后的余额，为增值额。

第五条　纳税人转让房地产所取得的收入，包括货币收入、实物收入和其他收入。

第六条　计算增值额的扣除项目：

（一）取得土地使用权所支付的金额；

（二）开发土地的成本、费用；

（三）新建房及配套设施的成本、费用，或者旧房及建筑物的评估价格；

（四）与转让房地产有关的税金；

（五）财政部规定的其他扣除项目。

第七条　土地增值税实行四级超率累进税率：

增值额未超过扣除项目金额 50%的部分，税率为 30%。

增值额超过扣除项目金额 50%、未超过扣除项目金额 100%的部分，税率为 40%。

增值额超过扣除项目金额 100%、未超过扣除项目金额 200%的部分，税率为 50%。

增值额超过扣除项目金额 200%的部分，税率为 60%。

第八条　有下列情形之一的，免征土地增值税：

（一）纳税人建造普通标准住宅出售，增值额未超过扣除项目金额 20%的；

（二）因国家建设需要依法征用、收回的房地产。

第九条　纳税人有下列情形之一的，按照房地产评估价格计算征收：

（一）隐瞒、虚报房地产成交价格的；

（二）提供扣除项目金额不实的；

（三）转让房地产的成交价格低于房地产评估价格，又无正当理由的。

第十条　纳税人应当自转让房地产合同签订之日起七日内向房地产所在地主管税务机关办理纳税申报，并在税务机关核定的期限内缴纳土地增值税。

第十一条　土地增值税由税务机关征收。土地管理部门、房产管理部门应当向税务机关提供有关资料，并协助税务机关依法征收土地增值税。

第十二条　纳税人未按照本条例缴纳土地增值税的，土地管理部门、房产管理部门不得办理有关的权属变更手续。

第十三条　土地增值税的征收管理，依据《中华人民共和国税收征收管理法》及本条例有关规定执行。

第十四条　本条例由财政部负责解释，实施细则由财政部制定。

第十五条　本条例自一九九四年一月一日起施行。各地区的土地增值费征收办法，与本条例相抵触的，同时停止执行。

2. 中华人民共和国土地增值税暂行条例实施细则

1995 年 01 月 27 日　财法字〔1995〕6 号

第一条　根据《中华人民共和国土地增值税暂行条例》（以下简称条例）第十四条规定，制定本细则。

第二条　条例第二条所称的转让国有土地使用权、地上的建筑物及其附着物并取得收入，是指以出售或者其他方式有偿转让房地产的行为。不包括以继承、赠与方式无偿转让房地产的行为。

第三条　条例第二条所称的国有土地，是指按国家法律规定属于国家所有的土地。

第四条　条例第二条所称的地上的建筑物，是指建于土地上的一切建筑物，包括地上地下的各种附属设施。

条例第二条所称的附着物，是指附着于土地上的不能移动，一经移动即遭损坏的物品。

第五条　条例第二条所称的收入，包括转让房地产的全部价款及有关的经济收益。

第六条　条例第二条所称的单位，是指各类企业单位、事业单位、国家机关和社会团体及其他组织。

条例第二条所称个人，包括个体经营者。

第七条　条例第六条所列的计算增值额的扣除项目，具体为：

（一）取得土地使用权所支付的金额，是指纳税人为取得土地使用权所支付的地价款和按国家统一规定交纳的有关费用。

（二）开发土地和新建房及配套设施（以下简称房地产开发）的成本，是指纳税人房地产开发项目实际发生的成本（以下简称房地产开发成本），包括土地征用及拆迁补偿费、前期工程费、建筑安装工程费、基础设施费、公共配套设施费、开发间接费用。

土地征用及拆迁补偿费，包括土地征用费、耕地占用税、劳动力安置费及有关地上、地下附着物拆迁补偿的净支出、安置动迁用房支出等。

前期工程费，包括规划、设计、项目可行性研究和水文、地质、勘察、测绘、“三通一平”等支出。

建筑安装工程费，是指以出包方式支付给承包单位的建筑安装工程费，以自营方式发生的建筑安装工程费。

基础设施费，包括开发小区内道路、供水、供电、供气、排污、排洪、通讯、照明、环卫、绿化等工程发生的支出。

公共配套设施费，包括不能有偿转让的开发小区内公共配套设施发生的支出。

开发间接费用，是指直接组织、管理开发项目发生的费用，包括工资、职工福利费、折旧费、修理费、办公费、水电费、劳动保护费、周转房摊销等。

（三）开发土地和新建房及配套设施的费用（以下简称房地产开发费用），是指与房地产开发项目有关的销售费用、管理费用、财务费用。

财务费用中的利息支出，凡能够按转让房地产项目计算分摊并提供金融机构证明的，允许据实扣除，但最高不能超过按商业银行同类同期贷款利率计算的金额。其他房地产开发费用，按本条（一）、（二）项规定计算的金额之和的5%以内计算扣除。

凡不能按转让房地产项目计算分摊利息支出或不能提供金融机构证明的，房地产开发费用按本条（一）、（二）项规定计算的金额之和的10%以内计算扣除。

上述计算扣除的具体比例，由各省、自治区、直辖市人民政府规定。

（四）旧房及建筑物的评估价格，是指在转让已使用的房屋及建筑物时，由政府批准设立的房地产评估机构评定的重置成本价乘以成新度折扣率后的价格。评估价格须经当地税务机关确认。

（五）与转让房地产有关的税金，是指在转让房地产时缴纳的营业税、城市维护建设税、印花税。因转让房地产交纳的教育费附加，也可视同税金予以扣除。

（六）根据条例第六条（五）项规定，对从事房地产开发的纳税人可按本条（一）、（二）项规定计算的金额之和，加计20%的扣除。

第八条　土地增值税以纳税人房地产成本核算的最基本的核算项目或核算对象为

单位计算。

第九条　纳税人成片受让土地使用权后，分期分批开发、转让房地产的，其扣除项目金额的确定，可按转让土地使用权的面积占总面积的比例计算分摊，或按建筑面积计算分摊，也可按税务机关确认的其他方式计算分摊。

第十条　条例第七条所列四级超率累进税率，每级“增值额未超过扣除项目金额”的比例，均包括本比例数。

计算土地增值税税额，可按增值额乘以适用的税率减去扣除项目金额乘以速算扣除系数的简便方法计算，具体公式如下：

（一）增值额未超过扣除项目金额50%

土地增值税税额＝增值额×30%

（二）增值额超过扣除项目金额50%，未超过100%的

土地增值税税额＝增值额×40%－扣除项目金额×5%

（三）增值额超过扣除项目金额100%，未超过200%的

土地增值税税额＝增值额×50%－扣除项目金额×15%

（四）增值额超过扣除项目金额200%

土地增值税税额＝增值额×60%－扣除项目金额×35%

公式中的5%、15%、35%为速算扣除系数。

第十一条　条例第八条（一）项所称的普通标准住宅，是指按所在地一般民用住宅标准建造的居住用住宅。高级公寓、别墅、度假村等不属于普通标准住宅。普通标准住宅与其他住宅的具体划分界限由各省、自治区、直辖市人民政府规定。

纳税人建造普通标准住宅出售，增值额未超过本细则第七条（一）、（二）、（三）、（五）、（六）项扣除项目金额之和20%的，免征土地增值税；增值额超过扣除项目金额之和20%的，应就其全部增值额按规定计税。

条例第八条（二）项所称的因国家建设需要依法征用、收回的房地产，是指因城市实施规划、国家建设的需要而被政府批准征用的房产或收回的土地使用权。

因城市实施规划、国家建设的需要而搬迁，由纳税人自行转让原房地产的，比照本规定免征土地增值税。

符合上述免税规定的单位和个人，须向房地产所在地税务机关提出免税申请，经税务机关审核后，免予征收土地增值税。

第十二条　个人因工作调动或改善居住条件而转让原自用住房，经向税务机关申报核准，凡居住满五年或五年以上的，免予征收土地增值税；居住满三年未满五年的，减半征收土地增值税。居住未满三年的，按规定计征土地增值税。

第十三条　条例第九条所称的房地产评估价格，是指由政府批准设立的房地产评估机构根据相同地段、同类房地产进行综合评定的价格。评估价格须经当地税务机关确认。

第十四条　条例第九条(一)项所称的隐瞒、虚报房地产成交价格，是指纳税人不报或有意低报转让土地使用权、地上建筑物及其附着物价款的行为。

条例第九条(二)项所称的提供扣除项目金额不实的，是指纳税人在纳税申报时不据实提供扣除项目金额的行为。

条例第九条(三)项所称的转让房地产的成交价格低于房地产评估价格，又无正当理由，是指纳税人申报的转让房地产的实际成交价低于房地产评估机构评定的交易价，纳税人又不能提供凭据或无正当理由的行为。

隐瞒、虚报房地产成交价格，应由评估机构参照同类房地产的市场交易价格进行评估。税务机关根据评估价格确定转让房地产的收入。

提供扣除项目金额不实的，应由评估机构按照房屋重置成本价乘以成新度折扣率计算的房屋成本价和取得土地使用权时的基准地价进行评估。税务机关根据评估价格确定扣除项目金额。

转让房地产的成交价格低于房地产评估价格，又无正当理由的，由税务机关参照房地产评估价格确定转让房地产的收入。

第十五条　根据条例第十条的规定，纳税人应按照下列程序办理纳税手续：

(一) 纳税人应在转让房地产合同签订后的七日内，到房地产所在地主管税务机关办理纳税申报，并向税务机关提交房屋及建筑物产权、土地使用权证书，土地转让、房产买卖合同，房地产评估报告及其他与转让房地产有关的资料。

纳税人因经常发生房地产转让而难以在每次转让后申报的，经税务机关审核同意后，可以定期进行纳税申报，具体期限由税务机关根据情况确定。①

(二) 纳税人按照税务机关核定的税额及规定的期限缴纳土地增值税。

第十六条　纳税人在项目全部竣工结算前转让房地产取得的收入，由于涉及成本确定或其他原因，而无法据以计算土地增值税的，可以预征土地增值税，待该项目全部竣工、办理结算后再进行清算，多退少补。具体办法由各省、自治区、直辖市地方税务局根据当地情况制定。

第十七条　条例第十条所称的房地产所在地，是指房地产的坐落地。纳税人转让房地产坐落在两个或两个以上地区的，应按房地产所在地分别申报纳税。

第十八条　条例第十一条所称的土地管理部门、房产管理部门应当向税务机关提

---

① 第十五条第一款"土地增值税纳税人因经常发生房地产转让而难以在每次转让后申报的，定期进行纳税申报须经税务机关审核同意"的规定已取消，根据：《国家税务总局关于加强土地增值税管理工作的通知》，国税函〔2004〕938号。时间：2004年7月1日。

供有关资料，是指向房地产所在地主管税务机关提供有关房屋及建筑物产权、土地使用权、土地出让金数额、土地基准地价、房地产市场交易价格及权属变更等方面的资料。

第十九条　纳税人未按规定提供房屋及建筑物产权、土地使用权证书，土地转让、房产买卖合同，房地产评估报告及其他与转让房地产有关资料的，按照《中华人民共和国税收征收管理法》（以下简称《征管法》）第三十九条的规定进行处理。

纳税人不如实申报房地产交易额及规定扣除项目金额造成少缴或未缴税款的，按照《征管法》第四十条的规定进行处理。

第二十条　土地增值税以人民币为计算单位。转让房地产所取得的收入为外国货币的，以取得收入当天或当月 1 日国家公布的市场汇价折合成人民币，据以计算应纳土地增值税税额。

第二十一条　条例第十五条所称的各地区的土地增值费征收办法是指与本条例规定的计征对象相同的土地增值费、土地收益金等征收办法。

第二十二条　本细则由财政部解释，或者由国家税务总局解释。

第二十三条　木细则自发布之日起施行。

第二十四条　1994 年 1 月 1 日至本细则发布之日期间的土地增值税参照本细则的规定计算征收。

3. 财政部关于对 1994 年 1 月 1 日前签订开发及转让合同的房地产征免土地增值税的通知

1995 年 01 月 27 日　财法字〔1995〕7 号

国务院各部委，各直属机构，各省、自治区、直辖市计划单列市人民政府，财政厅（局）、国家税务局、地方税务局、财政监察专员办事处：

根据《中华人民共和国土地增值税暂行条例》第十五条的规定，土地增值税暂行条例自 1994 年 1 月 1 日起执行。现对 1994 年 1 月 1 日以前签订开发、转让合同的房地产征免土地增值税的问题，通知如下：

一、1994 年 1 月 1 日以前已签订的房地产转让合同，不论其房地产在何时转让，均免征土地增值税。

二、1994 年 1 月 1 日以前已签订房地产开发合同或已立项，并已按规定投入资金进行开发，其在 1994 年 1 月 1 日以后五年内首次转让房地产的，免征土地增值税。签订合同日期以有偿受让土地合同签订之日为准。

对十个别由政府审批同意进行成片廾发、周期较长的房地产项目，其房地产在上述规定五年免税期以后首次转让的，经所在地财政、税务部门审核，并报财政部、国家税务总局核准，可以适当延长免税期限。

三、在上述免税期限内再次转让房地产以及不符合上述规定的房地产转让，如超出合同范围的房地产或变更合同的，均应按规定征收土地增值税。

4. 国家税务总局关于印发《土地增值税宣传提纲》的通知

1995 年 03 月 16 日　国税函发〔1995〕110 号

各省、自治区、直辖市和计划单列市国家税务局、地方税务局，扬州培训中心，长春税务学院：

1993 年 12 月 13 日国务院发布了《中华人民共和国土地增值税暂行条例》，财政部于 1995 年 1 月 27 日颁布了《中华人民共和国土地增值税暂行条例实施细则》。为了做好土地增值税的宣传解释工作，我们拟定了《土地增值税宣传提纲》，现发给你们。为使纳税单位和个人充分了解土地增值税的有关规定和缴纳方式，增强依法纳税的观念。请你们结合本地情况，采取多种形式广为宣传。

土地增值税宣传提纲

一、什么是土地增值税？

土地增值税是以纳税人转让国有土地使用权、地上的建筑物及其附着物（以下简称转让房地产）所取得的增值额为征税对象，依照规定税率征收的一种税。国务院在 1993 年 12 月 13 日发布了《中华人民共和国土地增值税暂行条例》（以下简称《条例》），财政部于 1995 年 1 月 27 日颁布了《中华人民共和国土地增值税暂行条例实施细则》（以下简称《细则》）。土地增值税从 1994 年 1 月 1 日起在全国开征。

二、为什么要开征土地增值税？

开征土地增值税，主要是国家运用税收杠杆引导房地产经营的方向，规范房地产市场的交易秩序，合理调节土地增值收益分配，维护国家权益，促进房地产开发的健康发展。具体为：

（一）开征土地增值税，是适应我国社会主义市场经济发展的新形势，增强国家对房地产开发和房地产交易市场调控的需要。改革开放前，我国土地管理制度一直采取行政划拨方式，土地实行无偿无限期使用，但不允许买卖土地。实践证明，这种土地使用管理制度不利于提高土地资源的使用效益。自 1987 年我国对土地使用制度进行改革。实行国有土地使用权的有偿出让和转让后，极大地促进了我国房地产业发展和房地产市场的建立，对提高土地使用效益，增加国家财政收入，改善城市基础设施和人民生活居住条件，以及带动国民经济相关产业的发展都产生了积极作用。

但是，由于有关土地管理的各项制度滞后，以及行政管理上的偏差，在房地产业发展中也出现了一些问题。特别是 1992 年及 1993 年上半年，我国部分地区出现的房地产持续高温，炒买炒卖房地产情况严重，使得很多资金流向了房地产，极大地浪费了国家的资源和财力，国家土地资金收益大量流失，严重冲击和危害了国民经济的协调健康发展。为扭转这一局面，国家采取了一系列宏观调控措施，其中一项就是开征土地增值税，这也是社会主义市场经济发展的客观需要。

（二）对土地增值税课税，其主要目的是为了抑制炒买炒卖土地获取暴利的行为，以保护正当房地产开发的发展。土地增值主要是两方面原因，一是自然增值，由于土地资源是有限的，随着社会经济的发展，生产和生活建设用地扩大，土地资源相对发生紧缺或改善了投资环境，导致土地价格上升。二是投资增值，把“生地”变为“熟地”，建成各种生产、生活、商业设施，形成土地增值。土地属国家所有，中华人民共和国成立以来，国家在城市建设方面投入了大量资金，搞了许多基础设施建设，这是土地增值的一个重要因素。对这部分土地增值收益，国家理应参与土地增值收益分配，并取得较大份额。征收土地增值税有利于减少国家土地资源增值收益的流失，同时，对投资房地产开发的合理收益给予保护，使其能够得到一定的回报，以促进房地产业的正常发展。但对炒买炒卖房地产获取暴利者，则要用高税率进行调节。这样就可以起到保护正当房地产开发的发展、遏制投机者牟取暴利的行为，维护国家整体利益的作用。

（三）规范国家参与土地增值收益的分配方式，增加国家财政收入，为经济建设积累资金。目前，我国涉及房地产交易市场的税收，主要有营业税、企业所得税、个人所得税、契税等。这些税对转让房地产收益只起一般的调节作用，对房地产交易因土地增值所获得的过高收入起不到特殊的调节作用。开征土地增值税能对土地增值的过高收入进行调节，并为增加国家财政收入开辟新税源。土地增值收入属于地方财政收入，地方可集中财力用于地方经济建设，同时，开征土地增值税可以规范土地增值收益的分配制度，统一各地土地增值收益收费标准。

总之，开征土地增值税对于维护国家利益，合理分配国家土地资源收入，促进房地产业和房地产市场健康发展都会产生积极作用。

三、制定土地增值税所遵循的原则是什么？

根据社会主义市场经济发展的客观需要，和国家对房地产市场和房地产开发进行调控的要求，在研究制定土地增值税时遵循了以下三个原则：

（一）要有效地抑制炒买炒卖“地皮”“楼花”等牟取暴利的投机行为，防止扰乱房地产开发和房地产市场发展的行为。土地增值税以转让房地产的增值额为计税依据，并实行四级超率累进税率，对增值率高得多征税，增值率低的少征税，充分体现对过高增值收益进行有效调节的作用。

（二）维护国家权益，防止国家土地增值收益流失，增加国家财政收入，土地资源属国家所有，国家为整治和开发国土投入了巨额资金，国家理应参与土地增值收益分配，增加国家财政收入，用于国家经济建设。

（三）保护从事正当房地产开发者的合法利益，使其得到一定的投资回报，促进房地产开发结构的调整。制定的土地增值税政策，对正当房地产开发者从事房地产开发的投资回报率和通胀因素是有照顾的，以区别于房地产交易的投机行为，这样一方面制约和抑制了房地产的投机和炒卖；另一方面又保护了正常的房地产开发，引导房地产业健康稳定地发展。

四、土地增值税的征收范围是如何规定的？

根据《条例》的规定，凡转让国有土地使用权、地上的建筑物及其附着物并取得收入的行为都应缴纳土地增值税。这样界定有三层含义：一是土地增值税仅对转让国有土地使用权的征收，对转让集体土地使用权的不征税。这是因为，根据《中华人民共和国土地管理法》的规定，国家为了公共利益，可以依照法律规定对集体土地实行征用，依法被征用后的土地属于国家所有。未经国家征用的集体土地不得转让。如要自行转让是一种违法行为。对这种违法行为应由有关部门依照相关法律来处理，而不应纳入土地增值税的征税范围。二是只对转让的房地产征收土地增值税，不转让的不征税。如房地产的出租，虽然取得了收入，但没有发生房地产的产权转让，不应属于土地增值税的征收范围。三是对转让房地产并取得收入的征税，对发生转让行为，而未取得收入的不征税。如通过继承、赠与方式转让房地产的，虽然发生了转让行为，但未取得收入，就不能征收土地增值税。

五、土地增值税的征税对象是什么？

土地增值税的征税对象是转让国有土地使用权、地上的建筑物及其附着物所取得的增值额。增值额为纳税人转让房地产的收入减除《条例》规定的扣除项目金额后的余额。

计算增值额需要把握两个关键：一是转让房地产的收入，二是扣除项目金额。转让房地产的收入包括货币收入、实物收入和其他收入，即与转让房地产有关的经济利益。对纳税人申报的转让房地产的收入，税务机关要进行核实，对隐瞒收入等情况要按评估价格确定其转让收入。扣除项目按《条例》及《细则》规定有下列几项：

（一）取得土地使用权所支付的金额。包括纳税人为取得土地使用权所支付的地价款和按国家统一规定交纳的有关费用。具体为：以出让方式取得土地使用权的，为支付的土地出让金；以行政划拨方式取得土地使用权的，为转让土地使用权时按规定补交的出让金；以转让方式取得土地使用权的，为支付的地价款。

（二）开发土地和新建房及配套设施的成本（以下简称房地产开发成本）。包括土地征用及拆迁补偿费、前期工程费、建筑安装工程费、基础设施费、公共设施配套费、开发间接费用。这些成本允许按实际发生额扣除。

（三）开发土地和新建房及配套设施的费用（以下简称房地产开发费用）是指销售费用、管理费用、财务费用。根据新会计制度规定，与房地产开发有关的费用直接计入当年损益，不按房地产项目进行归集或分摊。为了便于计算操作，《细则》规定，财务费用中的利息支出，凡能够按转让房地产项目计算分摊，并提供金融机构证明的，允许据实扣除，但最高不能超过按商业银行同类同期贷款利率计算的金额。房地产开发费用按取得土地使用权所支付的金额及房地产开发成本之和的5%以内予以扣除。凡不能提供金融机构证明的，利息不单独扣除，三项费用的扣除按取得土地使用权所支付的金额及房地产开发成本的10%以内计算扣除。

（四）旧房及建筑物的评估价格。是指在转让已使用的房屋及建筑物时，由政府批准设立的房地产评估机构评定的重置成本价乘以成新度折扣率后的价值，并由当地税务机关参考评估机构的评估而确认的价格。

（五）与转让房地产有关的税金。这是指在转让房地产时缴纳的营业税、城市维护建设税、印花税。因转让房地产交纳的教育费附加，也可视同税金予以扣除。

（六）加计扣除。对从事房地产开发的纳税人，可按取得土地使用权所支付的金额与房地产开发成本之和加计20%的扣除。

六、具体计算增值额时应注意什么？

在具体计算增值额时，要区分以下几种情况进行处理：

（一）对取得土地或房地产使用权后，未进行开发即转让的，计算其增值额时，只允许扣除取得土地使用权时支付的地价款、交纳的有关费用，以及在转让环节缴纳的税金。这样规定，其目的主要是抑制“炒”买“炒”卖地皮的行为。

（二）对取得土地使用权后投入资金，将“生地”变为“熟地”转让的，计算其增值额时，允许扣除取得土地使用权时支付的地价款、交纳的有关费用，和开发土地所需成本再加计开发成本的20%以及在转让环节缴纳的税金。这样规定，是鼓励投资者将更多的资金投向房地产开发。

（三）对取得土地使用权后进行房地产开发建造的，在计算其增值额时，允许扣除取得土地使用权时支付的地价款和有关费用、开发土地和新建房及配套设施的成本和规定的费用、转让房地产有关的税金，并允许加计20%的扣除。这可以使从事房地产开发的纳税人有一个基本的投资回报，以调动其从事正常房地产开发的积极性。

（四）转让旧房及建筑物的，在计算其增值额时，允许扣除由税务机关参照评估价格确定的扣除项目金额（即房屋及建筑物的重置成本价乘以成新度折扣率后的价值），以及在转让时交纳的有关税金。这主要是考虑到如果按原成本价作为扣除项目金额，不尽合理。而采用评估的重置成本价能够相对消除通货膨胀因素的影响，比较合理。

七、土地增值税的纳税义务人都包括哪些？

土地增值税的纳税义务人是有偿转让国有土地使用权、地上的建筑物及其附着物的单位和个人。包括各类企业单位、事业单位、机关、社会团体、个体工商业户以及其他单位和个人。根据《国务院关于外商投资企业和外国企业适用增值税、消费税、营业税等税收暂行条例的有关问题的通知》的规定，土地增值税也同样适用于涉外企业、单位和个人。因此，外商投资企业、外国企业、外国驻华机构、外国公民、华侨，以及港澳台同胞等，只要转让房地产并取得收入，就是土地增值税的纳税义务人，均应按《条例》的规定照章纳税。

八、土地增值税的税率是如何规定的？

土地增值税采用四级超率累进税率，最低税率为30%，最高税率为60%。超率累进税率是以征税对象数额的相对率为累进依据，按超累方式计算和确定适用税率。在确定适用税率时，首先需要确定征税对象数额的相对率。即以增值额与扣除项目金额的比率（增值率）从低到高划分为4个级次：即增值额未超过扣除项目金额50%的部分；增值额超过扣除项目金额50%，未超过100%的部分；增值额超过扣除项目金额100%，未超过200%的部分；增值额超过扣除项目金额200%的部分，并分别适用30%、40%、50%、60%的税率。

土地增值税四级超率累进税率中每级增值额未超过扣除项目金额的比例，均包括本比例数。如增值额未超过项目金额50%的部分，包括50%在内，均适用30%的税率。

九、土地增值税的减免税政策规定有哪些？

按照《条例》和《细则》的规定，土地增值税减免税共有四条：

（一）纳税人建造普通标准住宅出售，增值额未超过扣除项目金额20%的（含20%），免征土地增值税。但增值额超过扣除项目金额20%的，应对其全部增值额计税（包括未超过扣除项目金额20%的部分）。这是考虑到我国人民居住条件仍然较差，对建造普通标准住宅而增值较低的予以免税。而对增值较高的就全部增值额征税，有利于控制普通标准住宅售价，促进和保证其健康发展。

（二）因国家建设需要依法征用、收回的房地产，免征土地增值税。这是因为，政府在进行城市建设和改造时需要收回一些土地使用权或征用一些房产，国家要给予纳税人适当的经济补偿，免予征收土地增值税是应该的。

（三）因城市市政规划、国家建设的需要而搬迁，由纳税人自行转让原房地产而取得的收入，免征土地增值税。根据城市规划，污染、扰民企业（主要是指企业产生的过量废气、废水、废渣和噪音，使城市居民生活受到一定的危害）需要陆续搬迁到城外，有些企业因国家建设需要也要进行搬迁。这些企业要搬迁不是以盈利为目的，而是为城市规划需要，存在许多困难，如人员安置、搬迁资金不足等；而且大都是一些老企业，这个问题就更突出。为了使这些企业能够易地重建或重购房地产，对其自行转让原有房地产的增值收益，给予免征土地增值税是必要的。

（四）为促进我国住房制度的改革，鼓励个人买房，对个人因工作调动或改善居住条件而转让原自住房，凡居住满5年或5年以上的，经向税务机关申报批准，免予征收土地增值税；居住满3年未满5年的，减半征收土地增值税；居住未满3年，按规定计征土地增值税。

十、怎样计算土地增值税应纳税额?

应纳土地增值税税额等于增值额乘以适用税率。

如果增值额超过扣除项目金额 50%以上,在计算增值额时,需要分别用各级增值额乘以适用税率,得出各级税额,然后再将各级税额相加,得出总税额。在实际征收中,为了方便计算,可按增值额乘以适用税率减去扣除项目金额乘以速算扣除系数的简便方法计算土地增值税税额,具体计算公式如下:

(一) 增值额未超过扣除项目金额 50%的土地增值税税额等于增值额乘以 30%;

(二) 增值额超过扣除项目金额 50%,未超过 100%的土地增值税税额等于增值额乘以 40%减去扣除项目金额乘以 5%;

(三) 增值额超过扣除项目金额 100%,未超过 200%的土地增值税税额等于增值额乘以 50%减去扣除项目金额乘以 15%;

(四) 增值额超过扣除项目金额 200%的土地增值税税额等于增值额乘以 60%减去扣除项目金额乘以 35%。

十一、房地产评估的计税事项是什么?

在征税中,对发生下列情况的,需要进行房地产评估:

(一) 出售旧房及建筑物的;

(二) 隐瞒、虚报房地产成交价格的;

(三) 提供扣除项目金额不实的;

(四) 转让房地产的成交价格低于房地产评估价格,又无正当理由的。

房地产评估价格,是指由政府批准设立的房地产评估机构根据相同地段、同类房地产进行综合评定的价格,税务机关根据评估价格,确定其转让房地产的收入、扣除项目金额等,及计算房地产转让时所要缴纳的土地增值税。对评估价与市场交易价差距较大的转让项目,税务机关有权不予确认,要求其重新评估。纳税人交纳的评估费用,允许作为扣除项目金额予以扣除。采用评估办法,符合市场经济的原则,有利于维护税收法纪,加强征管。

十二、土地增值税的征收管理都有哪些规定?

(一) 转让房地产并取得收入的纳税人,应当按下列程序办理纳税手续:

1. 纳税人在转让房地产合同签订后 7 日内,到房地产所在地税务机关办理纳税申报,并向税务机关提交房屋及建筑物产权、土地使用权证书、土地转让、房产买卖合同、房地产评估报告及其他与转让房地产有关的资料。

对因经常发生房地产转让而难以在每次转让后申报的纳税人,经税务机关审核同意后,可以定期进行纳税申报,具体期限由税务机关根据情况确定。

对预售商品房的纳税人,在签订预售合同 7 日内,也须到税务机关备案,并提供有关资料。

2. 税务机关根据纳税人的申报，核定应纳税额并规定纳税期限。对有些需要进行评估的，要求纳税人先进行评估，然后再根据评估结果确认评估价格。

3. 纳税人按照税务机关核定的税额及规定的期限缴纳土地增值税。

（二）对纳税人在项目全部竣工结算前转让房地产取得的收入，税务机关可以预征土地增值税。纳税人应按照税务机关规定的期限和税额预缴土地增值税。

（三）土地管理和房产管理等部门应当协助税务机关依法征收土地增值税，向税务机关提供有关房屋及建筑物产权、土地使用权、土地出让金数额、土地基准地价、房地产市场交易价格以及权属变更等方面的资料。积极支持税务部门搞好土地增值税的征收管理工作。

5. 财政部　国家税务总局关于土地增值税一些具体问题规定的通知

1995 年 05 月 25 日　财税字〔1995〕48 号

按照《中华人民共和国土地增值税暂行条例》（以下简称条例）和《中华人民共和国土地增值税暂行条例实施细则》（以下简称细则）的规定，现对土地增值税一些具体问题规定如下：

一、关于以房地产进行投资、联营的征免税问题

对于以房地产进行投资、联营的，投资、联营的一方以土地（房地产）作价入股进行投资或作为联营条件，将房地产转让到所投资、联营的企业中时，暂免征收土地增值税。对投资、联营企业将上述房地产再转让的，应征收土地增值税。

二、关于合作建房的征免税问题

对于一方出地，一方出资金，双方合作建房，建成后按比例分房自用的，暂免征收土地增值税；建成后转让的，应征收土地增值税。

三、关于企业兼并转让房地产的征免税问题

在企业兼并中，对被兼并企业将房地产转让到兼并企业中的，暂免征收土地增值税。

四、关于细则中“赠与”所包括的范围问题

细则所称的“赠与”是指如下情况：

（一）房产所有人、土地使用权所有人将房屋产权、土地使用权赠与直系亲属或承担直接赡养义务人的。

（二）房产所有人、土地使用权所有人通过中国境内非营利的社会团体、国家机关将房屋产权、土地使用权赠与教育、民政和其他社会福利、公益事业的。

上述社会团体是指中国青少年发展基金会、希望工程基金会、宋庆龄基金会、减灾委员会、中国红十字会、中国残疾人联合会、全国老年基金会、老区促进会以及经民政部

门批准成立的其他非营利的公益性组织。

五、关于个人互换住房的征免税问题

对个人之间互换自有居住用房地产的，经当地税务机关核实，可以免征土地增值税。

六、关于地方政府要求房地产开发企业代收的费用如何计征土地增值税的问题

对于县级及县级以上人民政府要求房地产开发企业在售房时代收的各项费用，如果代收费用是计入房价中向购买方一并收取的，可作为转让房地产所取得的收入计税；如果代收费用未计入房价中，而是在房价之外单独收取的，可以不作为转让房地产的收入。

对于代收费用作为转让收入计税的，在计算扣除项目金额时，可予以扣除，但不允许作为加计20%扣除的基数；对于代收费用未作为转让房地产的收入计税的，在计算增值额时不允许扣除代收费用。

七、关于新建房与旧房的界定问题

新建房是指建成后未使用的房产。凡是已使用一定时间或达到一定磨损程度的房产均属旧房。使用时间和磨损程度标准可由各省、自治区、直辖市财政厅（局）和地方税务局具体规定。

八、关于扣除项目金额中的利息支出如何计算问题

（一）利息的上浮幅度按国家的有关规定执行，超过上浮幅度的部分不允许扣除；

（二）对于超过贷款期限的利息部分和加罚的利息不允许扣除。

九、关于计算增值额时扣除已缴纳印花税的问题

细则中规定允许扣除的印花税，是指在转让房地产时缴纳的印花税。房地产开发企业按照《施工、房地产开发企业财务制度》的有关规定，其缴纳的印花税列入管理费用，已相应予以扣除。其他的土地增值税纳税义务人在计算土地增值税时允许扣除在转让时缴纳的印花税。

十、关于转让旧房如何确定扣除项目金额的问题

转让旧房的，应按房屋及建筑物的评估价格、取得土地使用权所支付的地价款和按国家统一规定交纳的有关费用以及在转让环节缴纳的税金作为扣除项目金额计征土地增值税。对取得土地使用权时未支付地价款或不能提供已支付的地价款凭据的，不允许扣除取得土地使用权所支付的金额。

十一、关于已缴纳的契税可否在计税时扣除的问题

对于个人购入房地产再转让的，其在购入时已缴纳的契税，在旧房及建筑物的评估价中已包括了此项因素，在计征土地增值税时，不另作为“与转让房地产有关的税金”予以扣除。

十二、关于评估费用可否在计算增值额时扣除的问题

纳税人转让旧房及建筑物时因计算纳税的需要而对房地产进行评估，其支付的评

估费用允许在计算增值额时予以扣除。对条例第九条规定的纳税人隐瞒、虚报房地产成交价格等情形而按房地产评估价格计算征收土地增值税所发生的评估费用,不允许在计算土地增值税时予以扣除。

十三、关于既建普通标准住宅又搞其他类型房地产开发的如何计税的问题

对纳税人既建普通标准住宅又搞其他房地产开发的,应分别核算增值额。不分别核算增值额或不能准确核算增值额的,其建造的普通标准住宅不能适用条例第八条(一)项的免税规定。

十四、关于预售房地产所取得的收入是否申报纳税的问题

根据细则的规定,对纳税人在项目全部竣工结算前转让房地产取得的收入可以预征土地增值税。具体办法由各省、自治区、直辖市地方税务局根据当地情况制定。因此,对纳税人预售房地产所取得的收入,当地税务机关规定预征土地增值税的,纳税人应当到主管税务机关办理纳税申报,并按规定比例预交,待办理决算后,多退少补;当地税务机关规定不预征土地增值税的,也应在取得收入时先到税务机关登记或备案。

十五、关于分期收款的外币收入如何折合人民币的问题

对于取得的收入为外国货币的,依照细则规定,以取得收入当天或当月 1 日国家公布的市场汇价折合人民币,据以计算土地增值税税额。对于以分期收款形式取得的外币收入,也应按实际收款日或收款当月 1 日国家公布的市场汇价折合人民币。

十六、关于纳税期限的问题

根据条例第十条、第十二条和细则第十五条的规定,税务机关核定的纳税期限,应在纳税人签订房地产转让合同之后、办理房地产权属转让(即过户及登记)手续之前。

十七、关于财政部、国家税务总局《关于对 1994 年 1 月 1 日前签订开发及转让合同的房地产征免土地增值税的通知》(财法字〔1995〕7 号)适用范围的问题。

该通知规定的适用范围,限于房地产开发企业转让新建房地产的行为,非房地产开发企业或房地产开发企业转让存量房地产的,不适用此规定。

6. 财政部　国家税务总局　国家国有资产管理局关于转让国有房地产征收土地增值税中有关房地产价格评估问题的通知

1995 年 06 月 23 日　财税字〔1995〕61 号

各省、自治区、直辖市和计划单列市财政厅(局)、国家税务局、地方税务局、国有资产管理局:

为了加强土地增值税的征收管理,促进对国有房地产转让价格评估的管理,维护国有资产权益,现根据《中华人民共和国土地增值税暂行条例》(以下简称《条例》)及《中华人民共和国土地增值税暂行条例实施细则》(以下简称《细则》)和《国有资产评估管理办

法》的有关规定，对国有房地产转让中有关价格评估等问题通知如下：

一、凡转让国有土地使用权、地上建筑物及其附属物(以下简称房地产)的纳税人，按照土地增值税的有关规定，需要根据房地产的评估价格计税的，可委托经政府批准设立，并按照《国有资产评估管理办法》规定的由省以上国有资产管理部门授予评估资格的资产评估事务所、会计师事务所等各类资产评估机构受理有关转让房地产的评估业务。

二、对于涉及土地增值税的国有房地产价格评估，各评估机构必须严格按照《条例》和《细则》中规定的方法进行应纳税房地产的价格评估。其评估结果经同级国有资产管理部门审核验证后作为房地产转让的底价，并按税务部门的要求按期报送房地产所在地主管税务机关，作为确认计税依据的参考。

房地产所在地主管税务机关要求从事房地产评估的资产评估机构提供与房地产评估有关的评估资料的，资产评估机构应无偿提供，不得以任何借口予以拒绝。

房地产所在地主管税务机关应根据《条例》和《细则》的有关规定，对应纳税房地产的评估结果进行严格审核及确认，对不符合实际情况的评估结果不予采用。

三、房地产评估机构在执业过程中必须遵守职业道德，坚持独立、客观、公正的原则，对评估结果的真实性、合理性负法律责任。任何房地产评估机构在房地产转让的评估过程中有隐瞒事实，提供虚假评估结果，或与有关当事人串通作弊等违法行为，一经发现坚决取消执业资格。

房地产评估机构因不向主管税务机关提供有关的、真实的房地产评估资料，或有意提供虚假评估结果，造成纳税人不缴或少缴土地增值税的，房地产评估机构应承担相应的法律和经济责任；对因上述行为而造成国家税收和国有资产严重流失的，要提请司法机关追究有关当事人的刑事责任。

四、各级财政、税务和国有资产管理部门要密切配合、相互协作，加强土地增值税的各项征收管理工作。为此，各有关部门应对各房地产评估机构进一步加强监督管理，使房地产评估为保证国家税收收入和维护国有资产权益发挥应有的作用。

7. 国家税务总局　国家土地管理局关于土地增值税若干征管问题的通知

1996 年 01 月 10 日　国税发〔1996〕4 号

各省、自治区、直辖市和计划单列市国家税务局、地方税务局，土地(国土)管理局(厅)：

为了完善土地增值税的征收管理工作，防止国家税收流失，加强税务部门与土地管理部门的工作配合，现根据《中华人民共和国土地增值税暂行条例》(以下简称条例)及《中华人民共和国土地增值税暂行条例实施细则》(以下简称细则)和《中华人民共和国土地管理法》《中华人民共和国城市房地产管理法》《中华人民共和国城镇国有土地使用权出让和转让暂行条例》等规定，特对土地增值税征管中的有关问题通知如下：

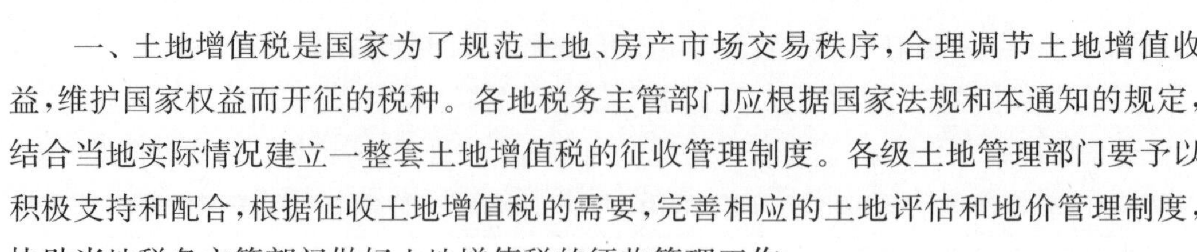

一、土地增值税是国家为了规范土地、房产市场交易秩序，合理调节土地增值收益，维护国家权益而开征的税种。各地税务主管部门应根据国家法规和本通知的规定，结合当地实际情况建立一整套土地增值税的征收管理制度。各级土地管理部门要予以积极支持和配合，根据征收土地增值税的需要，完善相应的土地评估和地价管理制度，协助当地税务主管部门做好土地增值税的征收管理工作。

二、各级土地管理部门要根据国家土地管理局的统一部署，尽快完成城镇地籍调查，土地登记和基准地价评估等初始地籍工作，同时做好土地使用权的变更登记、地价评估和管理等日常工作，为税务部门征收土地增值税提供所需土地使用权的权属以及土地出让、转让交易的时间、土地出让金数额及土地使用权转让价格等征税资料。

对于已经完成城镇基准地价评估工作的地区，土地管理部门要根据社会经济发展的状况，定期更新基准地价成果，使之能够及时反映地产市场水平，满足土地增值税的征收管理需要；少数未完成城镇基准地价评估的地区，土地管理部门可采取现有宗地评估方法直接评估，以满足征收土地增值税的需要。

三、各级税务部门和土地管理部门要共同做好土地使用权的产权管理与土地增值税征管的衔接工作。

凡是转让国有土地使用权、地上建筑物及其附属物（以下简称房地产）的纳税人，在向土地管理部门申请办理土地变更登记，提交土地估价报告，申报交易成交价的同时，应根据土地增值税的有关规定，在规定的期限内到主管税务机关办理土地增值税的纳税申报手续。土地管理部门在对纳税人转让行为的合法性、估价报告及申报交易价格进行确认后，应及时通知税务部门。纳税人的纳税申报经主管税务机关审核后，应按照规定的期限缴纳土地增值税。对于已经完税的，由主管税务机关发给完税证明；对于免税的，由主管税务机关发给免税证明。

土地管理部门凭税务部门出具的土地增值税完税（或免税）证明，办理土地使用权的权属变更登记，更换《国有土地使用证》。凡未取得主管税务部门发放的完税（或免税）证明的，土地管理机关不予办理土地使用权的登记及过户手续，也不发放《国有土地使用证》。

四、按照土地评估价格计税的纳税人，可委托经省级以上土地管理部门授予评估资格的土地评估机构进行有关的评估。各土地评估机构必须严格按照条例和细则中规定的方法进行应纳税土地的价格评估。其评估结果应按税务部门的要求及时告房地产所在地税务机关，作为确认计税依据的参考。房地产所在地税务机关应根据条例和细则的有关规定，对应纳税土地的评估结果进行严格审核及确认，对不符合实际情况的评估结果不予采用，并将此评估结果抄送土地管理部门备案。

对于房地产所在地税务机关要求从事应纳税土地价格评估的评估机构提供与应税土地评估有关的评估资料的，土地评估机构应无偿提供，不得以任何借口予以拒绝。各级税务部门对于土地管理部门提供的土地登记和基准地价等资料应严格保密,不得转让或公开引用。

土地价格评估机构在执业过程中必须严守职业道德,按照国家有关的法律、法规的规定,坚持独立、客观、公平、公正、公开的原则,对评估结果的真实性、合法性负法律责任。各级税务机关应当会同土地管理部门定期对土地评估机构所承担的土地增值税评估业务进行指导、监督和检查。

对土地评估机构不向税务机关提供与应纳税土地有关的真实土地评估资料,或有意提供虚假评估结果,造成纳税人不缴或少缴土地增值税的,一经发现要取消其应纳税土地的评估资格,对由于上述行为造成国家税收严重流失的,还要提请司法机关追究其应承担的经济责任和有关当事人的刑事责任。

五、各级税务部门和土地管理部门要积极配合、密切协作,加强土地增值税的各项征收管理工作,规范房地产市场交易行为。土地管理部门要深入持久地进行土地隐形市场的清理工作,对于非法进入市场的集体土地使用权和划拨国有土地使用权,应按照有关法律规定进行处理;对于土地增值税开征之后出现的将房地产转让归避成租赁等逃避土地增值税行为的,各地土地管理部门应当协助税务部门审核、把关,税务主管部门也应按照《中华人民共和国税收征收管理法》等规定严格予以查处。

以上通知,望各地迅速遵照执行。

8. 国家税务总局 建设部关于土地增值税征收管理有关问题的通知

1996 年 04 月 05 日　国税发〔1996〕48 号

各省、自治区、直辖市和计划单列市国家税务局,地方税务局,各省、自治区、建设委(建设厅),各直辖市,计划单列市房地产管理局:

为了加强税务部门与建设行政主管部门、房地产管理部门的工作配合,搞好土地增值税的征收管理工作,根据《中华人民共和国土地增值税暂行条例》(以下简称《条例》)及《中华人民共和国土地增值税暂行条例实施细则》(以下简称《细则》)和《中华人民共和国城市房地产管理法》、建设部 45 号令《城市房地产转让管理规定》等法律、法规规定,现对土地增值税征管的有关问题通知如下:

一、土地增值税是国家为了规范土地、房地产市场交易秩序,合理调节土地增值收益,维护国家权益而开征的税种。各地税务主管部门应当在当地建设、房地产管理等有关部门的支持和配合下,根据当地实际情况,建立起一套完善的土地增值税的征收管理制度。

二、各级房地产管理部门要根据建设部的统一部署,依照《中华人民共和国城市房地产管理法》的规定,做好房地产交易管理和权属登记工作,根据需要向税务部门提供

全面准确的房地产权属及转让时间、价格等征税资料，并按照有关规定严格核算房地产的开发成本和费用，配合税务部门做好土地增值税扣除项目金额的审查工作，防止由于成本费用不实等原因造成土地增值税的流失。

三、凡是转让房地产的纳税人，应当根据土地增值税的有关规定，在规定的期限内到主管税务机关办理土地增值税的纳税登记和申报手续，经主管税务机关审核后，按照规定的期限缴纳土地增值税。对于已经完税的纳税人，由主管税务机关发给完税证明；对于不属于征税范围或应予免税的，由主管税务机关发给免税证明。凡没有取得主管税务部门发放的完税（或免税）证明的，房地产管理机关不予办理有关的权属变更手续，不予发放房地产权属证书。

四、各省、自治区、直辖市、计划单列市地方税务部门可根据本地实际情况，对房地产市场管理机构比较健全，且各项管理制度比较完善、具备土地增值税代征能力的地区，从有利于税收征管、减少税款流失出发，按照税务机关征收为主的原则，把一些不易于税务机关直接征收、且应纳税款较易计算的纳税事项，委托房地产管理部门进行代征。具体办法由各省、自治区、直辖市、计划单列市地方税务局制定，报省、自治区、直辖市、计划单列市人民政府批准后执行，并报国家税务总局备案。

五、凡转让房地产的纳税人，按照土地增值税的有关规定，需要根据房地产评估价格计税的，可委托经省以上房地产管理部门确认评估资格并报税务部门备案的房地产评估机构受理有关转让房地产的评估业务。

有条件的地方，应当将涉及土地增值税的房地产评估与现有房地产转让管理过程中的价格申报及其价格评估结合起来，以防止因重复评估而加大成本，增加纳税人负担的情况。

接受委托的各房地产评估机构，在按税务部门要求按期将评估结果报送房地产所在地税务机关，作为确认计税依据参考的同时，应将评估结果报当地政府设立的事业性房地产估价管理机构审核。

对于房地产所在地税务机关要求受委托的房地产评估机构提供与房地产评估有关的资料的，评估机构应当无偿提供，不得以任何借口予以拒绝。

凡涉及征收土地增值税的房地产评估报告，由取得建设部、人事部共同认定并经注册登记的“房地产估价师”签署；或者由三名以上（含三名）取得各省、自治区建委（建设厅）、直辖市房地产管理局统一颁发的《房地产估价人员岗位合格证书》的房地产估价员联合签署。

接受委托的房地产评估机构，必须严格按照《条例》和《细则》中规定的方法进行应纳税房地产的价格评估。房地产所在地税务机关应当根据《条例》和《细则》的有关规定，对应纳税房地产的评估结果进行严格审核及确认，对不符合实际情况的评估结果不予采用。

六、房地产评估机构在执业过程中必须严守职业道德，按照国家有关的法律、法规的规定，坚持独立、客观、公平、公正、公开的原则，对评估结果的真实性、合理性负法律责任。对房地产评估机构因不向税务机关提供真实的房地产评估资料，或有意提供虚假评估结果，造成纳税人不缴或少缴土地增值税的，房地产评估机构应当承担相应的法律和经济责任。对由于上述行为造成国家税收严重流失的，提请司法机关追究有关当事人的刑事责任。

七、各级税务部门和房地产管理部门要密切配合、相互协作，加强土地增值税的各项征收管理工作，规范房地产交易行为。对于土地增值税开征之后出现的将房地产转让归避成房屋租赁或其他交易方式等逃避土地增值税的行为，各地房地产市场管理部门在办理房地产交易手续时，应当认真执行建设部42号令《城市房屋租赁管理办法》和45号令《城市房地产转让管理规定》，严格把关，主管税务部门也应当按照《中华人民共和国税收征收管理法》等规定予以严肃查处。

以上通知，望各地迅速贯彻落实，并遵照执行。

9. 国家税务总局关于进一步加强土地增值税征收管理工作的通知

1996年12月10日　国税发〔1996〕227号

各省、自治区、直辖市和计划单列市国家税务局、地方税务局：

土地增值税开征以来，特别是1995年2月全国土地增值税贯彻实施工作会议以后，全国绝大部分地区都能够按国务院的要求，围绕土地增值税条例、细则的贯彻实施，制定具体征收办法，在加强征管和组织收入入库等方面，做了大量工作。征收工作总的情况是好的。但也应看到，贯彻实施中还存在一些问题，主要表现在：个别地区开征工作迟缓，有些地区征管工作抓得不够深入、细致，规章制度不健全等。针对上述问题，为进一步强化土地增值税的征收管理工作，发挥其规范土地、房地产市场交易秩序，合理调节土地增值收益的作用，现对土地增值税征收管理工作提出以下要求：

一、高度重视土地增值税的征收工作。土地增值税是个新税种，征管难度大、收入少、成本高，但对规范和引导房地产市场健康有序发展，贯彻国家宏观调控和产业政策具有积极作用。各地对此要有足够的认识。已开征的地区要及时总结经验，找出不足，切实搞好征管。工作进展迟缓特别是尚未开征的地方要迎头赶上，千方百计，尽快落实征收工作。各地税务部门要积极向当地党政领导汇报，争取地方党政对土地增值税征管工作的重视和支持。要勇于开拓，不畏艰难，认真抓好土地增值税的宣传、贯彻和落实工作。

二、认真做好房地产转让、开发合同的清理和登记工作。各地对1994年1月1日以前签订的房地产转让合同、开发合同要尽快进行一次全面的清理、登记，并逐个认真鉴定，特别是对1994年1月1日前已签订开发合同并在5年内首次转让的房地产，要严格审查和把关。对不符合免税条件的，要依法征税；对符合免税条件的，各省、自治区、直辖市地方税务局应制定严格的审批办法和程度，基层税务机关要按照规定的审批办法和程序办理。

三、积极争取有关部门的支持和配合。各地要严格按照税务总局、建设部、土地管理局、国有资产管理局联合发文的要求，加强部门之间的配合和协作，共同搞好土地增值税的征管。特别要注意三个环节：一是在办理产权登记、过户手续时，要请相关部门严格把关，对没有按规定办理土地增值税完税或免税手续的，一律不予办理产权转让手续。二是委托有关部门代征土地增值税的地方，税务部门要加强对代征单位执行政策方面的指导和检查，防止执行上出现偏差。三是对需要进行评估的项目，税务部门要把好确认关。由于土地增值税是新开征的税种，难以控管，为调动代征单位的积极性，结合当地实际情况，尽快落实代征手续费，专项用于土地增值税的征管。

四、完善土地增值税的征管制度和操作规程。各地要建立健全土地增值税的纳税申报制度、收入预征办法、减免税审批程序、评估规程及确认方法、委托代征办法等。特别要注意完善收入预征办法，预征率的确定要比较科学、合理项目竣工后，要予以清算，多退少补。

五、加强对纳税情况和政策执行情况的检查。各地要在近期内对土地增值税的纳税情况和政策执行情况进行一次认真检查。检查的内容包括：纳税人房地产转让收入和扣除项目金额申报是否属实，有无少报收入和多报扣除项目金额的情况，扣除项目的分摊是否合理，应否享受减免税优惠，以及土地增值税的缴纳情况；基层税务机关在政策执行中是否存有偏差及征管的情况。各地通过对土地增值税纳税情况和政策执行情况的检查，要找出征管工作中存在的问题，并在认真调查研究的基础上，提出解决的措施和意见。检查工作的总结要以书面形式报告总局。

10. 国家税务总局关于广西土地增值税计算问题请示的批复

1999年03月05日　国税函〔1999〕112号

广西壮族自治区地方税务局：

你局《关于转让土地计算土地增值税问题的请示》(桂地税报〔1999〕17号)文收悉。对来文请示的《土地增值税暂行条例实施细则》(以下简称《细则》)第九条“纳税人成片受让土地使用权后，……可按转让土地使用权的面积占总面积的比例分摊”中“总面积”的含义，现答复如下：

根据土地增值税立法精神，《细则》第九条的“总面积”是指可转让土地使用权的土地总面积。在土地开发中，因道路、绿化等公共设施用地是不能转让的，按《细则》第七条规定，这些不能有偿转让的公共配套设施的费用是计算增值税的扣除项目。因此，在计算转让土地的增值额时，按实际转让土地的面积占可转让土地总面积来计算分摊，即：可转让土地面积为开发土地总面积减除不能转让的公共设施用地面积后的剩余面积。

11. 国家税务总局关于认真做好土地增值税征收管理工作的通知

2002年07月10日　国税函〔2002〕615号

各省、自治区、直辖市和计划单列市地方税务局：

土地增值税自开征以来，经各级地方税务局共同努力，在加强征收管理和组织收入方面做了大量的工作，并且取得了一定成效。但由于房地产开发与转让周期较长，造成土地增值税征管难度大，一些地区对土地增值税征收管理产生畏难情绪，还有一些地区误信土地增值税要停征，而放松了征管工作，造成应收税款的流失。为保证税收任务的完成，认真做好土地增值税的征收管理工作，现通知如下：

一、要进一步完善土地增值税的征收管理制度和操作规程，建立健全土地增值税的纳税申报制度、房地产评估规程、委托代征办法等。

二、对在1994年1月1日以前已签订房地产开发合同或立项并已按规定投入资金进行开发，其首次转让房地产的，免征土地增值税的税收优惠政策已到期，应按规定恢复征税。

三、针对当前房地产市场逐步规范，房地产投资商的投资回报趋于正常情况，各地要进一步完善土地增值税的预征办法，预征率的确定要科学、合理。对已经实行预征办法的地区，可根据实际情况，适当调减预征率。

四、要继续加强与房地产有关部门的配合。要严格按照财政部、国家税务总局、国家国有资产管理局《关于转让国有房地产征收土地增值税中有关房地产价格评估问题的通知》(财税字〔1995〕61号)、国家税务总局和国家土地管理局《关于土地增值税若干征管问题的通知》(国税发〔1996〕4号)、国家税务总局、建设部《关于土地增值税征收管理有关问题的通知》(国税发〔1996〕48号)等联合发文的要求，加强部门之间的配合和协作，共同搞好土地增值税的征收管理。

12. 国家税务总局关于加强土地增值税管理工作的通知

2004年08月02日　国税函〔2004〕938号

各省、自治区、直辖市和计划单列市地方税务局：

为了简化行政审批手续，进一步方便纳税人和加强税收管理，经研究，现对土地增值税纳税人定期进行纳税申报的问题做如下解释和规定：

一、取消《中华人民共和国土地增值税暂行条例实施细则》第十五条第一款对土地增值税纳税人因经常发生房地产转让而难以在每次转让后申报的，定期进行纳税申报须经税务机关审核同意的规定。

二、纳税人因经常发生房地产转让而难以在每次转让后申报，是指房地产开发企业开发建造的房地产、因分次转让而频繁发生纳税义务、难以在每次转让后申报纳税的情况，土地增值税可按月或按各省、自治区、直辖市和计划单列市地方税务局规定的期限申报缴纳。

三、纳税人选择定期申报方式的，应向纳税所在地的地方税务机关备案。定期申报方式确定后，一年之内不得变更。

四、各省、自治区、直辖市和计划单列市地方税务局应根据本通知精神，结合本地的实际情况，制定具体的操作办法，并告知土地增值税纳税人。

五、各地地方税务机关要加强土地增值税的宣传解释、纳税辅导及纳税检查等工作。采取有效措施，做好土地增值税按次或定期申报纳税、预征和税款结算等征收管理工作。

六、本通知自 2004 年 7 月 1 日起执行。

13. 国家税务总局关于土地增值税若干问题的通知

2006 年 03 月 02 日　财税〔2006〕21 号

各省、自治区、直辖市、计划单列市财政厅(局)、地方税务局，新疆生产建设兵团财务局：

根据《中华人民共和国土地增值税暂行条例》(以下简称《条例》)及其实施细则和有关规定精神，现将土地增值税有关问题明确如下：

一、关于纳税人建造普通标准住宅出售和居民个人转让普通住宅的征免税问题

《条例》第八条中“普通标准住宅”和《财政部、国家税务总局关于调整房地产市场若干税收政策的通知》(财税字〔1999〕210 号)第三条中“普通住宅”的认定，一律按各省、自治区、直辖市人民政府根据《国务院办公厅转发建设部等部门关于做好稳定住房价格工作意见的通知》(国办发〔2005〕26 号)制定并对社会公布的“中小套型、中低价位普通住房”的标准执行。纳税人既建造普通住宅，又建造其他商品房的，应分别核算土地增值额。

在本文件发布之日前已向房地产所在地地方税务机关提出免税申请，并经税务机关按各省、自治区、直辖市人民政府原来确定的普通标准住宅的标准审核确定，免征土地增值税的普通标准住宅，不做追溯调整。

二、关于转让旧房准予扣除项目的计算问题

纳税人转让旧房及建筑物，凡不能取得评估价格，但能提供购房发票的，经当地税

务部门确认,《条例》第六条第(一)、第(三)项规定的扣除项目的金额,可按发票所载金额并从购买年度起至转让年度止每年加计 5%计算。对纳税人购房时缴纳的契税,凡能提供契税完税凭证的,准予作为"与转让房地产有关的税金"予以扣除,但不作为加计 5%的基数。

对于转让旧房及建筑物,既没有评估价格,又不能提供购房发票的,地方税务机关可以根据《中华人民共和国税收征收管理法》(以下简称《税收征管法》)第 35 条的规定,实行核定征收。

三、关于土地增值税的预征和清算问题

各地要进一步完善土地增值税预征办法,根据本地区房地产业增值水平和市场发展情况,区别普通住房、非普通住房和商用房等不同类型,科学合理地确定预征率,并适时调整。工程项目竣工结算后,应及时进行清算,多退少补。

对未按预征规定期限预缴税款的,应根据《税收征管法》及其实施细则的有关规定,从限定的缴纳税款期限届满的次日起,加收滞纳金。

对已竣工验收的房地产项目,凡转让的房地产的建筑面积占整个项目可售建筑面积的比例在 85%以上的,税务机关可以要求纳税人按照转让房地产的收入与扣除项目金额配比的原则,对已转让的房地产进行土地增值税的清算。具体清算办法由各省、自治区、直辖市和计划单列市地方税务局规定。

四、关于因城市实施规划、国家建设需要而搬迁,纳税人自行转让房地产的征免税问题

《中华人民共和国土地增值税暂行条例实施细则》第十一条第四款所称:因"城市实施规划"而搬迁,是指因旧城改造或因企业污染、扰民(指产生过量废气、废水、废渣和噪音,使城市居民生活受到一定危害),而由政府或政府有关主管部门根据已审批通过的城市规划确定进行搬迁的情况;因"国家建设的需要"而搬迁,是指因实施国务院、省级人民政府、国务院有关部委批准的建设项目而进行搬迁的情况。

五、关于以房地产进行投资或联营的征免税问题

对于以土地(房地产)作价入股进行投资或联营的,凡所投资、联营的企业从事房地产开发的,或者房地产开发企业以其建造的商品房进行投资和联营的,均不适用《财政部 国家税务总局关于土地增值税一些具体问题规定的通知》(财税字〔1995〕48 号)第一条暂免征收土地增值税的规定。

六、本文自 2006 年 3 月 2 日起执行。

国家税务总局

一九九五年五月十七日

14. 财政部国家税务总局关于土地增值税普通标准住宅有关政策的通知

2006 年 10 月 20 日　财税〔2006〕141 号

各省、自治区、直辖市、计划单列市财政厅(局)、地方税务局,新疆生产建设兵团财务局:

为贯彻落实《国务院办公厅转发建设部等部门关于调整住房供应结构稳定住房价格意见的通知》(国办发〔2006〕37 号)精神,进一步促进调整住房供应结构,增加中小套型、中低价位普通商品住房供应,现将《中华人民共和国土地增值税暂行条例》第八条中"普通标准住宅"的认定问题通知如下:

"普通标准住宅"的认定,可在各省、自治区、直辖市人民政府根据《国务院办公厅转发建设部等部门关于做好稳定住房价格工作意见的通知》(国办发〔2005〕26 号)制定的"普通住房标准"的范围内从严掌握。

请遵照执行。

财政部　国家税务总局

二〇〇六年十月二十日

15. 国家税务总局关于房地产开发企业土地增值税清算管理有关问题的通知

2006 年 12 月 28 日　国税发〔2006〕187 号

各省、自治区、直辖市和计划单列市地方税务局,西藏、宁夏回族自治区国家税务局:

为进一步加强房地产开发企业土地增值税清算管理工作,根据《中华人民共和国税收征收管理法》《中华人民共和国土地增值税暂行条例》及有关规定,现就有关问题通知如下:

一、土地增值税的清算单位

土地增值税以国家有关部门审批的房地产开发项目为单位进行清算,对于分期开发的项目,以分期项目为单位清算。

开发项目中同时包含普通住宅和非普通住宅的,应分别计算增值额。

二、土地增值税的清算条件

(一) 符合下列情形之一的,纳税人应进行土地增值税的清算:

1. 房地产开发项目全部竣工、完成销售的;

2. 整体转让未竣工决算房地产开发项目的;

3. 直接转让土地使用权的。

(二) 符合下列情形之一的,主管税务机关可要求纳税人进行土地增值税清算:

1. 已竣工验收的房地产开发项目,已转让的房地产建筑面积占整个项目可售建筑面积的比例在85％以上，或该比例虽未超过85％，但剩余的可售建筑面积已经出租或自用的；

2. 取得销售(预售)许可证满三年仍未销售完毕的；

3. 纳税人申请注销税务登记但未办理土地增值税清算手续的；

4. 省税务机关规定的其他情况。

三、非直接销售和自用房地产的收入确定

(一) 房地产开发企业将开发产品用于职工福利、奖励、对外投资、分配给股东或投资人、抵偿债务、换取其他单位和个人的非货币性资产等，发生所有权转移时应视同销售房地产，其收入按下列方法和顺序确认：

1. 按本企业在同一地区、同一年度销售的同类房地产的平均价格确定；

2. 由主管税务机关参照当地当年、同类房地产的市场价格或评估价值确定。

(二) 房地产开发企业将开发的部分房地产转为企业自用或用于出租等商业用途时，如果产权未发生转移，不征收土地增值税，在税款清算时不列收入，不扣除相应的成本和费用。

四、土地增值税的扣除项目

(一) 房地产开发企业办理土地增值税清算时计算与清算项目有关的扣除项目金额，应根据土地增值税暂行条例第六条及其实施细则第七条的规定执行。除另有规定外，扣除取得土地使用权所支付的金额、房地产开发成本、费用及与转让房地产有关税金，须提供合法有效凭证；不能提供合法有效凭证的，不予扣除。

(二) 房地产开发企业办理土地增值税清算所附送的前期工程费、建筑安装工程费、基础设施费、开发间接费用的凭证或资料不符合清算要求或不实的，地方税务机关可参照当地建设工程造价管理部门公布的建安造价定额资料，结合房屋结构、用途、区位等因素，核定上述四项开发成本的单位面积金额标准，并据以计算扣除。具体核定方法由省税务机关确定。

(三) 房地产开发企业开发建造的与清算项目配套的居委会和派出所用房、会所、停车场(库)、物业管理场所、变电站、热力站、水厂、文体场馆、学校、幼儿园、托儿所、医院、邮电通讯等公共设施，按以下原则处理：

1. 建成后产权属于全体业主所有的，其成本、费用可以扣除；

2. 建成后无偿移交给政府、公用事业单位用于非营利性社会公共事业的，其成本、费用可以扣除；

3. 建成后有偿转让的，应计算收入，并准予扣除成本、费用。

(四) 房地产开发企业销售已装修的房屋，其装修费用可以计入房地产开发成本。

房地产开发企业的预提费用，除另有规定外，不得扣除。

(五) 属于多个房地产项目共同的成本费用，应按清算项目可售建筑面积占多个项目可售总建筑面积的比例或其他合理的方法，计算确定清算项目的扣除金额。

五、土地增值税清算应报送的资料

符合本通知第二条第(一)项规定的纳税人，须在满足清算条件之日起90日内到主管税务机关办理清算手续；符合本通知第二条第(二)项规定的纳税人，须在主管税务机关限定的期限内办理清算手续。

纳税人办理土地增值税清算应报送以下资料：

(一) 房地产开发企业清算土地增值税书面申请、土地增值税纳税申报表；

(二) 项目竣工决算报表、取得土地使用权所支付的地价款凭证、国有土地使用权出让合同、银行贷款利息结算通知单、项目工程合同结算单、商品房购销合同统计表等与转让房地产的收入、成本和费用有关的证明资料；

(三) 主管税务机关要求报送的其他与土地增值税清算有关的证明资料等。

纳税人委托税务中介机构审核鉴证的清算项目，还应报送中介机构出具的《土地增值税清算税款鉴证报告》。

六、土地增值税清算项目的审核鉴证

税务中介机构受托对清算项目审核鉴证时，应按税务机关规定的格式对审核鉴证情况出具鉴证报告。对符合要求的鉴证报告，税务机关可以采信。

税务机关要对从事土地增值税清算鉴证工作的税务中介机构在准入条件、工作程序、鉴证内容、法律责任等方面提出明确要求，并做好必要的指导和管理工作。

七、土地增值税的核定征收

房地产开发企业有下列情形之一的，税务机关可以参照与其开发规模和收入水平相近的当地企业的土地增值税税负情况，按不低于预征率的征收率核定征收土地增值税：

(一) 依照法律、行政法规的规定应当设置但未设置账簿的；

(二) 擅自销毁账簿或者拒不提供纳税资料的；

(三) 虽设置账簿，但账目混乱或者成本资料、收入凭证、费用凭证残缺不全，难以确定转让收入或扣除项目金额的；

(四) 符合土地增值税清算条件，未按照规定的期限办理清算手续，经税务机关责令限期清算，逾期仍不清算的；

(五) 申报的计税依据明显偏低，又无正当理由的。

八、清算后再转让房地产的处理

在土地增值税清算时未转让的房地产，清算后销售或有偿转让的，纳税人应按规定进行土地增值税的纳税申报，扣除项目金额按清算时的单位建筑面积成本费用乘以销售或转让面积计算。

单位建筑面积成本费用＝清算时的扣除项目总金额÷清算的总建筑面积

本通知自2007年2月1日起执行。各省税务机关可依据本通知的规定并结合当地实际情况制定具体清算管理办法。

二〇〇六年十二月二十八日

16. 国家税务总局关于建立土地增值税重点税源户监控制度的通知

2007年05月29日　国税函〔2007〕544号

各省、自治区、直辖市和计划单列市地方税务局，西藏、宁夏回族自治区国家税务局：

为进一步加强土地增值税的征收管理，做好税源管理工作，国家税务总局决定建立土地增值税重点税源户监控制度，现将有关问题通知如下：

一、建立重点税源户监控制度的意义

土地增值税是国家进行宏观调控的重要税种，对房地产开发企业征收土地增值税，在调节土地增值收益分配，维护国家权益，促进房地产业健康发展等方面具有重要作用。由于房地产开发周期长，涉及立项、开发、销售等多个环节，税收征管难度很大，税源控管方面也存在较多漏洞。为了提高土地增值税管理的科学化、精细化水平，发挥土地增值税的调控职能，有必要强化土地增值税的税源管理，建立重点税源户监控制度。实施重点税源户监控制度，掌握大型房地产企业的房地产开发和销售进度，有利于税务机关摸清土地增值税的税源，有针对性地做好纳税评估工作，并采取有效措施将税源转化为收入；同时，也有利于税务机关掌握土地增值税政策的贯彻落实情况及存在的问题，切实提高土地增值税的征管质量。

二、重点税源户监控工作方式

建立土地增值税重点税源分级监控制度，税务总局负责监控11户全国性重点大型房地产开发企业（见附件1）；省地税局除监控在本地区有房地产开发项目的税务总局重点监控税源户外，要根据税源情况确定不少于10户的重点税源户进行监控；市地税局除监控在本地区有房地产开发项目的上级税务机关重点监控税源户外，要设立不少于10户的重点税源户进行监控；县地税局除监控在本地区有房地产开发项目的上级税务机关重点监控税源户外，要根据实际税源情况确定重点税源户进行监控。

三、对重点税源户实施监控的内容

（一）土地受让有关信息，包括土地坐落位置、取得价格、取得方式、用途、面积、容积率等。

（二）房地产开发情况及相关信息，包括房地产项目名称和位置、立项、用途、结构、开发面积、成本、费用、施工单位、建设施工进度、预计竣工时间、分期开发情况等。

（三）房地产销售信息，包括已销售房地产的名称、位置、结构、用途、面积、销售收入、销售费用、收款方式、收款时间等。

（四）完税信息，包括预征土地增值税情况，土地增值税清算情况及相关税种的完税信息等。

（五）有关购买方信息，包括购买房地产人的名称、纳税人识别号、联系方式、购买的房号、面积、单价、总价等。

四、有关工作要求

（一）各级地方税务机关要加强对土地增值税重点税源户监控工作的领导，明确人员负责重点税源户监控管理工作。要加强与房屋、土地、规划等房地产管理部门的工作联系，及时获取有关土地出让、房地产立项、开发、预（销）售等信息，从源头上做好土地增值税重点税源户的监控管理工作。

（二）各级地方税务机关要充分利用土地增值税重点税源户监控资料，做好土地增值税的征管工作。同时，要将掌握的房地产销售情况，用于城建税、教育费附加、印花税和保有环节的房产税、城镇土地使用税的征收管理工作，实施房地产税收一体化管理。

（三）各级地方税务机关在开展土地增值税重点税源户监控工作中，要按照减轻纳税人负担、减轻基层税务机关负担的原则，加强税务机关已有数据信息的利用。要充分利用税务机关现有的税务登记信息、征管信息、重点税源户监控等信息，从中获取相关数据。对于上级税务机关已经掌握的有关信息，不得要求基层税务机关报送；对于税务机关已经掌握的有关信息，不得要求纳税人填报。此外，各部门在数据采集工作中要相互沟通，尽可能统一采集数据。

（四）各省税务机关可根据本通知要求，结合本地区房地产开发企业的情况和开发特点，制定本地区重点税源户监控管理办法。

（五）各省地方税务机关要将在本地区有房地产开发项目的税务总局监控的重点税源户税源信息（见附件 2）及监控情况、省税务机关监控的重点税源户有关税源信息及监控情况每半年向税务总局上报一次。省税务机关监控的重点税源户有关税源信息以“土地增值税重点税源户汇总表”（见附件 3）上报。上报内容为截止到 12 月 31 日或 6 月 30 日的累计情况。上报方式除纸质件外，同时通过 FTP 上报电子文档，上报地址为“130.9.1.1/CENTRE/地方税司/一处/土地增值税/重点户监控”；上报时间分别为每年的 2 月 15 日和 8 月 15 日。

（六）各省地方税务机关要在 2007 年 6 月底前，将税务总局负责监控的在本省有房地产开发项目的企业截止到 2006 年 12 月 31 日的累计情况按附件 2 的要求通过 FTP 报税务总局（地方税务司）；同时，税务总局监控的土地增值税重点税源户公司总部所在省的省地方税务机关，要上报截至 2007 年 4 月 30 日税务总局监控的土地增值税重点税源户在各省（区、市）的开发项目清单（详见附件 4）。

附件：1. 税务总局负责监控的 11 户土地增值税重点税源户名单

2. 税务总局负责监控的土地增值税重点税源户信息表

3. 省(区、市)局负责监控的土地增值税重点税源户汇总表

4. 税务总局负责监控的土地增值税重点税源户在各地的开发项目清单

二○○七年五月二十九日

附件(略)

17. 国家税务总局关于印发《土地增值税清算鉴证业务准则》的通知

2007 年 12 月 29 日　国税发〔2007〕132 号

各省、自治区、直辖市和计划单列市国家税务局、地方税务局:

现将《土地增值税清算鉴证业务准则》印发给你们,请你们依此监督指导税务师事务所和注册税务师开展土地增值税清算鉴证业务,执行过程中如有问题,请及时上报税务总局(注册税务师管理中心)。

本准则自 2008 年 1 月 1 日起施行。

附件:1. 涉税鉴证业务约定书(参考文本)

2. 土地增值税清算税款鉴证报告(参考文本)(适用于无保留意见的鉴证报告)

3. 土地增值税清算税款鉴证报告(参考文本)(适用于保留意见的鉴证报告)

4. 土地增值税清算税款鉴证报告(参考文本)(适用于无法表明意见的鉴证报告)

5. 土地增值税清算税款鉴证报告(参考文本)(适用于否定意见的鉴证报告)

6. 企业基本情况和土地增值税清算税款申报审核事项说明及有关附表

二○○七年十二月二十九日

土地增值税清算鉴证业务准则

第一章　总　　则

第一条　为了规范土地增值税清算鉴证业务,根据《中华人民共和国土地增值税暂行条例》及其实施细则和《国家税务总局关于房地产开发企业土地增值税清算管理有关问题的通知》(国税发〔2006〕187 号)以及《注册税务师管理暂行办法》及其他有关规定,制定本准则。

第二条　本准则所称土地增值税清算鉴证,是指税务师事务所接受委托对纳税人土地增值税清算税款申报的信息实施必要审核程序,提出鉴证结论或鉴证意见,并出具鉴证报告,增强税务机关对该项信息信任程度的一种鉴证业务。

第三条　纳入税务机关行政监管并通过年检的税务师事务所，均可从事土地增值税清算鉴证工作。

第四条　在接受委托前，税务师事务所应当初步了解业务环境。业务环境包括：业务约定事项、鉴证对象特征、使用的标准、预期使用者的需求、责任方及其环境的相关特征，以及可能对鉴证业务产生重大影响的事项、交易、条件和惯例及其他事项。

第五条　承接土地增值税清算鉴证业务，应当具备下列条件：

（一）接受委托的清算项目符合土地增值税的清算条件。

（二）税务师事务所符合独立性和专业胜任能力等相关专业知识和职业道德规范的要求。

（三）税务师事务所能够获取充分、适当、真实的证据以支持其结论并出具书面鉴证报告。

（四）与委托人协商签订涉税鉴证业务约定书（见附件 1）。

第六条　土地增值税清算鉴证的鉴证对象，是指与土地增值税纳税申报相关的会计资料和纳税资料等可以收集、识别和评价的证据及信息。具体包括：企业会计资料及会计处理、财务状况及财务报表、纳税资料及税务处理、有关文件及证明材料等。

第七条　税务师事务所运用职业判断对鉴证对象作出合理一致的评价或计量时，应当符合适当的标准。适当的评价标准应当具备相关性、完整性、可靠性、中立性和可理解性等特征。

第八条　税务师事务所从事土地增值税清算鉴证业务，应当以职业怀疑态度、有计划地实施必要的审核程序，获取与鉴证对象相关的充分、适当、真实的证据；并及时对制定的计划、实施的程序、获取的相关证据以及得出的结论作出记录。

在确定证据收集的性质、时间和范围时，应当体现重要性原则，评估鉴证业务风险以及可获取证据的数量和质量。

第九条　税务师事务所从事土地增值税清算鉴证业务，应当以法律、法规为依据，按照独立、客观、公正原则，在获取充分、适当、真实证据基础上，根据审核鉴证的具体情况，出具真实、合法的鉴证报告并承担相应的法律责任。

第十条　税务师事务所按照本准则的规定出具的鉴证报告，税务机关应当受理。

第十一条　税务师事务所执行土地增值税清算鉴证业务，应当遵守本准则。

第二章　一 般 规 定

第十二条　税务师事务所应当要求委托人如实提供如下资料：

（一）土地增值税纳税（预缴）申报表及完税凭证。

（二）项目竣工决算报表和有关账簿。

（三）取得土地使用权所支付的地价款凭证、国有土地使用权出让或转让合同。

（四）银行贷款合同及贷款利息结算通知单。

（五）项目工程建设合同及其价款结算单。

（六）商品房购销合同统计表等与转让房地产的收入、成本和费用有关的其他证明资料。

（七）无偿移交给政府、公共事业单位用于非营利性社会公共事业的凭证。

（八）转让房地产项目成本费用、分期开发分摊依据。

（九）转让房地产有关税金的合法有效凭证。

（十）与土地增值税清算有关的其他证明资料。

第十三条　税务师事务所开展土地增值税清算鉴证业务时，应当对下列事项充分关注：

（一）明确清算项目及其范围。

（二）正确划分清算项目与非清算项目的收入和支出。

（三）正确划分清算项目中普通住宅与非普通住宅的收入和支出。

（四）正确划分不同时期的开发项目，对于分期开发的项目，以分期项目为单位清算。

（五）正确划分征税项目与免税项目，防止混淆两者的界限。

（六）明确清算项目的起止日期。

第十四条　纳税人能够准确核算清算项目收入总额或收入总额能够查实，但其成本费用支出不能准确核算的，税务师事务所应当按照本准则第三章的规定审核收入总额。

第十五条　纳税人能够准确核算成本费用支出或成本费用支出能够查实，但其收入总额不能准确核算的，税务师事务所应当先按照本准则第四章的规定审核扣除项目的金额。

第十六条　税务师事务所在审核鉴证过程中，有下列情形之一的，除符合本准则第十七条规定外，可以终止鉴证：

（一）依照法律、行政法规的规定应当设置但未设置账簿的。

（二）擅自销毁账簿或者拒不提供纳税资料的。

（三）虽设置账簿，但账目混乱或者成本资料、收入凭证、费用凭证残缺不全，难以确定转让收入或扣除项目金额的。

（四）符合土地增值税清算条件，未按照规定的期限办理清算手续，经税务机关责令限期清算，逾期仍不清算的。

（五）申报的计税依据明显偏低且无正当理由的。

（六）纳税人隐瞒房地产成交价格，其转让房地产成交价格低于房地产评估价格且无正当理由，经税务师事务所与委托人沟通，沟通无效的。

第十七条　纳税人虽有本准则第十六条所列情形，但如有下列委托人委托，税务师事务所仍然可以接受委托执行鉴证业务，但需与委托人签订涉税鉴证业务约定书：

（一）司法机关、税务机关或者其他国家机关。

（二）依法组成的清算组织。

（三）法律、行政法规规定的其他组织和个人。

第三章　清算项目收入的审核

第十八条　土地增值税清算项目收入审核的基本程序和方法包括：

（一）评价收入内部控制是否存在、有效且一贯遵守。

（二）获取或编制土地增值税清算项目收入明细表，复核加计正确，并与报表、总账、明细账及有关申报表等进行核对。

（三）了解纳税人与土地增值税清算项目相关的合同、协议及执行情况。

（四）查明收入的确认原则、方法，注意会计制度与税收规定以及不同税种在收入确认上的差异。

（五）正确划分预售收入与销售收入，防止影响清算数据的准确性。

（六）必要时，利用专家的工作审核清算项目的收入总额。

第十九条　本准则所称清算项目的收入，是指转让国有土地使用权、地上的建筑物及其附着物（以下简称房地产）并取得的全部价款及有关的经济收益，包括货币收入、实物收入和其他收入。

第二十条　税务师事务所应当按照税法及有关规定审核纳税人是否准确划分征税收入与不征税收入，确认土地增值税的应税收入。

第二十一条　土地增值税以人民币为计算单位。转让房地产所取得的收入为外国货币的，以取得收入当天或当月 1 日国家公布的市场汇价折合成人民币，据以计算应纳土地增值税税额。

对于以分期收款形式取得的外币收入，应当按实际收款日或收款当月 1 日国家公布的市场汇价折合人民币。

第二十二条　有本准则第十六条第（六）款情形，但按本准则第十七条规定接受委托执行鉴证业务的，税务师事务所应当获取具有法定资质的专业评估机构确认的同类房地产评估价格，以确认转让房地产的收入。

第二十三条　纳税人将开发的房地产用于职工福利、奖励、对外投资、分配给股东或投资人、抵偿债务、换取其他单位和个人的非货币性资产等，发生所有权转移时应视同销售房地产，其视同销售收入按下列方法和顺序审核确认：

（一）按本企业当月销售的同类房地产的平均价格核定。

（二）按本企业在同一地区、同一年度销售的同类房地产的平均价格确认。

（三）参照当地当年、同类房地产的市场价格或评估价值确认。

第二十四条　收入实现时间的确定，按国家税务总局有关规定执行。

第二十五条　对纳税人按县级以上人民政府的规定在售房时代收的各项费用，应区分不同情形分别处理：

（一）代收费用计入房价向购买方一并收取的，应将代收费用作为转让房地产所取得的收入计税。实际支付的代收费用，在计算扣除项目金额时，可予以扣除，但不允许作为加计扣除的基数。

（二）代收费用在房价之外单独收取且未计入房地产价格的，不作为转让房地产的收入，在计算增值额时不允许扣除代收费用。

第二十六条　必要时，注册税务师应当运用截止性测试确认收入的真实性和准确性。审核的主要内容包括：

（一）审核企业按照项目设立的“预售收入备查簿”的相关内容，观察项目合同签订日期、交付使用日期、预售款确认收入日期、收入金额和成本费用的处理情况。

（二）确认销售退回、销售折扣与折让业务是否真实，内容是否完整，相关手续是否符合规定，折扣与折让的计算和会计处理是否正确。重点审查给予关联方的销售折扣与折让是否合理，是否有利用销售折扣和折让转利于关联方等情况。

（三）审核企业对于以土地使用权投资开发的项目，是否按规定进行税务处理。

（四）审核按揭款收入有无申报纳税，有无挂在往来账，如“其他应付款”，不作销售收入申报纳税的情形。

（五）审核纳税人以房换地，在房产移交使用时是否视同销售不动产申报缴纳税款。

（六）审核纳税人采用“还本”方式销售商品房和以房产补偿给拆迁户时，是否按规定申报纳税。

（七）审核纳税人在销售不动产过程中收取的价外费用，如天然气初装费、有线电视初装费等收益，是否按规定申报纳税。

（八）审核将房地产抵债转让给其他单位和个人或被法院拍卖的房产，是否按规定申报纳税。

（九）审核纳税人转让在建项目是否按规定申报纳税。

（十）审核以房地产或土地作价入股投资或联营从事房地产开发，或者房地产开发企业以其建造的商品房进行投资或联营，是否按规定申报纳税。

第四章　扣除项目的审核

第二十七条　税务师事务所应当审核纳税人申报的扣除项目是否符合土地增值税暂行条例实施细则第七条规定的范围。审核的内容具体包括：

（一）取得土地使用权所支付的金额。

（二）房地产开发成本，包括：土地征用及拆迁补偿费、前期工程费、建筑安装工程费、基础设施费、公共配套设施费、开发间接费用。

（三）房地产开发费用。

（四）与转让房地产有关的税金。

（五）国家规定的其他扣除项目。

第二十八条　扣除项目审核的基本程序和方法包括：

（一）评价与扣除项目核算相关的内部控制是否存在、有效且一贯遵守。

（二）获取或编制扣除项目明细表，并与明细账、总账及有关申报表核对是否一致。

（三）审核相关合同、协议和项目预（概）算资料，并了解其执行情况，审核成本、费用支出项目。

（四）审核扣除项目的记录、归集是否正确，是否取得合法、有效的凭证，会计及税务处理是否正确，确认扣除项目的金额是否准确。

（五）实地查看、询问调查和核实。剔除不属于清算项目所发生的开发成本和费用。

（六）必要时，利用专家审核扣除项目。

第二十九条　审核各项扣除项目分配或分摊的顺序和标准是否符合下列规定，并确认扣除项目的具体金额：

（一）扣除项目能够直接认定的，审核是否取得合法、有效的凭证。

（二）扣除项目不能够直接认定的，审核当期扣除项目分配标准和口径是否一致，是否按照规定合理分摊。

（三）审核并确认房地产开发土地面积、建筑面积和可售面积，是否与权属证、房产证、预售证、房屋测绘所测量数据、销售记录、销售合同、有关主管部门的文件等载明的面积数据相一致，并确定各项扣除项目分摊所使用的分配标准。

如果上述性质相同的三类面积所获取的各项证据发生冲突、不能相互印证时，税务师事务所应当追加审核程序，并按照外部证据比内部证据更可靠的原则，确认适当的面积。

（四）审核并确认扣除项目的具体金额时，应当考虑总成本、单位成本、可售面积、累计已售面积、累计已售分摊成本、未售分摊成本（存货）等因素。

第三十条　取得土地使用权支付金额的审核，应当包括下列内容：

（一）审核取得土地使用权支付的金额是否获取合法有效的凭证，口径是否一致。

（二）如果同一土地有多个开发项目，审核取得土地使用权支付金额的分配比例和具体金额的计算是否正确。

（三）审核取得土地使用权支付金额是否含有关联方的费用。

（四）审核有无将期间费用记入取得土地使用权支付金额的情形。

（五）审核有无预提的取得土地使用权支付金额。

（六）比较、分析相同地段、相同期间、相同档次项目，判断其取得土地使用权支付金额是否存在明显异常。

第三十一条　土地征用及拆迁补偿费的审核，应当包括下列内容：

（一）审核征地费用、拆迁费用等实际支出与概预算是否存在明显异常。

（二）审核支付给个人的拆迁补偿款所需的拆迁（回迁）合同和签收花名册，并与相关账目核对。

（三）审核纳税人在由政府或者他人承担已征用和拆迁好的土地上进行开发的相关扣除项目，是否按税收规定扣除。

第三十二条　前期工程费的审核，应当包括下列内容：

（一）审核前期工程费的各项实际支出与概预算是否存在明显异常。

（二）审核纳税人是否虚列前期工程费，土地开发费用是否按税收规定扣除。

第三十三条　建筑安装工程费的审核，应当包括下列内容：

（一）出包方式。重点审核完工决算成本与工程概预算成本是否存在明显异常。当二者差异较大时，应当追加下列审核程序，以获取充分、适当、真实的证据：

1. 从合同管理部门获取施工单位与开发商签订的施工合同，并与相关账目进行核对；

2. 实地查看项目工程情况，必要时，向建筑监理公司取证；

3. 审核纳税人是否存在利用关联方（尤其是各企业适用不同的征收方式、不同税率，不同时段享受税收优惠时）承包或分包工程，增加或减少建筑安装成本造价的情形。

（二）自营方式。重点审核施工所发生的人工费、材料费、机械使用费、其他直接费和管理费支出是否取得合法有效的凭证，是否按规定进行会计处理和税务处理。

第三十四条　基础设施费和公共配套设施费的审核，应当包括下列内容：

（一）审核各项基础设施费和公共配套设施费用是否取得合法有效的凭证。

（二）如果有多个开发项目，基础设施费和公共配套设施费用是否分项目核算，是否将应记入其他项目的费用记入了清算项目。

（三）审核各项基础设施费和公共配套设施费用是否含有其他企业的费用。

（四）审核各项基础设施费和公共配套设施费用是否含有以明显不合理的金额开具的各类凭证。

（五）审核是否将期间费用记入基础设施费和公共配套设施费用。

（六）审核有无预提的基础设施费和公共配套设施费用。

（七）获取项目概预算资料，比较、分析概预算费用与实际费用是否存在明显异常。

（八）审核基础设施费和公共配套设施应负担各项开发成本是否已经按规定分摊。

（九）各项基础设施费和公共配套设施费的分摊和扣除是否符合有关税收规定。

第三十五条　开发间接费用的审核，应当包括下列内容：

（一）审核各项开发间接费用是否取得合法有效凭证。

（二）如果有多个开发项目，开发间接费用是否分项目核算，是否将应记入其他项目的费用记入了清算项目。

（三）审核各项开发间接费用是否含有其他企业的费用。

（四）审核各项开发间接费用是否含有以明显不合理的金额开具的各类凭证。

（五）审核是否将期间费用记入开发间接费用。

（六）审核有无预提的开发间接费用。

（七）审核纳税人的预提费用及为管理和组织经营活动而发生的管理费用，是否在本项目中予以剔除。

（八）在计算加计扣除项目基数时，审核是否剔除了已计入开发成本的借款费用。

第三十六条　房地产开发费用的审核，应当包括下列内容：

（一）审核应据实列支的财务费用是否取得合法有效的凭证，除据实列支的财务费用外的房地产开发费用是否按规定比例计算扣除。

（二）利息支出的审核。企业开发项目的利息支出不能够提供金融机构证明的，审核其利息支出是否按税收规定的比例计算扣除；开发项目的利息支出能够提供金融机构证明的，应按下列方法进行审核：

1. 审核各项利息费用是否取得合法有效的凭证；

2. 如果有多个开发项目，利息费用是否分项目核算，是否将应记入其他项目的利息费用记入了清算项目；

3. 审核各项借款合同，判断其相应条款是否符合有关规定；

4. 审核利息费用是否超过按商业银行同类同期贷款利率计算的金额。

第三十七条　与转让房地产有关的税金审核，应当确认与转让房地产有关的税金及附加扣除的范围是否符合税收有关规定，计算的扣除金额是否正确。

对于不属于清算范围或者不属于转让房地产时发生的税金及附加，或者按照预售收入（不包括已经结转销售收入部分）计算并缴纳的税金及附加，不应作为清算的扣除项目。

第三十八条　国家规定的加计扣除项目的审核，应当包括下列内容：

（一）对取得土地（不论是生地还是熟地）使用权后，未进行任何形式的开发即转让的，审核是否按税收规定计算扣除项目金额，核实有无违反税收规定加计扣除的情形。

（二）对于取得土地使用权后，仅进行土地开发（如“三通一平”等），不建造房屋即转让土地使用权的，审核是否按税收规定计算扣除项目金额，是否按取得土地使用权时支付的地价款和开发土地的成本之和计算加计扣除。

（三）对于取得了房地产产权后，未进行任何实质性的改良或开发即再行转让的，审核是否按税收规定计算扣除项目金额，核实有无违反税收规定加计扣除的情形。

（四）对于县级以上人民政府要求房地产开发企业在售房时代收的各项费用，审核其代收费用是否计入房价并向购买方一并收取，核实有无将代收费用作为加计扣除的基数的情形。

第三十九条　对于纳税人成片受让土地使用权后，分期分批开发、转让房地产的，审核其扣除项目金额是否按主管税务机关确定的分摊方法计算分摊扣除。

第五章　应纳税额的审核

第四十条　税务师事务所应按照税法规定审核清算项目的收入总额、扣除项目的金额，并确认其增值额及适用税率，正确计算应缴税款。审核程序通常包括：

（一）审核清算项目的收入总额是否符合税收规定，计算是否正确。

（二）审核清算项目的扣除金额及其增值额是否符合税收规定，计算是否正确。

1. 如果企业有多个开发项目，审核收入与扣除项目金额是否属于同一项目；

2. 如果同一个项目既有普通住宅，又有非普通住宅，审核其收入额与扣除项目金额是否分开核算；

3. 对于同一清算项目，一段时间免税、一段时间征税的，应当特别关注收入的实现时间及其扣除项目的配比。

（三）审核增值额与扣除项目之比的计算是否正确，并确认土地增值税的适用税率。

（四）审核并确认清算项目当期土地增值税应纳税额及应补或应退税额。

第六章　鉴证报告的出具

第四十一条　本准则所称的鉴证报告，是指税务师事务所按照相关法律、法规、规章及其他有关规定，在实施必要的审核程序后，出具含有鉴证结论或鉴证意见的书面报告。

第四十二条　鉴证报告的基本内容应当包括：

（一）标题。鉴证报告的标题应当统一规范为“土地增值税清算税款鉴证报告”。

（二）收件人。鉴证报告的收件人是指注册税务师按照业务约定书的要求致送鉴证报告的对象，一般是指鉴证业务的委托人。鉴证报告应当载明收件人的全称。

（三）引言段。鉴证报告的引言段应当表明委托人和受托人的责任，说明对委托事项已进行鉴证审核以及审核的原则和依据等。

（四）审核过程及实施情况。鉴证报告的审核过程及实施情况应当披露以下内容：

1. 简要评述与土地增值税清算有关的内部控制及其有效性；

2. 简要评述与土地增值税清算有关的各项内部证据和外部证据的相关性和可

靠性；

3. 简要陈述对委托单位提供的会计资料及纳税资料等进行审核、验证、计算和进行职业推断的情况。

（五）鉴证结论或鉴证意见。注册税务师应当根据鉴证情况，提出鉴证结论或鉴证意见，并确认出具鉴证报告的种类。

（六）鉴证报告的要素还应当包括：

1. 税务师事务所所长和注册税务师签名或盖章；

2. 载明税务师事务所的名称和地址，并加盖税务师事务所公章；

3. 注明报告日期；

4. 注明鉴证报告的使用人；

5. 附送与土地增值税清算税款鉴证相关的审核表及有关资料。

第四十三条　税务师事务所经过审核鉴证，应当根据鉴证情况，出具真实、合法的鉴证报告。鉴证报告分为以下四种：

（一）无保留意见的鉴证报告（见附件 2）。

（二）保留意见的鉴证报告（见附件 3）。

（三）无法表明意见的鉴证报告（见附件 4）。

（四）否定意见的鉴证报告（见附件 5）。

上述鉴证报告应当附有《企业基本情况和土地增值税清算税款申报审核事项说明及有关附表》（见附件 6）。

第四十四条　税务师事务所经过审核鉴证，确认涉税鉴证事项符合下列所有条件，应当出具无保留意见的鉴证报告：

（一）鉴证事项完全符合法定性标准，涉及的会计资料及纳税资料遵从了国家法律、法规及税收有关规定。

（二）注册税务师已经按本准则的规定实施了必要的审核程序，审核过程未受到限制。

（三）注册税务师获取了鉴证对象信息所需的充分、适当、真实的证据，完全可以确认土地增值税的具体纳税金额。

税务师事务所出具无保留意见的鉴证报告，可以作为办理土地增值税清算申报或审批事宜的依据。

第四十五条　税务师事务所经过审核鉴证，认为涉税鉴证事项总体上符合法定性标准，但还存在下列情形之一的，应当出具保留意见的鉴证报告：

（一）部分涉税事项因税收法律、法规及其具体政策规定或执行时间不够明确。

（二）经过咨询或询证，对鉴证事项所涉及的具体税收政策在理解上与税收执法人员存在分歧，需要提请税务机关裁定。

（三）部分涉税事项因审核范围受到限制，不能获取充分、适当、真实的证据，虽然影响较大，但不至于出具无法表明意见的鉴证报告。

税务师事务所应当对能够获取充分、适当、真实证据的部分涉税事项，确认其土地增值税的具体纳税金额，并对不能确认具体金额的保留事项予以说明，提请税务机关裁定。

税务师事务所出具的保留意见的鉴证报告，可以作为办理土地增值税清算申报或审批事宜的依据。

第四十六条　税务师事务所因审核范围受到限制，认为对企业土地增值税纳税申报可能产生的影响非常重大和广泛，以至于无法对土地增值税纳税申报发表意见，应当出具无法表明意见的鉴证报告。

税务师事务所出具的无法表明意见的鉴证报告，不能作为办理土地增值税清算申报或审批事宜的依据。

第四十七条　税务师事务所经过审核鉴证，发现涉税事项总体上没有遵从法定性标准，存在违反相关法律、法规或税收规定的情形，经与被审核单位的治理层、管理层沟通或磋商，在所有重大方面未能达成一致意见，不能真实、合法的反映鉴证结果的，应当出具否定意见的鉴证报告。

税务师事务所出具否定意见的鉴证报告，不能作为办理土地增值税清算申报或审批事宜的依据。

附件 1

涉税鉴证业务约定书（参考文本）

编号：____

甲方（委托方）：________

甲方税务登记号：

乙方（受托方）：________

乙方税务师事务所执业证编号：

兹有甲方委托乙方提供土地增值税清算涉税鉴证业务，依据《中华人民共和国合同法》及有关规定，经双方协商，达成以下约定：

一、委托事项

（一）项目名称：

（二）具体内容及要求：

（三）完成时间：

二、甲方的责任与义务

（一）甲方的责任

1. 根据《中华人民共和国税收征收管理法》及有关规定，甲方有责任保证会计资料及纳税资料的真实性和完整性。

2. 按照现行税收法律、法规和政策规定依法履行纳税义务是甲方的责任。这种责任还应当包括：(1)建立、完善并有效实施与会计核算、纳税申报相关的内部控制。(2)符合会计准则及有关规定。(3)严格按照税收规定进行纳税调整。

3. 甲方不得授意乙方人员实施违反国家法律、法规的行为。

4. 基于重要性原则、截止性测试的性质和审核过程中的其他固有限制，以及甲方内部控制的固有局限性，经乙方审核后仍然可能存在未被发现的风险，乙方出具的鉴证报告不能因此减轻甲方应当承担的法律责任。

（二）甲方的义务

1. 按照乙方要求，及时提供完成委托事项所需的会计资料、纳税资料和其他有关资料，并保证所提供资料的真实性和完整性。

2. 确保乙方不受限制地接触任何与委托事项有关的记录、文件和所需的其他信息，并答复乙方工作人员对有关事项的询问。

3. 委托人为乙方工作人员提供必要的工作条件和协助，主要事项将由乙方于外勤工作开始前提供清单。

4. 委托人按本约定书的约定及时足额支付委托业务费用以及其他相关费用。未按规定时间支付委托费用的，应按约定金额____%的比例支付违约金。

三、乙方的责任和义务

（一）乙方的责任

1. 乙方应严格按照现行税收相关法律、法规和政策规定以及《注册税务师管理暂行办法》及有关规定，本着独立、客观、公正的原则，对甲方提供的有关资料进行审核鉴证。

2. 乙方应当制定合理计划和实施能够获取充分、适当、真实证据的审核程序，为甲方的委托事项提供合理保证。

3. 乙方有责任在鉴证报告中指明发现的甲方违反国家法律法规且未按乙方的建议进行调整的事项。

（二）乙方的义务

1. 乙方应当按照约定时间完成委托事项，并出具真实、合法的鉴证报告。

2. 除下列情况外，乙方应当对执行业务过程中知悉的甲方信息予以保密：(1)取得甲方的授权；(2)根据法律法规的规定，为法律诉讼准备文件或提供证据；(3)监管机构对乙方进行行政处罚所实施的调查、听证、复议等程序。

3. 由于乙方过错导致甲方未按规定履行纳税义务的，乙方应当按照有关法律、法规及相关规定承担相应的法律责任。

4. 属于乙方原因未按约定时限完成委托事项并给甲方造成损失的，应当承担相应的赔偿责任。

四、约定事项的收费

（一）按照注册税务师行业收费的有关规定，完成本委托事项费用为人民币（大写）元整（¥________）。

（二）上述费用自本约定书生效之日起____日内预付业务费用总额的____%；其余费用按______方式支付。

（三）由于无法预见的原因，导致从事本委托事项完成的实际时间较本约定书签订时预计的时间有明显的增加或减少时，甲乙双方应通过协商，相应调整本约定书第四款第（一）项所述业务费用总额。

（四）由于无法预见的原因，导致乙方人员抵达甲方工作现场后，本约定书项目不再进行，甲方不得要求退还预付的业务费用；如上述情况发生于乙方人员完成现场审核工作之后，甲方应另行向乙方支付人民币______元的补偿费，该补偿费应于甲方收到乙方的收款通知之日起______日内支付。

（五）由于无法预见的原因，发生的与本次委托事项有关的其他费用（包括交通、食宿费等），由双方协商解决。

五、鉴证报告的出具和使用

（一）乙方应当按照国家发布的相关业务准则所规定的格式和类型，出具真实、合法的鉴证报告。

（二）乙方向甲方出具鉴证报告一式____份。

（三）甲方不得修改或删减乙方出具的鉴证报告；不得修改或删除重要的数据、重要的附件和所作的重要说明。

六、约定事项的变更

如果出现不可预见的情形，影响审核鉴证工作如期完成，或需要提前出具审核报告时，甲乙双方均可要求变更约定事项，但应提前通知对方，并由双方协商解决。

七、约定事项的终止

（一）本约定书签订后，双方应当按约履行，不得无故终止。如遇法定情形或特殊原因提出终止的一方应提前通知另一方，并由双方协商解决。

（二）在终止业务约定的情况下，乙方有权就本约定书终止之日前对约定事项所付出的劳动收取合理的费用。

八、适用法律和争议解决

本约定书的所有方面均应适用中华人民共和国的法律进行解释并受其约束。与本约定书有关的任何纠纷或争议，双方均可选择如下一种解决方式：

（一）提交____进行仲裁；

（二）向有管辖权的人民法院提起诉讼。

九、本约定书的法律效力

（一）本约定书经双方法定代表人签字或盖章并加盖单位公章之日起生效，并在双方履行完成约定事项后终止。

（二）本约定书一式二份，甲乙方各执一份，具有同等法律效力。

十、其他事项的约定

本约定书未尽事宜，经双方协商另行签订的补充协议，与本约定书具有同等法律效力。

甲方（委托人）：　　　　乙方：

（盖章）　　　　（盖章）

法人代表：（签名或盖章）　　　　所长：（签名或盖章）

地址：　　　　地址：

电话：　　　　电话：

联系人：　　　　联系人：

签约日期：

签约地点：

附件 2

土地增值税清算税款鉴证报告（参考文本）

（适用于无保留意见的鉴证报告）

编号：________

________公司：

我们接受委托，于××年××月××日至××年××月××日，对贵单位________（项目）土地增值税清算税款申报进行鉴证审核。贵单位的责任，对所提供的与土地增值税清算税款相关的会计资料及证明材料的真实性、合法性和完整性负责。我们的责任是，按照国家法律法规及有关规定，对所鉴证的土地增值税纳税申报表及其有关资料的真实性和准确性，在进行职业判断和必要的审核程序的基础上，出具真实、合法的鉴证报告。

在审核过程中，我们本着独立、客观、公正的原则，依据《中华人民共和国土地增值税暂行条例》及其实施细则、有关政策规定，按照《土地增值税清算鉴证业务准则》的要求，实施了包括抽查会计记录等必要的审核程序。现将鉴证结果报告如下：

一、土地增值税清算税款申报的审核过程及主要实施情况

（主要披露以下内容）

（一）简要评述与土地增值税清算税款有关的内部控制及其有效性。

（二）简要评述与土地增值税清算税款有关的各项内部证据和外部证据的相关性和可靠性。

（三）简要陈述对纳税人提供的会计资料及纳税资料等进行审核、验证、计算和进行职业推断的情况。

二、鉴证结论

经对贵公司________（项目）土地增值税清算税款申报进行审核，我们确认：

1. 收入总额：________元；

2. 扣除项目金额：________元；

3. 增值额：________元；

4. 增值率（增值额与扣除金额之比）：________％；

5. 适用税率：________％；

6. 应缴土地增值税税额：________元；

7. 已缴土地增值税税额：________元；

8. 应补（退）缴土地增值税税额：________元。

清算事项的具体情况详见附件。

本鉴证报告仅供贵公司报送的主管税务机关受理土地增值税清算审批之用，不得作为其他用途。非法律、行政法规规定，鉴证报告的全部内容不得提供给其他任何单位和个人。

税务师事务所所长（签名或盖章）：

中国注册税务师（签名或盖章）：

地址：

________税务师事务所（盖章）

年　月　日

附件：

1. 税务师事务所和注册税务师执业证书复印件。

2. 企业基本情况和土地增值税清算税款申报审核事项说明。

3. 土地增值税纳税申报鉴证主表及其明细项目审核表。具体包括：

（1）土地增值税清算税款鉴证主表；

（2）土地增值税清算税款鉴证（转让土地使用权）明细表；

（3）土地增值税清算税款鉴证（销售普通住宅）明细表；

（4）土地增值税清算税款鉴证（销售非普通住宅）明细表；

（5）与收入相关的面积审核调整明细表；

（6）转让土地使用权、房地产销售收入审核调整明细表；

（7）扣除项目及成本结转审核汇总表；

（8）与转让土地使用权、销售房地产有关税费审核调整明细表；

（9）土地增值税缴纳情况审核汇总表。

4. 土地增值税清算税款申报审核事项有关证明材料（复印件）。

附件 3

土地增值税清算税款鉴证报告（参考文本）

（适用于保留意见的鉴证报告）

编号：________

________公司：

我们接受委托，于××年××月××日至××年××月××日，对贵单位________（项目）土地增值税清算税款申报进行鉴证审核。贵单位的责任，对所提供的与土地增值税清算税款相关的会计资料及证明材料的真实性、合法性和完整性负责。我们的责任是，按照国家法律法规及有关规定，对所鉴证的土地增值税纳税申报表及其有关资料的真实性和准确性，在进行职业判断和必要的审核程序的基础上，出具真实、合法的鉴证报告。

在审核过程中，我们本着独立、客观、公正的原则，依据《中华人民共和国土地增值税暂行条例》及其实施细则、有关政策规定，按照《土地增值税清算鉴证业务准则》的要求，实施了包括抽查会计记录等必要的审核程序。现将鉴证结果报告如下：

一、土地增值税清算税款申报的审核过程及主要实施情况

（主要披露以下内容）

（一）简要评述与土地增值税清算税款有关的内部控制及其有效性。

（二）简要评述与土地增值税清算税款有关的各项内部证据和外部证据的相关性和可靠性。

（三）简要陈述对纳税人提供的会计资料及纳税资料等进行审核、验证、计算和进行职业推断的情况。

二、鉴证结论

经对贵公司________（项目）土地增值税清算税款申报进行审核，除××保留意见的事项因税收政策规定不够明确或证据不够充分等原因，尚不能确认其应纳土地增值税的具体金额外，我们确认：

1. 收入总额：________元；

2. 扣除项目金额：________元；

3. 增值额：________元；

4. 增值率（增值额与扣除金额之比）：________%；

5. 适用税率：________%；

6. 应缴土地增值税税额：________元；

7. 已缴土地增值税税额：________元；

8. 应补（退）缴土地增值税税额：________元。

清算事项的具体情况详见附件。

本鉴证报告仅供贵公司报送的主管税务机关受理土地增值税清算审批之用，不得作为其他用途。非法律、行政法规规定，鉴证报告的全部内容不得提供给其他任何单位和个人。

税务师事务所所长（签名或盖章）：

中国注册税务师（签名或盖章）：

地址：

________税务师事务所（盖章）

年　月　日

附件：

1. 税务师事务所和注册税务师执业证书复印件。

2. 企业基本情况和土地增值税清算税款申报审核事项说明。

3. 土地增值税纳税申报鉴证主表及其明细项目审核表。具体包括：

(1) 土地增值税清算税款鉴证主表;

(2) 土地增值税清算税款鉴证(转让土地使用权)明细表;

(3) 土地增值税清算税款鉴证(销售普通住宅)明细表;

(4) 土地增值税清算税款鉴证(销售非普通住宅)明细表;

(5) 与收入相关的面积审核调整明细表;

(6) 转让土地使用权、房地产销售收入审核调整明细表;

(7) 扣除项目及成本结转审核汇总表;

(8) 与转让土地使用权、销售房地产有关税费审核调整明细表;

(9) 土地增值税缴纳情况审核汇总表。

4. 土地增值税清算税款申报审核事项有关证明材料(复印件)。

附件 4

土地增值税清算税款鉴证报告(参考文本)

(适用于无法表明意见的鉴证报告)

编号:________

________公司:

我们接受委托,于××年××月××日至××年××月××日,对贵单位________(项目)土地增值税清算税款申报进行鉴证审核。贵单位的责任,对所提供的与土地增值税清算税款相关的会计资料及证明材料的真实性、合法性和完整性负责。我们的责任是,按照国家法律法规及有关规定,对所鉴证的土地增值税纳税申报表及其有关资料的真实性和准确性,在进行职业判断和必要的审核程序的基础上,出具真实、合法的鉴证报告。

在审核过程中,我们本着独立、客观、公正的原则,依据《中华人民共和国土地增值税暂行条例》及其实施细则、有关政策规定,按照《土地增值税清算鉴证业务准则》的要求,实施了包括抽查会计记录等必要的审核程序。现将鉴证结果报告如下:

一、土地增值税清算税款申报的审核过程及主要实施情况

(主要披露以下内容)

(一) 简要评述与土地增值税清算税款有关的内部控制及其有效性。

(二) 简要评述与土地增值税清算税款有关的各项内部证据和外部证据的相关性和可靠性。

(三) 简要陈述对纳税人提供的会计资料及纳税资料等进行审核、验证、计算和进行职业推断的情况。

二、鉴证意见

经对贵公司________(项目)土地增值税清算税款申报进行审核,因审核范围受到限制,我们认为,下列事项对确认土地增值税税额可能产生的影响非常重大和广泛,以至于无法对________(项目)土地增值税清算税款申报发表意见。

(一) ××事项的审核情况。

(详细说明该审核事项对确认土地增值税额可能产生得非常重大而广泛的影响,并阐述对该事项无法表明意见的理据。下同。)

(二) ××事项的审核情况。

(三) ××事项的审核情况。

清算项目的具体情况详见附件。

本鉴证报告仅供贵公司报送的主管税务机关受理土地增值税清算审批之用,不得作为其他用途。非法律、行政法规规定,鉴证报告的全部内容不得提供给其他任何单位和个人。

税务师事务所所长(签名或盖章);

中国注册税务师(签名或盖章):

地址:

________税务师事务所(盖章)

年　月　日

附件:

1. 税务师事务所和注册税务师执业证书复印件。

2. 企业基本情况和土地增值税清算税款申报审核事项说明。

3. 土地增值税纳税申报鉴证主表及其明细项目审核表。具体包括:

(1) 土地增值税清算税款鉴证主表;

(2) 土地增值税清算税款鉴证(转让土地使用权)明细表;

(3) 土地增值税清算税款鉴证(销售普通住宅)明细表;

(4) 土地增值税清算税款鉴证(销售非普通住宅)明细表;

(5) 与收入相关的面积审核调整明细表;

(6) 转让土地使用权、房地产销售收入审核调整明细表;

(7) 扣除项目及成本结转审核汇总表;

(8) 与转让土地使用权、销售房地产有关税费审核调整明细表;

(9) 土地增值税缴纳情况审核汇总表。

4. 土地增值税清算税款申报审核事项有关证明材料(复印件)。

附件5

土地增值税清算税款鉴证报告(参考文本)

(适用于否定意见的鉴证报告)

编号:________

________公司:

我们接受委托,于××年××月××日至××年××月××日,对贵单位________(项目)土地增值税清算税款申报进行鉴证审核。贵单位的责任,对所提供的与土地增值税清算税款相关的会计资料及证明材料的真实性、合法性和完整性负责。我们的责任是,按照国家法律法规及有关规定,对所鉴证的土地增值税纳税申报表及其有关资料的真实性和准确性,在进行职业判断和必要的审核程序的基础上,出具真实、合法的鉴证报告。

在审核过程中,我们本着独立、客观、公正的原则,依据《中华人民共和国土地增值税暂行条例》及其实施细则、有关政策规定,按照《土地增值税清算鉴证业务准则》的要求,实施了包括抽查会计记录等必要的审核程序。现将鉴证结果报告如下:

一、土地增值税清算税款申报的审核过程及主要实施情况

(主要披露以下内容)

(一) 简要评述与土地增值税清算税款有关的内部控制及其有效性。

(二) 简要评述与土地增值税清算税款有关的各项内部证据和外部证据的相关性和可靠性。

(三) 简要陈述对纳税人提供的会计资料及纳税资料等进行审核、验证、计算和进行职业推断的情况。

二、鉴证意见

经审核,我们发现贵公司土地增值税清算税款申报,存在违反相关法律、法规及税收规定的情形,经与贵公司磋商,在下列重大且原则的问题上未能达成一致意见。我们认为,贵公司________(项目)土地增值税清算税款申报不能真实、合法地反映企业该项目应纳土地增值税税额。

(一) ××事项的审核情况。

(描述存在违反税收法律法规或有关规定的情形,并阐述经与委托人就该事项所有重大方面进行磋商不能达成一致、出具否定意见的理据。下同。）

（二）××事项的审核情况。

（三）××事项的审核情况。

清算项目的具体情况详见附件。

本鉴证报告仅供贵公司报送的主管税务机关受理土地增值税清算审批之用，不得作为其他用途。非法律、行政法规规定，鉴证报告的全部内容不得提供给其他任何单位和个人。

税务师事务所所长（签名或盖章）：

中国注册税务师（签名或盖章）：

地址：

________税务师事务所（盖章）

年　月　日

附件：

1. 税务师事务所和注册税务师执业证书复印件。

2. 企业基本情况和土地增值税清算税款申报审核事项说明。

3. 土地增值税纳税申报鉴证主表及其明细项目审核表。具体包括：

（1）土地增值税清算税款鉴证主表；

（2）土地增值税清算税款鉴证（转让土地使用权）明细表；

（3）土地增值税清算税款鉴证（销售普通住宅）明细表；

（4）土地增值税清算税款鉴证（销售非普通住宅）明细表；

（5）与收入相关的面积审核调整明细表；

（6）转让土地使用权、房地产销售收入审核调整明细表；

（7）扣除项目及成本结转审核汇总表；

（8）与转让土地使用权、销售房地产有关税费审核调整明细表；

（9）土地增值税缴纳情况审核汇总表。

4. 土地增值税清算税款审核事项有关证明材料（复印件）。

附件 6

企业基本情况和土地增值税清算税款申报审核事项说明及有关附表

一、基本情况

（一）企业基本情况

1. 成立日期：

2. 税务登记证号：

（1）国税登记证号：

（2）地税登记证号：

3. 地址：

4. 法人代表：

5. 注册资本：

6. 投资总额：

7. 企业类型：

8. 经营范围：

9. 其他：

（二）项目基本情况

1. 项目地址。

2. 项目概况。列明开发项目类型、占地面积、取得相关批文的情况。

3. 项目建设规模。列明总建筑面积、拆迁户回迁面积、公共配套面积、可售面积，并分别说明普通住宅、非普通住宅、其他开发项目的建设规模。

4. 项目销售情况。列明取得预售许可证情况，实际开始销售日期、截止清算基准日已售面积、未售面积，已售面积占可售面积比例等，并分别按普通住宅、非普通住宅、其他开发项目予以说明。

5. 项目设计情况。说明设计方案是否由境外机构或境外人员提供，以及项目设计的其他情况。

二、主要会计政策和税收政策

1. 公司执行________会计准则或《××会计制度》及有关规定。

2. 公司会计核算方法：

3. 主要内部控制制度：

4. 土地增值税清算条件：

5. 开发产品完工的标准：

6. 成本费用的分配标准：

7. 开发产品销售收入确认的标准：

8. 开发产品视同销售确认收入的标准：

9. 与土地增值税清算项目相关的税收政策：

10. 其他政策：

三、土地增值税的审核情况

（一）土地增值税应税收入的审核

截至××年××月××日止，贵公司自报本项目土地增值税应税收入____元；经审核，核定土地增值税应税收入为____元，比自报数调增/调减____元，其中：

1. 销售普通标准住宅____平方米，取得销售收入自报应税收入____元；经审核，调增/调减收入____元，核定收入____元。

2. 销售其他项目含非普通标准住宅____平方米，取得销售收入自报应税收入____元；经审核，调增/调减收入____元，核定收入____元。

3. 视同销售房地产收入：(1)按本企业在同一地区、同一年度销售的同类房地产平均价格；或(2)参照当地当年、同类房地产的市场价格、评估价值确定，自报应税收入____元；经审核，调增/调减收入____元，核定其他项目应税收入____元。

（二）土地增值税扣除项目的审核

截至××年××月××日止，贵公司自报本项目土地增值税应税扣除项目总额____元；经审核，核定土地增值税扣除项目总额____元，比自报数调增/调减____元，其中：

1. 取得土地使用权所支付的金额。贵公司自报取得本项目的土地使用权支付金额为____元；经审核，由于××原因，应调增/调减____元，核定允许扣除的取得土地使用权所支付的金额为____元。

2. 房地产开发成本。贵公司本项目自报房地产开发成本____元；经审核，由于××原因，应调增/调减____元，核定允许扣除的房地产开发成本为____元。其中：

(1) 贵公司自报土地征用及拆迁补偿____元；经审核，由于××原因，应调增/调减____元，核定允许扣除的土地征用及拆迁补偿为____元。

(2) 贵公司自报前期工程费____元；经审核，由于××原因，应调增/调减____元，核定允许扣除的前期工程费为____元。

(3) 贵公司自报建筑安装工程费____元；经审核，由于××原因，应调增/调减____元，核定允许扣除的建筑安装工程费为____元。

(4) 贵公司自报基础设施费____元；经审核，由于××原因，应调增/调减____元，核定允许扣除的基础设施费为____元。

(5) 贵公司自报公共配套设施费____元；经审核，由于××原因，应调增/调减____元，核定允许扣除的公共配套设施费为____元。

(6) 贵公司自报开发间接费____元;经审核,由于××原因,应调增/调减____元,核定允许扣除的开发间接费为____元。

3. 房地产开发费用。

(1) 本项目发生的财务费用中,借款利息支出能够全部提供金融机构票据证明的,应据实扣除,扣除金额为____元。其房地产开发费用按取得土地使用权所支付金额____元与开发成本____元之和的5%扣除____元。因此,贵公司此项目可扣除金额为____元。

(2) 本项目发生的财务费用中,借款利息支出未能全部提供金融机构票据的,其房地产开发费用按取得土地使用权所支付金额____元与开发成本____元之和的10%扣除____元。因此,贵公司此项目可扣除金额为____元。

4. 与转让房地产有关的税金。

贵公司自报转让房地产有关税金为____元;经审核,应调增/调减____元,调整后贵公司可扣除的转让房地产有关税金为____元。其中:

(1) 贵公司自报转让房地产有关营业税税金为____元;经审核,应调增/调减____元,调整后贵公司可扣除的转让房地产有关营业税税金为____元。

(2) 贵公司自报转让房地产有关城市维护建设税税金为____元;经审核,应调增/调减____元,调整后贵公司可扣除的转让房地产有关城市维护建设税税金为____元。

(3) 贵公司自报转让房地产有关教育费附加费为____元;经审核,应调增/调减____元,调整后贵公司可扣除的转让房地产有关教育费附加费为____元。

5. 税收规定的其他扣除项目。

贵公司根据税收有关规定,允许按取得土地使用权所支付金额____元与开发成本____元之和的20%加计扣除。因此,贵公司其他扣除项目的金额为____元。

(三) 增值额及增值率的审核

贵公司自报转让房地产土地增值税的增值额为____元;经审核,应缴土地增值税的增值额为____元。其中:

(1) 普通住宅土地增值税的增值额为____元,增值率为____%(计算公式)

(2) 非普通住宅土地增值税的增值额为____元,增值率为____%(计算公式)

(四) 应缴土地增值税的审核

贵公司自报转让房地产土地增值税税额为____元;经审核,应缴土地增值税税额为____元,已缴税款为____元;应补(退)税额为____元。其中:

1. 普通住宅应缴土地增值税税额为____元;已缴税额为____元,应补(退)税额为____元。

2. 非普通住宅应缴土地增值税税额为____元;已缴税额为____元,应补(退)税额为____元。

四、应当披露的其他事项

18. 财政部　国家税务总局关于调整房地产交易环节税收政策的通知

2008 年 10 月 22 日　财税〔2008〕137 号

各省、自治区、直辖市、计划单列市财政厅(局)、地方税务局，新疆生产建设兵团财务局：

为适当减轻个人住房交易的税收负担，支持居民首次购买普通住房，经国务院批准，现就房地产交易环节有关税收政策问题通知如下：

一、对个人首次购买 90 平方米及以下普通住房的，契税税率暂统一下调到 1%。首次购房证明由住房所在地县(区)住房建设主管部门出具。①

二、对个人销售或购买住房暂免征收印花税。

三、对个人销售住房暂免征收土地增值税。

本通知自 2008 年 11 月 1 日起实施。

19. 国家税务总局关于印发《土地增值税清算管理规程》的通知

2009 年 05 月 12 日　国税发〔2009〕91 号

各省、自治区、直辖市和计划单列市地方税务局：

为了加强房地产开发企业的土地增值税征收管理，规范土地增值税清算工作，根据《中华人民共和国土地增值税暂行条例》及其实施细则、《中华人民共和国税收征收管理法》及其实施细则等有关税收法律、行政法规的规定，结合房地产开发经营业务的特点，国家税务总局制定了《土地增值税清算管理规程》，现印发给你们，请遵照执行。

二〇〇九年五月十二日

土地增值税清算管理规程

第一章　总　　则

第一条　为了加强土地增值税征收管理，规范土地增值税清算工作，根据《中华人民共和国税收征收管理法》及其实施细则、《中华人民共和国土地增值税暂行条例》及其实施细则等规定，制定本规程(以下简称《规程》)。

第二条　《规程》适用于房地产开发项目土地增值税清算工作。

第三条　《规程》所称土地增值税清算，是指纳税人在符合土地增值税清算条件后，依照税收法律、法规及土地增值税有关政策规定，计算房地产开发项目应缴纳的土地增

① 本条失效于 2010 年 10 月 01 日失效，参见：《财政部　国家税务总局　住房和城乡建设部关于调整房地产交易环节契税、个人所得税优惠政策的通知》(财税〔2010〕94 号)。

值税税额，并填写《土地增值税清算申报表》，向主管税务机关提供有关资料，办理土地增值税清算手续，结清该房地产项目应缴纳土地增值税税款的行为。

第四条　纳税人应当如实申报应缴纳的土地增值税税额，保证清算申报的真实性、准确性和完整性。

第五条　税务机关应当为纳税人提供优质纳税服务，加强土地增值税政策宣传辅导。

主管税务机关应及时对纳税人清算申报的收入、扣除项目金额、增值额、增值率以及税款计算等情况进行审核，依法征收土地增值税。

第二章　前期管理

第六条　主管税务机关应加强房地产开发项目的日常税收管理，实施项目管理。主管税务机关应从纳税人取得土地使用权开始，按项目分别建立档案、设置台账，对纳税人项目立项、规划设计、施工、预售、竣工验收、工程结算、项目清盘等房地产开发全过程情况实行跟踪监控，做到税务管理与纳税人项目开发同步。

第七条　主管税务机关对纳税人项目开发期间的会计核算工作应当积极关注，对纳税人分期开发项目或者同时开发多个项目的，应督促纳税人根据清算要求按不同期间和不同项目合理归集有关收入、成本、费用。

第八条　对纳税人分期开发项目或者同时开发多个项目的，有条件的地区，主管税务机关可结合发票管理规定，对纳税人实施项目专用票据管理措施。

第三章　清算受理

第九条　纳税人符合下列条件之一的，应进行土地增值税的清算。

（一）房地产开发项目全部竣工、完成销售的；

（二）整体转让未竣工决算房地产开发项目的；

（三）直接转让土地使用权的。

第十条　对符合以下条件之一的，主管税务机关可要求纳税人进行土地增值税清算。

（一）已竣工验收的房地产开发项目，已转让的房地产建筑面积占整个项目可售建筑面积的比例在85%以上，或该比例虽未超过85%，但剩余的可售建筑面积已经出租或自用的；

（二）取得销售(预售)许可证满三年仍未销售完毕的；

（三）纳税人申请注销税务登记但未办理土地增值税清算手续的；

（四）省(自治区、直辖市、计划单列市)税务机关规定的其他情况。

对前款所列第(三)项情形，应在办理注销登记前进行土地增值税清算。

第十一条　对于符合本规程第九条规定，应进行土地增值税清算的项目，纳税人应当在满足条件之日起 90 日内到主管税务机关办理清算手续。对于符合本规程第十条规定税务机关可要求纳税人进行土地增值税清算的项目，由主管税务机关确定是否进行清算；对于确定需要进行清算的项目，由主管税务机关下达清算通知，纳税人应当在收到清算通知之日起 90 日内办理清算手续。

应进行土地增值税清算的纳税人或经主管税务机关确定需要进行清算的纳税人，在上述规定的期限内拒不清算或不提供清算资料的，主管税务机关可依据《中华人民共和国税收征收管理法》有关规定处理。

第十二条　纳税人清算土地增值税时应提供的清算资料

（一）土地增值税清算表及其附表（参考表样见附件，各地可根据本地实际情况制定）。

（二）房地产开发项目清算说明，主要内容应包括房地产开发项目立项、用地、开发、销售、关联方交易、融资、税款缴纳等基本情况及主管税务机关需要了解的其他情况。

（三）项目竣工决算报表、取得土地使用权所支付的地价款凭证、国有土地使用权出让合同、银行贷款利息结算通知单、项目工程合同结算单、商品房购销合同统计表、销售明细表、预售许可证等与转让房地产的收入、成本和费用有关的证明资料。主管税务机关需要相应项目记账凭证的，纳税人还应提供记账凭证复印件。

（四）纳税人委托税务中介机构审核鉴证的清算项目，还应报送中介机构出具的《土地增值税清算税款鉴证报告》。

第十三条　主管税务机关收到纳税人清算资料后，对符合清算条件的项目，且报送的清算资料完备的，予以受理；对纳税人符合清算条件、但报送的清算资料不全的，应要求纳税人在规定限期内补报，纳税人在规定的期限内补齐清算资料后，予以受理；对不符合清算条件的项目，不予受理。上述具体期限由各省、自治区、直辖市、计划单列市税务机关确定。主管税务机关已受理的清算申请，纳税人无正当理由不得撤销。

第十四条　主管税务机关按照本规程第六条进行项目管理时，对符合税务机关可要求纳税人进行清算情形的，应当作出评估，并经分管领导批准，确定何时要求纳税人进行清算的时间。对确定暂不通知清算的，应继续做好项目管理，每年作出评估，及时确定清算时间并通知纳税人办理清算。

第十五条　主管税务机关受理纳税人清算资料后，应在一定期限内及时组织清算审核。具体期限由各省、自治区、直辖市、计划单列市税务机关确定。

第四章　清 算 审 核

第十六条　清算审核包括案头审核、实地审核。

案头审核是指对纳税人报送的清算资料进行数据、逻辑审核，重点审核项目归集的一致性、数据计算准确性等。

实地审核是指在案头审核的基础上，通过对房地产开发项目实地查验等方式，对纳税人申报情况的客观性、真实性、合理性进行审核。

第十七条　清算审核时，应审核房地产开发项目是否以国家有关部门审批、备案的项目为单位进行清算；对于分期开发的项目，是否以分期项目为单位清算；对不同类型房地产是否分别计算增值额、增值率，缴纳土地增值税。

第十八条　审核收入情况时，应结合销售发票、销售合同（含房管部门网上备案登记资料）、商品房销售（预售）许可证、房产销售分户明细表及其他有关资料，重点审核销售明细表、房地产销售面积与项目可售面积的数据关联性，以核实计税收入；对销售合同所载商品房面积与有关部门实际测量面积不一致，而发生补、退房款的收入调整情况进行审核；对销售价格进行评估，审核有无价格明显偏低情况。

必要时，主管税务机关可通过实地查验，确认有无少计、漏计事项，确认有无将开发产品用于职工福利、奖励、对外投资、分配给股东或投资人、抵偿债务、换取其他单位和个人的非货币性资产等情况。

第十九条　非直接销售和自用房地产的收入确定

（一）房地产开发企业将开发产品用于职工福利、奖励、对外投资、分配给股东或投资人、抵偿债务、换取其他单位和个人的非货币性资产等，发生所有权转移时应视同销售房地产，其收入按下列方法和顺序确认：

1. 按本企业在同一地区、同一年度销售的同类房地产的平均价格确定；

2. 由主管税务机关参照当地当年、同类房地产的市场价格或评估价值确定。

（二）房地产开发企业将开发的部分房地产转为企业自用或用于出租等商业用途时，如果产权未发生转移，不征收土地增值税，在税款清算时不列收入，不扣除相应的成本和费用。

第二十条　土地增值税扣除项目审核的内容包括：

（一）取得土地使用权所支付的金额。

（二）房地产开发成本，包括：土地征用及拆迁补偿费、前期工程费、建筑安装工程费、基础设施费、公共配套设施费、开发间接费用。

（三）房地产开发费用。

（四）与转让房地产有关的税金。

（五）国家规定的其他扣除项目。

第二十一条　审核扣除项目是否符合下列要求：

（一）在土地增值税清算中，计算扣除项目金额时，其实际发生的支出应当取得但未取得合法凭据的不得扣除。

（二）扣除项目金额中所归集的各项成本和费用，必须是实际发生的。

（三）扣除项目金额应当准确地在各扣除项目中分别归集，不得混淆。

（四）扣除项目金额中所归集的各项成本和费用必须是在清算项目开发中直接发生的或应当分摊的。

（五）纳税人分期开发项目或者同时开发多个项目的，或者同一项目中建造不同类型房地产的，应按照受益对象，采用合理的分配方法，分摊共同的成本费用。

（六）对同一类事项，应当采取相同的会计政策或处理方法。会计核算与税务处理规定不一致的，以税务处理规定为准。

第二十二条　审核取得土地使用权支付金额和土地征用及拆迁补偿费时应当重点关注：

（一）同一宗土地有多个开发项目，是否予以分摊，分摊办法是否合理、合规，具体金额的计算是否正确。

（二）是否存在将房地产开发费用记入取得土地使用权支付金额以及土地征用及拆迁补偿费的情形。

（三）拆迁补偿费是否实际发生，尤其是支付给个人的拆迁补偿款、拆迁（回迁）合同和签收花名册或签收凭证是否一一对应。

第二十三条　审核前期工程费、基础设施费时应当重点关注：

（一）前期工程费、基础设施费是否真实发生，是否存在虚列情形。

（二）是否将房地产开发费用记入前期工程费、基础设施费。

（三）多个（或分期）项目共同发生的前期工程费、基础设施费，是否按项目合理分摊。

第二十四条　审核公共配套设施费时应当重点关注：

（一）公共配套设施的界定是否准确，公共配套设施费是否真实发生，有无预提的公共配套设施费情况。

（二）是否将房地产开发费用记入公共配套设施费。

（三）多个（或分期）项目共同发生的公共配套设施费，是否按项目合理分摊。

第二十五条　审核建筑安装工程费时应当重点关注：

（一）发生的费用是否与决算报告、审计报告、工程结算报告、工程施工合同记载的内容相符。

（二）房地产开发企业自购建筑材料时，自购建材费用是否重复计算扣除项目。

（三）参照当地当期同类开发项目单位平均建安成本或当地建设部门公布的单位定额成本，验证建筑安装工程费支出是否存在异常。

（四）房地产开发企业采用自营方式自行施工建设的，还应当关注有无虚列、多列施工人工费、材料费、机械使用费等情况。

（五）建筑安装发票是否在项目所在地税务机关开具。

第二十六条 审核开发间接费用时应当重点关注：

（一）是否存在将企业行政管理部门（总部）为组织和管理生产经营活动而发生的管理费用记入开发间接费用的情形。

（二）开发间接费用是否真实发生，有无预提开发间接费用的情况，取得的凭证是否合法有效。

第二十七条 审核利息支出时应当重点关注：

（一）是否将利息支出从房地产开发成本中调整至开发费用。

（二）分期开发项目或者同时开发多个项目的，其取得的一般性贷款的利息支出，是否按照项目合理分摊。

（三）利用闲置专项借款对外投资取得收益，其收益是否冲减利息支出。

第二十八条 代收费用的审核。

对于县级以上人民政府要求房地产开发企业在售房时代收的各项费用，审核其代收费用是否计入房价并向购买方一并收取；当代收费用计入房价时，审核有无将代收费用计入加计扣除以及房地产开发费用计算基数的情形。

第二十九条 关联方交易行为的审核。

在审核收入和扣除项目时，应重点关注关联企业交易是否按照公允价值和营业常规进行业务往来。

应当关注企业大额应付款余额，审核交易行为是否真实。

第三十条 纳税人委托中介机构审核鉴证的清算项目，主管税务机关应当采取适当方法对有关鉴证报告的合法性、真实性进行审核。

第三十一条 对纳税人委托中介机构审核鉴证的清算项目，主管税务机关未采信或部分未采信鉴证报告的，应当告知其理由。

第三十二条 土地增值税清算审核结束，主管税务机关应当将审核结果书面通知纳税人，并确定办理补、退税期限。

第五章 核 定 征 收

第三十三条 在土地增值税清算过程中，发现纳税人符合核定征收条件的，应按核定征收方式对房地产项目进行清算。

第三十四条 在土地增值税清算中符合以下条件之一的，可实行核定征收。

（一）依照法律、行政法规的规定应当设置但未设置账簿的；

（二）擅自销毁账簿或者拒不提供纳税资料的；

（三）虽设置账簿，但账目混乱或者成本资料、收入凭证、费用凭证残缺不全，难以确定转让收入或扣除项目金额的；

（四）符合土地增值税清算条件，企业未按照规定的期限办理清算手续，经税务机关责令限期清算，逾期仍不清算的；

（五）申报的计税依据明显偏低，又无正当理由的。

第三十五条　符合上述核定征收条件的，由主管税务机关发出核定征收的税务事项告知书后，税务人员对房地产项目开展土地增值税核定征收核查，经主管税务机关审核合议，通知纳税人申报缴纳应补缴税款或办理退税。

第三十六条　对于分期开发的房地产项目，各期清算的方式应保持一致。

第六章　其　　他

第三十七条　土地增值税清算资料应按照档案化管理的要求，妥善保存。

第三十八条　本规程自2009年6月1日起施行，各省（自治区、直辖市、计划单列市）税务机关可结合本地实际，对本规程进行进一步细化。

附件：1. 土地增值税纳税申报表（从事房地产开发的纳税人适用）（略）
2. 各类附表（略）

20. 国家税务总局关于加强土地增值税征管工作的通知

2010年05月25日　国税发〔2010〕53号

各省、自治区、直辖市和计划单列市地方税务局，西藏、宁夏、青海省（自治区）国家税务局：

为深入贯彻《国务院关于坚决遏制部分城市房价过快上涨的通知》（国发〔2010〕10号）精神，促进房地产行业健康发展，合理调节房地产开发收益，充分发挥土地增值税调控作用，现就加强土地增值税征收管理工作通知如下：

一、统一思想认识，全面加强土地增值税征管工作

土地增值税是保障收入公平分配、促进房地产市场健康发展的有力工具。各级税务机关要认真贯彻落实国务院通知精神，高度重视土地增值税征管工作，进一步加强土地增值税清算，强化税收调节作用。

各级税务机关要在当地政府支持下，与国土资源、住房建设等有关部门协调配合，进一步加强对土地增值税征收管理工作的组织领导，强化征管手段，配备业务骨干，集中精力加强管理。要组织开展督导检查，推进本地区土地增值税清算工作开展；摸清本地区土地增值税税源状况，健全和完善房地产项目管理制度；完善土地增值税预征和清算制度，科学实施预征，全面组织清算，充分发挥土地增值税的调节作用。

还没有全面组织清算、管理比较松懈的地区，要转变观念、提高认识，将思想统一到

国发〔2010〕10号文件精神上来，坚决、全面、深入的推进本地区土地增值税清算工作，不折不扣地将国发〔2010〕10号文件精神落到实处。

二、科学合理制定预征率，加强土地增值税预征工作

预征是土地增值税征收管理工作的基础，是实现土地增值税调节功能、保障税收收入均衡入库的重要手段。各级税务机关要全面加强土地增值税的预征工作，把土地增值税预征和房地产项目管理工作结合起来，把土地增值税预征和销售不动产营业税结合起来；把预征率的调整和土地增值税清算的实际税负结合起来；把预征率的调整与房价上涨的情况结合起来，使预征率更加接近实际税负水平，改变目前部分地区存在的预征率偏低，与房价快速上涨不匹配的情况。通过科学、精细的测算，研究预征率调整与房价上涨的挂钩机制。

为了发挥土地增值税在预征阶段的调节作用，各地须对目前的预征率进行调整。除保障性住房外，东部地区省份预征率不得低于2%，中部和东北地区省份不得低于1.5%，西部地区省份不得低于1%，各地要根据不同类型房地产确定适当的预征率（地区的划分按照国务院有关文件的规定执行）。对尚未预征或暂缓预征的地区，应切实按照税收法律法规开展预征，确保土地增值税在预征阶段及时、充分发挥调节作用。

三、深入贯彻《土地增值税清算管理规程》，提高清算工作水平

土地增值税清算是纳税人应尽的法定义务。组织土地增值税清算工作是实现土地增值税调控功能的关键环节。各级税务机关要克服畏难情绪，切实加强土地增值税清算工作。要按照《土地增值税清算管理规程》的要求，结合本地实际，进一步细化操作办法，完善清算流程，严格审核房地产开发项目的收入和扣除项目，提升清算水平。有条件的地区，要充分发挥中介机构作用，提高清算效率。各地税务师管理中心要配合当地税务机关加强对中介机构的管理，对清算中弄虚作假的中介机构进行严肃惩治。

各级税务机关要全面开展土地增值税清算审核工作。要对已经达到清算条件的项目，全面进行梳理、统计，制定切实可行的工作计划，提出清算进度的具体指标；要加强土地增值税税收法规和政策的宣传辅导，加强纳税服务，要求企业及时依法进行清算，按照《土地增值税清算管理规程》的规定和时限进行申报；对未按照税收法律法规要求及时进行清算的纳税人，要依法进行处罚；对审核中发现重大疑点的，要及时移交税务稽查部门进行稽查；对涉及偷逃土地增值税税款的重大稽查案件要及时向社会公布案件处理情况。

各级税务机关要将全面推进工作和重点清算审核结合起来，按照国发〔2010〕10号文件精神，有针对性地选择3～5个定价过高、涨幅过快的项目，作为重点清算审核对象，以点带面推动本地区清算工作。

各地要在6月底前将本地区的清算工作计划（包括本地区组织企业进行清算的具体措施和年内完成的目标等内容，具体数据见附表）和重点清算项目名单上报税务总局，税务总局将就各地对重点项目的清算情况进行抽查。

四、规范核定征收，堵塞税收征管漏洞

核定征收必须严格依照税收法律法规规定的条件进行，任何单位和个人不得擅自扩大核定征收范围，严禁在清算中出现“以核定为主、一核了之”“求快图省”的做法。凡擅自将核定征收作为本地区土地增值税清算主要方式的，必须立即纠正。对确需核定征收的，要严格按照税收法律法规的要求，从严、从高确定核定征收率。为了规范核定工作，核定征收率原则上不得低于5%，各省级税务机关要结合本地实际，区分不同房地产类型制定核定征收率。

五、加强督导检查，建立问责机制

各级税务机关要按照国发〔2010〕10号文件关于建立考核问责机制的要求，把土地增值税清算工作列入年度考核内容，对清算工作开展情况和清算质量提出具体要求。要根据《国家税务总局关于进一步开展土地增值税清算工作的通知》（国税函〔2008〕318号）的要求，对清算工作开展情况进行有力的督导检查，积极推动土地增值税清算工作，提高土地增值税征管水平。国家税务总局将继续组织督导检查组，对各地土地增值税贯彻执行情况和清算工作开展情况进行系统深入的督导检查。国家税务总局已经督导检查过的地区，要针对检查中发现的问题，进行认真整改，督导检查组将对整改情况择时择地进行复查。

各省、自治区、直辖市和计划单列市地方税务局要在6月底前将本通知的贯彻落实情况向税务总局上报。

附件：土地增值税清算计划统计表（略）

二〇一〇年五月二十五日

21. 国家税务总局关于土地增值税清算有关问题的通知

2010年05月19日　国税函〔2010〕220号

各省、自治区、直辖市地方税务局，宁夏、西藏、青海省（自治区）国家税务局：

为了进一步做好土地增值税清算工作，根据《中华人民共和国土地增值税暂行条例》及其实施细则的规定，现将土地增值税清算工作中有关问题通知如下：

一、关于土地增值税清算时收入确认的问题

土地增值税清算时，已全额开具商品房销售发票的，按照发票所载金额确认收入；未开具发票或未全额开具发票的，以交易双方签订的销售合同所载的售房金额及其他收益确认收入。销售合同所载商品房面积与有关部门实际测量面积不一致，在清算前已发生补、退房款的，应在计算土地增值税时予以调整。

二、房地产开发企业未支付的质量保证金，其扣除项目金额的确定问题

房地产开发企业在工程竣工验收后，根据合同约定，扣留建筑安装施工企业一定比例的工程款，作为开发项目的质量保证金，在计算土地增值税时，建筑安装施工企业就质量保证金对房地产开发企业开具发票的，按发票所载金额予以扣除；未开具发票的，扣留的质保金不得计算扣除。

三、房地产开发费用的扣除问题

（一）财务费用中的利息支出，凡能够按转让房地产项目计算分摊并提供金融机构证明的，允许据实扣除，但最高不能超过按商业银行同类同期贷款利率计算的金额。其他房地产开发费用，在按照“取得土地使用权所支付的金额”与“房地产开发成本”金额之和的5%以内计算扣除。

（二）凡不能按转让房地产项目计算分摊利息支出或不能提供金融机构证明的，房地产开发费用在按“取得土地使用权所支付的金额”与“房地产开发成本”金额之和的10%以内计算扣除。

全部使用自有资金，没有利息支出的，按照以上方法扣除。

上述具体适用的比例按省级人民政府此前规定的比例执行。

（三）房地产开发企业既向金融机构借款，又有其他借款的，其房地产开发费用计算扣除时不能同时适用本条(一)、(二)项所述两种办法。

（四）土地增值税清算时，已经计入房地产开发成本的利息支出，应调整至财务费用中计算扣除。

四、房地产开发企业逾期开发缴纳的土地闲置费的扣除问题

房地产开发企业逾期开发缴纳的土地闲置费不得扣除。

五、房地产开发企业取得土地使用权时支付的契税的扣除问题

房地产开发企业为取得土地使用权所支付的契税，应视同“按国家统一规定交纳的有关费用”，计入“取得土地使用权所支付的金额”中扣除。

六、关于拆迁安置土地增值税计算问题

（一）房地产企业用建造的本项目房地产安置回迁户的，安置用房视同销售处理，按《国家税务总局关于房地产开发企业土地增值税清算管理有关问题的通知》(国税发〔2006〕187号)第三条第(一)款规定确认收入，同时将此确认为房地产开发项目的拆迁补偿费。房地产开发企业支付给回迁户的补差价款，计入拆迁补偿费；回迁户支付给房地产开发企业的补差价款，应抵减本项目拆迁补偿费。

（二）开发企业采取异地安置，异地安置的房屋属于自行开发建造的，房屋价值按国税发〔2006〕187号第三条第(一)款的规定计算，计入本项目的拆迁补偿费；异地安置的房屋属于购入的，以实际支付的购房支出计入拆迁补偿费。

（三）货币安置拆迁的，房地产开发企业凭合法有效凭据计入拆迁补偿费。

七、关于转让旧房准予扣除项目的加计问题

《财政部　国家税务总局关于土地增值税若干问题的通知》(财税〔2006〕21号)第二条第一款规定"纳税人转让旧房及建筑物,凡不能取得评估价格,但能提供购房发票的,经当地税务部门确认,《条例》第六条第(一)、(三)项规定的扣除项目的金额,可按发票所载金额并从购买年度起至转让年度止每年加计5%计算"。计算扣除项目时"每年"按购房发票所载日期起至售房发票开具之日止,每满12个月计一年;超过一年,未满12个月但超过6个月的,可以视同为一年。

八、土地增值税清算后应补缴的土地增值税加收滞纳金问题

纳税人按规定预缴土地增值税后,清算补缴的土地增值税,在主管税务机关规定的期限内补缴的,不加收滞纳金。

22. 国家税务总局关于进一步做好土地增值税征管工作的通知

2013年06月20日　税总发〔2013〕67号

各省、自治区、直辖市和计划单列市地方税务局;

近年来,不少地区采取措施加强土地增值税征管工作,取得了一定成效,但从总体看,土地增值税征收管理工作仍需进一步规范,特别是在土地增值税清算工作、严格审核扣除项目、减少核定征收项目等方面还需要进一步加强管理。为进一步加强土地增值税征收管理,经研究,现提出以下要求:

一、提高认识,加强组织领导

土地增值税是房地产宏观调控的重要措施,做好土地增值税征管和清算工作是贯彻依法治税要求的重要体现,各地要充分认识加强土地增值税征管工作的意义,加强组织领导,按照深化征管改革的总体要求,全面加强土地增值税征管。

各地方税务局主要领导要高度重视土地增值税工作,把此项工作列入议事日程和绩效考核内容;分管局领导要亲自抓,把土地增值税征管作为财产行为税征管的重点,切实抓紧抓好;分管处室要认真总结近年来土地增值税征管工作经验,分析存在问题,提出本地区加强征管行之有效的办法;主管税务机关要加强房地产开发项目的全流程监管,形成动态监控机制,把预征、清算和清算后管理的各项工作做扎实;房地产税收专业管理局要充分发挥专业化管理的优势,通过相关税种联动、多税种间信息比对,强化土地增值税监管,集中力量做好清算工作。

二、深入工作,着力抓好土地增值税清算

土地增值税征管是系统性工作,各环节紧密联系,预征是土地增值税工作的基础,清算是落实土地增值税功能的关键,对房地产开发项目的全流程监管是夯实税源的保障。2013年要着力抓好清算这一关键环节。一是要加强纳税服务和税收宣传,把清算的相关政策和规定宣传好、解读好，让纳税人熟悉政策，在达到清算条件后能够自行做好清算申报，使清算申报做到全覆盖、无死角。二是要对近几年积压未清算的项目进行全面清理，制定工作计划，督促企业限期自行清算，对拒不清算的要严肃处理。三是要严格执行核定征收规定，不得擅自扩大核定征收的范围，对不符合核定征收条件的，坚决不得核定征收，对符合条件、确需核定的，要根据实际情况从严确定核定征收率，不搞一刀切。四是清算审核时要严格依照政策和规定执行，不得擅自扩大扣除项目范围。

三、狠抓落实，强化督导检查

要把督导检查作为强化土地增值税征管工作的抓手，狠抓落实，对照要求、认真部署、细化方案、层层督导，确保将加强土地增值税征管工作的各项要求落到实处。税务总局在已经对 15 个省市进行督导的基础上，2013 年 7 月起还将对辽宁、黑龙江、河北、天津、四川、重庆等省市进行督导(工作方案另行下发)。

请各地于 8 月底前将 2013 年土地增值税征管工作情况、清算进度和下阶段清算安排报送国家税务总局(财产行为税司)。

特此通知。

23. 财政部　国家税务总局关于企业改制重组有关土地增值税政策的通知(已执行到期)

2015 年 02 月 02 日　财税〔2015〕5 号

各省、自治区、直辖市、计划单列市财政厅(局)、地方税务局，西藏、宁夏、青海省(自治区)国家税务局，新疆生产建设兵团财务局：

为贯彻落实《国务院关于进一步优化企业兼并重组市场环境的意见》(国发〔2014〕14 号)，现将企业在改制重组过程中涉及的土地增值税政策通知如下：

一、按照《中华人民共和国公司法》的规定，非公司制企业整体改建为有限责任公司或者股份有限公司，有限责任公司(股份有限公司)整体改建为股份有限公司(有限责任公司)。对改建前的企业将国有土地、房屋权属转移、变更到改建后的企业，暂不征土地增值税。

本通知所称整体改建是指不改变原企业的投资主体，并承继原企业权利、义务的行为。

二、按照法律规定或者合同约定，两个或两个以上企业合并为一个企业，且原企业投资主体存续的，对原企业将国有土地、房屋权属转移、变更到合并后的企业，暂不征土地增值税。

三、按照法律规定或者合同约定，企业分设为两个或两个以上与原企业投资主体相同的企业，对原企业将国有土地、房屋权属转移、变更到分立后的企业，暂不征土地增值值税。

四、单位、个人在改制重组时以国有土地、房屋进行投资，对其将国有土地、房屋权属转移、变更到被投资的企业，暂不征土地增值税。

五、上述改制重组有关土地增值税政策不适用于房地产开发企业。

六、企业改制重组后再转让国有土地使用权并申报缴纳土地增值税时，应以改制前取得该宗国有土地使用权所支付的地价款和按国家统一规定缴纳的有关费用，作为该企业“取得土地使用权所支付的金额”扣除。企业在重组改制过程中经省级以上（含省级）国土管理部门批准，国家以国有土地使用权作价出资入股的，再转让该宗国有土地使用权并申报缴纳土地增值税时，应以该宗土地作价入股时省级以上（含省级）国土管理部门批准的评估价格，作为该企业“取得土地使用权所支付的金额”扣除。办理纳税申报时，企业应提供该宗土地作价入股时省级以上（含省级）国土管理部门的批准文件和批准的评估价格，不能提供批准文件和批准的评估价格的，不得扣除。

七、企业按本通知有关规定享受相关土地增值税优惠政策的，应及时向主管税务机关提交相关房产、国有土地权证、价值证明等书面材料。

八、本通知执行期限为 2015 年 1 月 1 日至 2017 年 12 月 31 日。《财政部 国家税务总局关于土地增值税一些具体问题规定的通知》（财税字〔1995〕48 号）第一条、第三条，《财政部 国家税务总局关于土地增值税若干问题的通知》（财税〔2006〕21 号）第五条同时废止。

24. 关于营改增后契税 房产税 土地增值税 个人所得税计税依据问题的通知

2016 年 04 月 25 日　财税〔2016〕43 号

各省、自治区、直辖市、计划单列市财政厅（局）、地方税务局，西藏、宁夏、青海省（自治区）国家税务局，新疆生产建设兵团财务局：

经研究，现将营业税改征增值税后契税、房产税、土地增值税、个人所得税计税依据有关问题明确如下：

一、计征契税的成交价格不含增值税。

二、房产出租的，计征房产税的租金收入不含增值税。

三、土地增值税纳税人转让房地产取得的收入为不含增值税收入。

《中华人民共和国土地增值税暂行条例》等规定的土地增值税扣除项目涉及的增值税进项税额，允许在销项税额中计算抵扣的，不计入扣除项目，不允许在销项税额中计算抵扣的，可以计入扣除项目。

四、个人转让房屋的个人所得税应税收入不含增值税，其取得房屋时所支付价款中包含的增值税计入财产原值，计算转让所得时可扣除的税费不包括本次转让缴纳的增值税。

个人出租房屋的个人所得税应税收入不含增值税，计算房屋出租所得可扣除的税费不包括本次出租缴纳的增值税。个人转租房屋的，其向房屋出租方支付的租金及增值税额，在计算转租所得时予以扣除。

五、免征增值税的，确定计税依据时，成交价格、租金收入、转让房地产取得的收入不扣减增值税额。

六、在计征上述税种时，税务机关核定的计税价格或收入不含增值税。

本通知自2016年5月1日起执行。

25. 国家税务总局关于营改增后土地增值税若干征管规定的公告

2016年11月10日　国家税务总局公告2016年第70号

为进一步做好营改增后土地增值税征收管理工作，根据《中华人民共和国土地增值税暂行条例》及其实施细则、《财政部　国家税务总局关于营改增后契税 房产税 土地增值税 个人所得税计税依据问题的通知》(财税〔2016〕43号)等规定，现就土地增值税若干征管问题明确如下：

一、关于营改增后土地增值税应税收入确认问题

营改增后，纳税人转让房地产的土地增值税应税收入不含增值税。适用增值税一般计税方法的纳税人，其转让房地产的土地增值税应税收入不含增值税销项税额；适用简易计税方法的纳税人，其转让房地产的土地增值税应税收入不含增值税应纳税额。

为方便纳税人，简化土地增值税预征税款计算，房地产开发企业采取预收款方式销售自行开发的房地产项目的，可按照以下方法计算土地增值税预征计征依据：

土地增值税预征的计征依据＝预收款－应预缴增值税税款

二、关于营改增后视同销售房地产的土地增值税应税收入确认问题

纳税人将开发产品用于职工福利、奖励、对外投资、分配给股东或投资人、抵偿债务、换取其他单位和个人的非货币性资产等，发生所有权转移时应视同销售房地产，其收入应按照《国家税务总局关于房地产开发企业土地增值税清算管理有关问题的通知》(国税发〔2006〕187号)第三条规定执行。纳税人安置回迁户，其拆迁安置用房应税收入和扣除项目的确认，应按照《国家税务总局关于土地增值税清算有关问题的通知》(国税函〔2010〕220号)第六条规定执行。

三、关于与转让房地产有关的税金扣除问题

（一）营改增后，计算土地增值税增值额的扣除项目中“与转让房地产有关的税金”不包括增值税。

（二）营改增后，房地产开发企业实际缴纳的城市维护建设税（以下简称“城建

税”)、教育费附加,凡能够按清算项目准确计算的,允许据实扣除。凡不能按清算项目准确计算的,则按该清算项目预缴增值税时实际缴纳的城建税、教育费附加扣除。

其他转让房地产行为的城建税、教育费附加扣除比照上述规定执行。

四、关于营改增前后土地增值税清算的计算问题

房地产开发企业在营改增后进行房地产开发项目土地增值税清算时,按以下方法确定相关金额:

(一) 土地增值税应税收入=营改增前转让房地产取得的收入+营改增后转让房地产取得的不含增值税收入

(二) 与转让房地产有关的税金=营改增前实际缴纳的营业税、城建税、教育费附加+营改增后允许扣除的城建税、教育费附加

五、关于营改增后建筑安装工程费支出的发票确认问题

营改增后,土地增值税纳税人接受建筑安装服务取得的增值税发票,应按照《国家税务总局关于全面推开营业税改征增值税试点有关税收征收管理事项的公告》(国家税务总局公告 2016 年第 23 号)规定,在发票的备注栏注明建筑服务发生地县(市、区)名称及项目名称,否则不得计入土地增值税扣除项目金额。

六、关于旧房转让时的扣除计算问题

营改增后,纳税人转让旧房及建筑物,凡不能取得评估价格,但能提供购房发票的,《中华人民共和国土地增值税暂行条例》第六条第一、三项规定的扣除项目的金额按照下列方法计算:

(一) 提供的购房凭据为营改增前取得的营业税发票的,按照发票所载金额(不扣减营业税)并从购买年度起至转让年度止每年加计 5%计算。

(二) 提供的购房凭据为营改增后取得的增值税普通发票的,按照发票所载价税合计金额从购买年度起至转让年度止每年加计 5%计算。

(三) 提供的购房发票为营改增后取得的增值税专用发票的,按照发票所载不含增值税金额加上不允许抵扣的增值税进项税额之和,并从购买年度起至转让年度止每年加计 5%计算。

本公告自公布之日起施行。

特此公告。

26. 财政部　税务总局　关于继续实施企业改制重组有关土地增值税政策的通知

2018 年 5 月 16 日　财税〔2018〕57 号

各省、自治区、直辖市、计划单列市财政厅(局)、地方税务局,西藏、宁夏回族自治区国家税务局,新疆生产建设兵团财政局:

为支持企业改制重组，优化市场环境，现将继续执行企业在改制重组过程中涉及的土地增值税政策通知如下：

一、按照《中华人民共和国公司法》的规定，非公司制企业整体改制为有限责任公司或者股份有限公司，有限责任公司（股份有限公司）整体改制为股份有限公司（有限责任公司），对改制前的企业将国有土地使用权、地上的建筑物及其附着物（以下称房地产）转移、变更到改制后的企业，暂不征土地增值税。

本通知所称整体改制是指不改变原企业的投资主体，并承继原企业权利、义务的行为。

二、按照法律规定或者合同约定，两个或两个以上企业合并为一个企业，且原企业投资主体存续的，对原企业将房地产转移、变更到合并后的企业，暂不征土地增值税。

三、按照法律规定或者合同约定，企业分设为两个或两个以上与原企业投资主体相同的企业，对原企业将房地产转移、变更到分立后的企业，暂不征土地增值税。

四、单位、个人在改制重组时以房地产作价入股进行投资，对其将房地产转移、变更到被投资的企业，暂不征土地增值税。

五、上述改制重组有关土地增值税政策不适用于房地产转移任意一方为房地产开发企业的情形。

六、企业改制重组后再转让国有土地使用权并申报缴纳土地增值税时，应以改制前取得该宗国有土地使用权所支付的地价款和按国家统一规定缴纳的有关费用，作为该企业“取得土地使用权所支付的金额”扣除。企业在改制重组过程中经省级以上（含省级）国土管理部门批准，国家以国有土地使用权作价出资入股的，再转让该宗国有土地使用权并申报缴纳土地增值税时，应以该宗土地作价入股时省级以上（含省级）国土管理部门批准的评估价格，作为该企业“取得土地使用权所支付的金额”扣除。办理纳税申报时，企业应提供该宗土地作价入股时省级以上（含省级）国土管理部门的批准文件和批准的评估价格，不能提供批准文件和批准的评估价格的，不得扣除。

七、企业在申请享受上述土地增值税优惠政策时，应向主管税务机关提交房地产转移双方营业执照、改制重组协议或等效文件，相关房地产权属和价值证明、转让方改制重组前取得土地使用权所支付地价款的凭据（复印件）等书面材料。

八、本通知所称不改变原企业投资主体、投资主体相同，是指企业改制重组前后出资人不发生变动，出资人的出资比例可以发生变动；投资主体存续，是指原企业出资人必须存在于改制重组后的企业，出资人的出资比例可以发生变动。

九、本通知执行期限为 2018 年 1 月 1 日至 2020 年 12 月 31 日。

财政部　税务总局

2018 年 5 月 16 日

27.国家税务总局 关于修订土地增值税纳税申报表的通知

2016 年 7 月 7 日　税总函〔2016〕309 号

各省、自治区、直辖市和计划单列市地方税务局，西藏、宁夏回族自治区国家税务局：

为加强土地增值税规范化管理，税务总局决定修订土地增值税纳税申报表。现将修订的主要内容通知如下：

一、增加《土地增值税项目登记表》

根据《国家税务总局关于印发〈土地增值税纳税申报表〉的通知》（国税发〔1995〕090 号）规定，从事房地产开发的纳税人，应在取得土地使用权并获得房地产开发项目开工许可后，根据税务机关确定的时间，向主管税务机关报送《土地增值税项目登记表》，并在每次转让（预售）房地产时，依次填报表中规定栏目的内容。

二、土地增值税纳税申报表单修订内容

（一）根据《财政部 国家税务总局关于土地增值税一些具体问题规定的通知》（财税字〔1995〕48 号）规定，在《土地增值税纳税申报表（二）》和《土地增值税纳税申报表（五）》中增加“代收费用”栏次。

（二）根据《国家税务总局关于房地产开发企业土地增值税清算管理有关问题的通知》（国税发〔2006〕187 号）和《国家税务总局关于印发〈土地增值税清算管理规程〉的通知》（国税发〔2009〕91 号）规定，调整收入项目名称，在《土地增值税纳税申报表（一）》中增加“视同销售收入”数据列，在《土地增值税纳税申报表（二）》《土地增值税纳税申报表（四）》《土地增值税纳税申报表（五）》和《土地增值税纳税申报表（六）》中调整转让收入栏次，增加“视同销售收入”指标。

现将修订后的《土地增值税纳税申报表》（见附件）印发给你单位，请认真做好落实工作。各表单执行情况请及时反馈税务总局（财产和行为税司）。

附件：土地增值税纳税申报表（修订版）

国家税务总局

2016 年 7 月 7 日

附件
土地增值税纳税申报表（修订版）

土地增值税项目登记表

（从事房地产开发的纳税人适用）

纳税人识别号：　　　　　　　　　　纳税人名称：　　　　　　　　　　填表日期：　年　月　日

金额单位：元至角分　　　　　　　　　　　　　　　　　　　　　　　　面积单位：平方米

项目名称		项目地址		业　别	
经济性质		主管部门			
开户银行		银行账号			
地　　址		邮政编码		电　话	
土地使用权受让（行政划拨）合同号			受让（行政划拨）时间		
建设项目起讫时间		总预算成本		单位预算成本	
项目详细坐落地点					
开发土地总面积		开发建筑总面积		房地产转让合同名称	
转让次序	转让土地面积（按次填写）	转让建筑面积（按次填写）		转让合同签订日期（按次填写）	
第 1 次					
第 2 次					
……					
备注					
以下由纳税人填写：					
纳税人声明	此纳税申报表是根据《中华人民共和国土地增值税暂行条例》及其实施细则和国家有关税收规定填报的，是真实的、可靠的、完整的。				
纳税人签章		代理人签章		代理人身份证号	
以下由税务机关填写：					
受理人		受理日期	年　月　日	受理税务机关签章	

填表说明：

1. 本表适用于从事房地产开发与建设的纳税人，在立项后及每次转让时填报。
2. 凡从事新建房及配套设施开发的纳税人，均应在规定的期限内，据实向主管税务机关填报本表所列内容。
3. 本表栏目的内容如果没有，可以空置不填。
4. 纳税人在填报土地增值税项目登记表时，应同时向主管税务机关提交土地使用权受让合同、房地产转让合同等有关资料。
5. 本表一式三份，送主管税务机关审核盖章后，两份由地方税务机关留存，一份退纳税人。

土地增值税纳税申报表(一)

(从事房地产开发的纳税人预征适用)

税款所属时间： 年 月 日 至 年 月 日　　　　　　填表日期： 年 月 日

项目名称：　　　项目编号：　　　　　　　　金额单位:元至角分　面积单位:平方米

纳税人识别号

<table>
<tr><td rowspan="2">房产类型</td><td rowspan="2">房产类型子目</td><td colspan="4">收入</td><td rowspan="2">预征率(%)</td><td rowspan="2">应纳税额</td><td colspan="2">税款缴纳</td></tr>
<tr><td>应税收入</td><td>货币收入</td><td>实物收入及其他收入</td><td>视同销售收入</td><td>本期已缴税额</td><td>本期应缴税额计算</td></tr>
<tr><td></td><td>1</td><td>2=3+4+5</td><td>3</td><td>4</td><td>5</td><td>6</td><td>7=2×6</td><td>8</td><td>9=7−8</td></tr>
<tr><td>普通住宅</td><td></td><td></td><td></td><td></td><td></td><td></td><td></td><td></td><td></td></tr>
<tr><td>非普通住宅</td><td></td><td></td><td></td><td></td><td></td><td></td><td></td><td></td><td></td></tr>
<tr><td rowspan="2">其他类型房地产</td><td></td><td></td><td></td><td></td><td></td><td></td><td></td><td></td><td></td></tr>
<tr><td></td><td></td><td></td><td></td><td></td><td></td><td></td><td></td><td></td></tr>
<tr><td>合计</td><td>—</td><td></td><td></td><td></td><td></td><td>—</td><td></td><td></td><td></td></tr>
<tr><td colspan="10">以下由纳税人填写：</td></tr>
<tr><td colspan="2">纳税人声明</td><td colspan="8">此纳税申报表是根据《中华人民共和国土地增值税暂行条例》及其实施细则和国家有关税收规定填报的，是真实的、可靠的、完整的。</td></tr>
<tr><td>纳税人签章</td><td colspan="2"></td><td colspan="2">代理人签章</td><td colspan="2"></td><td colspan="2">代理人身份证号</td><td></td></tr>
<tr><td colspan="10">以下由税务机关填写：</td></tr>
<tr><td>受理人</td><td colspan="2"></td><td colspan="2">受理日期</td><td colspan="2">年 月 日</td><td colspan="2">受理税务机关签章</td><td></td></tr>
</table>

本表一式两份，一份纳税人留存，一份税务机关留存。

填表说明：

1. 本表适用于从事房地产开发并转让的土地增值税纳税人，在每次转让时填报，也可按月或按各省、自治区、直辖市和计划单列市地方税务局规定的期限汇总填报。
2. 凡从事新建房及配套设施开发的纳税人，均应在规定的期限内，据实向主管税务机关填报本表所列内容。
3. 本表栏目的内容如果没有，可以空置不填。
4. 纳税人在填报土地增值税预征申报表时，应同时向主管税务机关提交《土地增值税项目登记表》等有关资料。
5. 项目编号是在进行房地产项目登记时，税务机关按照一定的规则赋予的编号，此编号会跟随项目的预征清算全过程。
6. 表第1列“房产类型子目”是主管税务机关规定的预征率类型，每一个子目唯一对应一个房产类型。
7. 表第3栏“货币收入”，按纳税人转让房地产开发项目所取得的货币形态的收入额(不含增值税)填写。
8. 表第4栏“实物收入及其他收入”，按纳税人转让房地产开发项目所取得的实物形态的收入和无形资产等其他形式的收入额(不含增值税)填写。
9. 表第5栏“视同销售收入”，纳税人将开发产品用于职工福利、奖励、对外投资、分配给股东或投资人、抵偿债务、换取其他单位和个人的非货币性资产等，发生所有权转移时应视同销售房地产，其收入不含增值税。
10. 本表一式两份，送主管税务机关审核盖章后，一份由地方税务机关留存，一份退纳税人。

土地增值税纳税申报表(二)

(从事房地产开发的纳税人清算适用)

税款所属时间： 年 月 日至 年 月 日　　填表日期： 年 月 日

金额单位：元至角分　　面积单位：平方米

纳税人识别号

纳税人名称		项目名称		项目编号		项目地址	
所属行业		登记注册类型		纳税人地址		邮政编码	
开户银行		银行账号		主管部门		电　话	
总可售面积				自用和出租面积			
已售面积		其中：普通住宅已售面积		其中：非普通住宅已售面积		其中：其他类型房地产已售面积	

项目		行次	金额			
			普通住宅	非普通住宅	其他类型房地产	合计
一、转让房地产收入总额 1＝2＋3＋4		1				
其中	货币收入	2				
	实物收入及其他收入	3				
	视同销售收入	4				
二、扣除项目金额合计 5＝6＋7＋14＋17＋21＋22		5				
1. 取得土地使用权所支付的金额		6				
2. 房地产开发成本 7＝8＋9＋10＋11＋12＋13		7				
其中	土地征用及拆迁补偿费	8				
	前期工程费	9				
	建筑安装工程费	10				
	基础设施费	11				
	公共配套设施费	12				
	开发间接费用	13				
3. 房地产开发费用 14＝15＋16		14				
其中	利息支出	15				
	其他房地产开发费用	16				
4. 与转让房地产有关的税金等 17＝18＋19＋20		17				
其中	营业税	18				
	城市维护建设税	19				
	教育费附加	20				
5.财政部规定的其他扣除项目		21				

续表

6.代收费用			22				
三、增值额 23＝1－5			23				
四、增值额与扣除项目金额之比(％)24＝23÷5			24				
五、适用税率(％)			25				
六、速算扣除系数(％)			26				
七、应缴土地增值税税额 27＝23×25－5×26			27				
八、减免税额 28＝30＋32＋34			28				
其中	减免税(1)	减免性质代码(1)	29				
		减免税额(1)	30				
	减免税(2)	减免性质代码(2)	31				
		减免税额(2)	32				
	减免税(3)	减免性质代码(3)	33				
		减免税额(3)	34				
九、已缴土地增值税税额			35				
十、应补(退)土地增值税税额 36＝27－28－35			36				

以下由纳税人填写：					
纳税人声明	此纳税申报表是根据《中华人民共和国土地增值税暂行条例》及其实施细则和国家有关税收规定填报的，是真实的、可靠的、完整的。				
纳税人签章		代理人签章		代理人身份证号	
以下由税务机关填写：					
受理人		受理日期	年　月　日	受理税务机关签章	

本表一式两份，一份纳税人留存，一份税务机关留存。

填表说明：

一、适用范围

土地增值税纳税申报表(二)，适用从事房地产开发并转让的土地增值税纳税人。

二、土地增值税纳税申报表

(一) 表头项目

1. 税款所属期是项目预征开始的时间，截止日期是税务机关规定(通知)申报期限的最后一日(应清算项目达到清算条件起 90 天的最后一日/可清算项目税务机关通知书送达起 90 天的最后一日)。

2. 纳税人识别号：填写税务机关为纳税人确定的识别号。

3. 项目名称：填写纳税人所开发并转让的房地产开发项目全称。

4. 项目编号：是在进行房地产项目登记时，税务机关按照一定的规则赋予的编号，此编号会跟随项目的预征清算全过程。

5. 所属行业：根据《国民经济行业分类》(GB/T 4754—2011)填写。该项可由系统根据纳税人识别号自动带出，无须纳税人填写。

6. 登记注册类型：单位，根据税务登记证或组织机构代码证中登记的注册类型填写；纳税人是企业的，根据国家统计局《关于划分企业登记注册类型的规定》填写。该项可由系统根据纳税人识别号自动带出，无须纳税人填写。

7. 主管部门：按纳税人隶属的管理部门或总机构填写。外商投资企业不填。

8. 开户银行:填写纳税人开设银行账户的银行名称;如果纳税人在多个银行开户的,填写其主要经营账户的银行名称。

9. 银行账号:填写纳税人开设的银行账户的号码;如果纳税人拥有多个银行账户的,填写其主要经营账户的号码。

(二) 表中项目

1. 表第1栏"转让房地产收入总额",按纳税人在转让房地产开发项目所取得的全部收入额(不含增值税)填写。

2. 表第2栏"货币收入",按纳税人转让房地产开发项目所取得的货币形态的收入额(不含增值税)填写。

3. 表第3栏"实物收入及其他收入",按纳税人转让房地产开发项目所取得的实物形态的收入和无形资产等其他形式的收入额(不含增值税)填写。

4. 表第4栏"视同销售收入",纳税人将开发产品用于职工福利、奖励、对外投资、分配给股东或投资人、抵偿债务、换取其他单位和个人的非货币性资产等,发生所有权转移时应视同销售房地产,其收入不含增值税。

5. 表第6栏"取得土地使用权所支付的金额",按纳税人为取得该房地产开发项目所需要的土地使用权而实际支付(补交)的土地出让金(地价款)及按国家统一规定交纳的有关费用的数额填写。

6. 表第8栏至表第13栏,应根据《中华人民共和国土地增值税暂行条例实施细则》(财法字〔1995〕6号,以下简称《细则》)规定的从事房地产开发所实际发生的各项开发成本的具体数额填写。

7. 表第15栏"利息支出",按纳税人进行房地产开发实际发生的利息支出中符合《细则》第七条(三)规定的数额填写。如果不单独计算利息支出的,则本栏数额填写为"0"。

8. 表第16栏"其他房地产开发费用",应根据《细则》第七条(三)的规定填写。

9. 表第18栏至表第20栏,按纳税人转让房地产时所实际缴纳的税金数额(不包括增值税)填写。

10. 表第21栏"财政部规定的其他扣除项目",是指根据《中华人民共和国土地增值税暂行条例》(国务院令第138号,以下简称《条例》)和《细则》等有关规定所确定的财政部规定的扣除项目的合计数。

11. 表第22栏"代收费用",应根据《财政部 国家税务总局关于土地增值税一些具体问题》(财税字〔1995〕48号)规定"对于县级及县级以上人民政府要求房地产开发企业在售房时代收的各项费用,如果代收费用是计入房价中向购买方一并收取的,可作为转让房地产所取得的收入计税;如果代收费用未计入房价中,而是在房价之外单独收取的,可以不作为转让房地产的收入。对于代收费用作为转让收入计税的,在计算扣除项目金额时,可予以扣除,但不允许作为加计20%扣除的基数;对于代收费用未作为转让房地产的收入计税的,在计算增值额时不允许扣除代收费用"填写。

12. 表第25栏"适用税率",应根据《条例》规定的四级超率累进税率,按所适用的最高一级税率填写。

13. 表第26栏"速算扣除系数",应根据《细则》第十条的规定找出相关速算扣除系数来填写。

14. 表第29、31、33栏"减免性质代码":按照税务机关最新制发的减免税政策代码表中最细项减免性质代码填报。表第30、32、34栏"减免税额"填写相应"减免性质代码"对应的减免税金额,纳税人同时享受多个减免税政策应分别填写,不享受减免税的,不填写此项。

15. 表第35栏"已缴土地增值税税额",按纳税人已经缴纳的土地增值税的数额填写。

16. 表中每栏按照"普通住宅、非普通住宅、其他类型房地产"分别填写。

土地增值税纳税申报表(三)

(非从事房地产开发的纳税人适用)

税款所属时间： 年 月 日至 年 月 日　　　　填表日期： 年 月 日

金额单位:元至角分　　　　面积单位:平方米

纳税人识别号 □□□□□□□□□□□□□□□□□□□□

<table>
<tr><td>纳税人名称</td><td></td><td>项目名称</td><td></td><td>项目地址</td><td colspan="2"></td></tr>
<tr><td>所属行业</td><td></td><td>登记注册类型</td><td></td><td>纳税人地址</td><td>邮政编码</td><td></td></tr>
<tr><td>开户银行</td><td></td><td>银行账号</td><td></td><td>主管部门</td><td>电　　话</td><td></td></tr>
</table>

<table>
<tr><td colspan="3">项　　　目</td><td>行次</td><td>金　　额</td></tr>
<tr><td colspan="3">一、转让房地产收入总额　1＝2＋3＋4</td><td>1</td><td></td></tr>
<tr><td rowspan="3">其中</td><td colspan="2">货币收入</td><td>2</td><td></td></tr>
<tr><td colspan="2">实物收入</td><td>3</td><td></td></tr>
<tr><td colspan="2">其他收入</td><td>4</td><td></td></tr>
<tr><td colspan="3">二、扣除项目金额合计
(1) 5＝6＋7＋10＋15
(2) 5＝11＋12＋14＋15</td><td>5</td><td></td></tr>
<tr><td rowspan="5">(1) 提供评估价格</td><td colspan="2">1. 取得土地使用权所支付的金额</td><td>6</td><td></td></tr>
<tr><td colspan="2">2. 旧房及建筑物的评估价格 7＝8×9</td><td>7</td><td></td></tr>
<tr><td rowspan="2">其中</td><td>旧房及建筑物的重置成本价</td><td>8</td><td></td></tr>
<tr><td>成新度折扣率</td><td>9</td><td></td></tr>
<tr><td colspan="2">3. 评估费用</td><td>10</td><td></td></tr>
<tr><td rowspan="4">(2) 提供购房发票</td><td colspan="2">1. 购房发票金额</td><td>11</td><td></td></tr>
<tr><td colspan="2">2. 发票加计扣除金额 12＝11×5%×13</td><td>12</td><td></td></tr>
<tr><td colspan="2">其中:房产实际持有年数</td><td>13</td><td></td></tr>
<tr><td colspan="2">3. 购房契税</td><td>14</td><td></td></tr>
<tr><td colspan="3">4. 与转让房地产有关的税金等 15＝16＋17＋18＋19</td><td>15</td><td></td></tr>
<tr><td rowspan="4">其中</td><td colspan="2">营业税</td><td>16</td><td></td></tr>
<tr><td colspan="2">城市维护建设税</td><td>17</td><td></td></tr>
<tr><td colspan="2">印花税</td><td>18</td><td></td></tr>
<tr><td colspan="2">教育费附加</td><td>19</td><td></td></tr>
<tr><td colspan="3">三、增值额 20＝1－5</td><td>20</td><td></td></tr>
<tr><td colspan="3">四、增值额与扣除项目金额之比(%)21＝20÷5</td><td>21</td><td></td></tr>
<tr><td colspan="3">五、适用税率(%)</td><td>22</td><td></td></tr>
<tr><td colspan="3">六、速算扣除系数(%)</td><td>23</td><td></td></tr>
<tr><td colspan="3">七、应缴土地增值税税额 24＝20×22－5×23</td><td>24</td><td></td></tr>
<tr><td colspan="3">八、减免税额(减免性质代码:______________)</td><td>25</td><td></td></tr>
<tr><td colspan="3">九、已缴土地增值税税额</td><td>26</td><td></td></tr>
<tr><td colspan="3">十、应补(退)土地增值税税额　27＝24－25－26</td><td>27</td><td></td></tr>
<tr><td colspan="5">以下由纳税人填写:</td></tr>
</table>

续表

纳税人声明	此纳税申报表是根据《中华人民共和国土地增值税暂行条例》及其实施细则和国家有关税收规定填报的，是真实的、可靠的、完整的。				
纳税人签章		代理人签章		代理人身份证号	
以下由税务机关填写：					
受理人		受理日期	年　月　日	受理税务机关签章	

本表一式两份，一份纳税人留存，一份税务机关留存。

填表说明：

一、适用范围

土地增值税纳税申报表(三)适用于非从事房地产开发的纳税人。该纳税人应在签订房地产转让合同后的七日内，向房地产所在地主管税务机关填报土地增值税纳税申报表(三)。

土地增值税纳税申报表(三)还适用于以下从事房地产开发的纳税人：将开发产品转为自用、出租等用途且已达到主管税务机关旧房界定标准后，又将该旧房对外出售的。

二、土地增值税纳税申报表(三)主要项目填表说明

(一) 表头项目

1. 纳税人识别号：填写税务机关为纳税人确定的识别号。

2. 项目名称：填写纳税人转让的房地产项目全称。

3. 登记注册类型：单位，根据税务登记证或组织机构代码证中登记的注册类型填写；纳税人是企业的，根据国家统计局《关于划分企业登记注册类型的规定》填写。该项可由系统根据纳税人识别号自动带出，无须纳税人填写。

4. 所属行业：根据《国民经济行业分类》(GB/T 4754—2011)填写。该项可由系统根据纳税人识别号自动带出，无须纳税人填写。

5. 主管部门：按纳税人隶属的管理部门或总机构填写。外商投资企业不填。

(二) 表中项目

土地增值税纳税申报表(三)的各主要项目内容，应根据纳税人转让的房地产项目作为填报对象。纳税人如果同时转让两个或两个以上房地产的，应分别填报。

1. 表第1栏"转让房地产收入总额"，按纳税人转让房地产所取得的全部收入额(不含增值税)填写。

2. 表第2栏"货币收入"，按纳税人转让房地产所取得的货币形态的收入额(不含增值税)填写。

3. 表第3、4栏"实物收入""其他收入"，按纳税人转让房地产所取得的实物形态的收入和无形资产等其他形式的收入额(不含增值税)填写。

4. 表第6栏"取得土地使用权所支付的金额"，按纳税人为取得该房地产开发项目所需要的土地使用权而实际支付(补交)的土地出让金(地价款)及按国家统一规定交纳的有关费用的数额填写。

5. 表第7栏"旧房及建筑物的评估价格"，是指根据《中华人民共和国土地增值税暂行条例》(国务院令第138号，以下简称《条例》)和《中华人民共和国土地增值税暂行条例实施细则》(财法字〔1995〕6号，以下简称《细则》)等有关规定，按重置成本法评估旧房及建筑物并经当地税务机关确认的评估价格的数额。本栏由第8栏与第9栏相乘得出。如果本栏数额能够直接根据评估报告填报，则本表第8、9栏可以不必再填报。

6. 表第8栏"旧房及建筑物的重置成本价"，是指按照《条例》和《细则》规定，由政府批准设立的房地产评估机构评定的重置成本价。

7. 表第9栏"成新度折扣率"，是指按照《条例》和《细则》规定，由政府批准设立的房地产评估机构评定的旧房及建筑物的新旧程度折扣率。

8. 表第10栏"评估费用"，是指纳税人转让旧房及建筑物时因计算纳税的需要而对房地产进行评估，其支付的评估费用允许在计算增值额时予以扣除。

9. 表第11栏"购房发票金额"，区分以下情形填写：提供营业税销售不动产发票的，按发票所载金额填写；提供增值税专用发票的，按发票所载金额与不允许抵扣进项税额合计金额数填写；提供增值税普通发票的，按照发票所载价税合计金额数填写。

10. 表第12栏"发票加计扣除金额"是指购房发票金额乘以房产实际持有年数乘以5%的积数。

11. 表第13栏"房产实际持有年数"是指，按购房发票所载日期起至售房发票开具之日止，每满12个月计一年；未满12个月但超过6个月的，可以视同为一年。

12. 表第14栏"购房契税"是指购房时支付的契税。

13. 表第15栏"与转让房地产有关的税金等"为表第16栏至表第19栏的合计数。

14. 表第16栏至表第19栏，按纳税人转让房地产时实际缴纳的有关税金的数额填写。开具营业税发票的，按转让房地产时缴纳的营业税数额填写；开具增值税发票的，第16栏营业税为0。

15. 表第22栏"适用税率"，应根据《条例》规定的四级超率累进税率，按所适用的最高一级税率填写。

16. 表第23栏"速算扣除系数"，应根据《细则》第十条的规定找出相关速算扣除系数填写。

土地增值税纳税申报表(四)

(从事房地产开发的纳税人清算后尾盘销售适用)

税款所属时间：　年　月　日至　年　月　日　　　　　　　　填表日期：　年　月　日

金额单位:元至角分　　　　　　　　　　　　　　　　　　　　面积单位:平方米

纳税人识别号 | | | | | | | | | | | | | | | | | | | | |

<table>
<tr><td>纳税人名称</td><td></td><td>项目名称</td><td></td><td>项目编号</td><td></td><td>项目地址</td><td></td></tr>
<tr><td>所属行业</td><td></td><td>登记注册类型</td><td></td><td>纳税人地址</td><td></td><td>邮政编码</td><td></td></tr>
<tr><td>开户银行</td><td></td><td>银行账号</td><td></td><td>主管部门</td><td></td><td>电　话</td><td></td></tr>
</table>

<table>
<tr><td colspan="3" rowspan="2">项　　目</td><td rowspan="2">行次</td><td colspan="4">金　额</td></tr>
<tr><td>普通住宅</td><td>非普通住宅</td><td>其他类型房地产</td><td>合计</td></tr>
<tr><td colspan="3">一、转让房地产收入总额　1=2+3+4</td><td>1</td><td></td><td></td><td></td><td></td></tr>
<tr><td rowspan="3">其中</td><td colspan="2">货币收入</td><td>2</td><td></td><td></td><td></td><td></td></tr>
<tr><td colspan="2">实物收入及其他收入</td><td>3</td><td></td><td></td><td></td><td></td></tr>
<tr><td colspan="2">视同销售收入</td><td>4</td><td></td><td></td><td></td><td></td></tr>
<tr><td colspan="3">二、扣除项目金额合计</td><td>5</td><td></td><td></td><td></td><td></td></tr>
<tr><td colspan="3">三、增值额　6=1－5</td><td>6</td><td></td><td></td><td></td><td></td></tr>
<tr><td colspan="3">四、增值额与扣除项目金额之比(%)7=6÷5</td><td>7</td><td></td><td></td><td></td><td></td></tr>
<tr><td colspan="3">五、适用税率(核定征收率)(%)</td><td>8</td><td></td><td></td><td></td><td></td></tr>
<tr><td colspan="3">六、速算扣除系数(%)</td><td>9</td><td></td><td></td><td></td><td></td></tr>
<tr><td colspan="3">七、应缴土地增值税税额　10=6×8－5×9</td><td>10</td><td></td><td></td><td></td><td></td></tr>
<tr><td colspan="3">八、减免税额　11=13+15+17</td><td>11</td><td></td><td></td><td></td><td></td></tr>
<tr><td rowspan="6">其中</td><td rowspan="2">减免税(1)</td><td>减免性质代码(1)</td><td>12</td><td></td><td></td><td></td><td></td></tr>
<tr><td>减免税额(1)</td><td>13</td><td></td><td></td><td></td><td></td></tr>
<tr><td rowspan="2">减免税(2)</td><td>减免性质代码(2)</td><td>14</td><td></td><td></td><td></td><td></td></tr>
<tr><td>减免税额(2)</td><td>15</td><td></td><td></td><td></td><td></td></tr>
<tr><td rowspan="2">减免税(3)</td><td>减免性质代码(3)</td><td>16</td><td></td><td></td><td></td><td></td></tr>
<tr><td>减免税额(3)</td><td>17</td><td></td><td></td><td></td><td></td></tr>
<tr><td colspan="3">九、已缴土地增值税税额</td><td>18</td><td></td><td></td><td></td><td></td></tr>
<tr><td colspan="3">十、应补(退)土地增值税税额　19=10－11－18</td><td>19</td><td></td><td></td><td></td><td></td></tr>
</table>

<table>
<tr><td colspan="6">以下由纳税人填写：</td></tr>
<tr><td>纳税人声明</td><td colspan="5">此纳税申报表是根据《中华人民共和国土地增值税暂行条例》及其实施细则和国家有关税收规定填报的,是真实的、可靠的、完整的。</td></tr>
<tr><td>纳税人签章</td><td></td><td>代理人签章</td><td></td><td>代理人身份证号</td><td></td></tr>
<tr><td colspan="6">以下由税务机关填写：</td></tr>
<tr><td>受理人</td><td></td><td>受理日期</td><td>年　月　日</td><td>受理税务机关签章</td><td></td></tr>
</table>

本表一式两份,一份纳税人留存,一份税务机关留存。

填表说明：

一、适用范围

土地增值税纳税申报表(四)，适用于从事房地产开发与建设的纳税人，在清算后尾盘销售时填报，各行次应按不同房产类型分别填写。

二、土地增值税纳税申报表

(一) 表头项目

1. 纳税人识别号：填写税务机关为纳税人确定的识别号。

2. 项目名称：填写纳税人所开发并转让的房地产开发项目全称。

3. 项目编号：是在进行房地产项目登记时，税务机关按照一定的规则赋予的编号，此编号会跟随项目的预征清算全过程。

4. 所属行业：根据《国民经济行业分类》(GB/T 4754—2011)填写。该项可由系统根据纳税人识别号自动带出，无须纳税人填写。

5. 登记注册类型：单位，根据税务登记证或组织机构代码证中登记的注册类型填写；纳税人是企业的，根据国家统计局《关于划分企业登记注册类型的规定》填写。该项可由系统根据纳税人识别号自动带出，无须纳税人填写。

6. 主管部门：按纳税人隶属的管理部门或总机构填写。外商投资企业不填。

7. 开户银行：填写纳税人开设银行账户的银行名称；如果纳税人在多个银行开户的，填写其主要经营账户的银行名称。

8. 银行账号：填写纳税人开设的银行账户的号码；如果纳税人拥有多个银行账户的，填写其主要经营账户的号码。

(二) 表中项目

1. 表第1栏“转让房地产收入总额”，按纳税人在转让房地产开发项目所取得的全部收入额(不含增值税)填写。

2. 表第2栏“货币收入”，按纳税人转让房地产开发项目所取得的货币形态的收入额(不含增值税)填写。

3. 表第3栏“实物收入及其他收入”，按纳税人转让房地产开发项目所取得的实物形态的收入和无形资产等其他形式的收入额(不含增值税)填写。

4. 表第4栏“视同销售收入”，纳税人将开发产品用于职工福利、奖励、对外投资、分配给股东或投资人、抵偿债务、换取其他单位和个人的非货币

性资产等，发生所有权转移时应视同销售房地产，其收入不含增值税。

5. 表第5栏各类型“扣除项目金额合计”应为附表“清算后尾盘销售土地增值税扣除项目明细表”中对应的该类型扣除项目金额合计数额。

6. 表第8栏“适用税率”，应根据《中华人民共和国土地增值税暂行条例》(国务院令第138号)规定的四级超率累进税率，按所适用的最高一级税率填写。

7. 表第9栏“速算扣除系数”，应根据《中华人民共和国土地增值税暂行条例实施细则》(财法字〔1995〕6号)第十条的规定找出相关速算扣除系数来填写。

8. 表第12、14、16栏“减免性质代码”：按照税务机关最新制发的减免税政策代码表中最细项减免性质代码填报。表第13、15、17栏“减免税额”填写相应“减免性质代码”对应的减免税金额，纳税人同时享受多个减免税政策应分别填写，不享受减免税的，不填写此项。

9. 表第18栏“已缴土地增值税税额”，按纳税人已经缴纳的土地增值税的数额填写。

10. 表中每栏按照“普通住宅、非普通住宅、其他类型房地产”分别填写。

附表

清算后尾盘销售土地增值税扣除项目明细表

纳税人名称：

税款所属期：自　年　月　日至　年　月　日　　　　填表日期：　年　月　日

金额单位：元至角分　　　　面积单位：平方米

纳税人识别号 | | | | | | | | | | | | | | | | | | | | |

<table>
<tr><td>纳税人名称</td><td></td><td>项目名称</td><td colspan="2"></td><td>项目编号</td><td></td><td>项目地址</td><td></td></tr>
<tr><td>所属行业</td><td></td><td>登记注册类型</td><td colspan="2"></td><td>纳税人地址</td><td></td><td>邮政编码</td><td></td></tr>
<tr><td>开户银行</td><td></td><td>银行账号</td><td colspan="2"></td><td>主管部门</td><td></td><td>电　话</td><td></td></tr>
<tr><td>项目总可售面积</td><td></td><td>清算时已售面积</td><td colspan="2"></td><td>清算后剩余可售面积</td><td></td><td></td><td></td></tr>
<tr><td colspan="2">项　目</td><td>行　次</td><td colspan="2">普通住宅</td><td colspan="2">非普通住宅</td><td>其他类型房地产</td><td>合　计</td></tr>
<tr><td colspan="2">本次清算后尾盘销售的销售面积</td><td>1</td><td colspan="2"></td><td colspan="2"></td><td></td><td></td></tr>
<tr><td colspan="2">单位成本费用</td><td>2</td><td colspan="2"></td><td colspan="2"></td><td></td><td>—</td></tr>
<tr><td colspan="2">扣除项目金额合计
3=1×2</td><td>3</td><td colspan="2"></td><td colspan="2"></td><td></td><td>—</td></tr>
<tr><td>本次与转让房地产有关的营业税</td><td></td><td>本次与转让房地产有关的城市维护建设税</td><td colspan="2"></td><td>本次与转让房地产有关的教育费附加</td><td colspan="3"></td></tr>
<tr><td colspan="9">以下由纳税人填写：</td></tr>
<tr><td>纳税人声明</td><td colspan="8">此纳税申报表是根据《中华人民共和国土地增值税暂行条例》及其实施细则和国家有关税收规定填报的，是真实的、可靠的、完整的。</td></tr>
<tr><td>纳税人签章</td><td></td><td>代理人签章</td><td></td><td colspan="2">代理人身份证号</td><td colspan="3"></td></tr>
<tr><td colspan="9">以下由税务机关填写：</td></tr>
<tr><td>受理人</td><td></td><td>受理日期</td><td>年　月　日</td><td colspan="2">受理税务机关签章</td><td colspan="3"></td></tr>
</table>

填表说明：

1. 本表适用于从事房地产开发与建设的纳税人，在清算后尾盘销售时填报。
2. 项目总可售面积应与纳税人清算时填报的总可售面积一致。
3. 清算时已售面积应与纳税人清算时填报的已售面积一致。
4. 清算后剩余可售面积=项目总可售面积－清算时已售面积。
5. 本表一式两份，送主管税务机关审核盖章后，一份由地方税务机关留存，一份退纳税人。

土地增值税纳税申报表(五)

(从事房地产开发的纳税人清算方式为核定征收适用)

税款所属时间： 年 月 日至 年 月 日　　　　填表日期： 年 月 日

金额单位:元至角分　　　　面积单位:平方米

纳税人识别号 □□□□□□□□□□□□□□□□□□□□

纳税人名称		项目名称		项目编号		项目地址	
所属行业		登记注册类型		纳税人地址		邮政编码	
开户银行		银行账号		主管部门		电　话	

项　目		行次	金　额			
			普通住宅	非普通住宅	其他类型房地产	合计
一、转让房地产收入总额		1				
其中	货币收入	2				
	实物收入及其他收入	3				
	视同销售收入	4				
二、扣除项目金额合计		5				
1. 取得土地使用权所支付的金额		6				
2. 房地产开发成本		7				
其中	土地征用及拆迁补偿费	8				
	前期工程费	9				
	建筑安装工程费	10				
	基础设施费	11				
	公共配套设施费	12				
	开发间接费用	13				
3. 房地产开发费用		14				
其中	利息支出	15				
	其他房地产开发费用	16				
4. 与转让房地产有关的税金等		17				
其中	营业税	18				
	城市维护建设税	19				
	教育费附加	20				
5. 财政部规定的其他扣除项目		21				
6. 代收费用		22				
三、增值额		23				
四、增值额与扣除项目金额之比(%)		24				

续表

五、适用税率(核定征收率)(%)			25				
六、速算扣除系数(%)			26				
七、应缴土地增值税税额			27				
八、减免税额 28=30+32+34			28				
其中	减免税(1)	减免性质代码(1)	29				
		减免税额(1)	30				
	减免税(2)	减免性质代码(2)	31				
		减免税额(2)	32				
	减免税(3)	减免性质代码(3)	33				
		减免税额(3)	34				
九、已缴土地增值税税额			35				
十、应补(退)土地增值税税额 36=27-28-35			36				

以下由纳税人填写:					
纳税人声明	此纳税申报表是根据《中华人民共和国土地增值税暂行条例》及其实施细则和国家有关税收规定填报的,是真实的、可靠的、完整的。				
纳税人签章		代理人签章		代理人身份证号	
以下由税务机关填写:					
受理人		受理日期	年　月　日	受理税务机关签章	

本表一式两份,一份纳税人留存,一份税务机关留存。

填表说明:

一、适用范围

土地增值税纳税申报表(五),适用于从事房地产开发与建设的纳税人,清算方式为核定征收时填报,各行次应按不同房产类型分别填写。纳税人在填报土地增值税纳税申报表(五)时,应同时提交税务机关出具的核定文书。

二、土地增值税纳税申报表

(一) 表头项目

1. 纳税人识别号:填写税务机关为纳税人确定的识别号。

2. 项目名称:填写纳税人所开发并转让的房地产开发项目全称。

3. 项目编号:是在进行房地产项目登记时,税务机关按照一定的规则赋予的编号,此编号会跟随项目的预征清算全过程。

4. 所属行业:根据《国民经济行业分类》(GB/T 4754—2011)填写。该项可由系统根据纳税人识别号自动带出,无须纳税人填写。

5. 登记注册类型:单位,根据税务登记证或组织机构代码证中登记的注册类型填写;纳税人是企业的,根据国家统计局《关于划分企业登记注册类型的规定》填写。该项可由系统根据纳税人识别号自动带出,无须纳税人填写。

6. 主管部门:按纳税人隶属的管理部门或总机构填写。外商投资企业不填。

7. 开户银行:填写纳税人开设银行账户的银行名称;如果纳税人在多个银行开户的,填写其主要经营账户的银行名称。

8. 银行账号:填写纳税人开设的银行账户的号码;如果纳税人拥有多个银行账户的,填写其主要经营账户的号码。

(二) 表中项目按税务机关出具的核定文书要求填写。

土地增值税纳税申报表(六)

(纳税人整体转让在建工程适用)

税款所属时间： 年 月 日至 年 月 日　　填表日期： 年 月 日

金额单位:元至角分　　面积单位:平方米

纳税人识别号 | | | | | | | | | | | | | | | | | | | |

纳税人名称		项目名称		项目编号		项目地址	
所属行业		登记注册类型		纳税人地址		邮政编码	
开户银行		银行账号		主管部门		电　话	

项　目		行次	金　额
一、转让房地产收入总额 1=2+3+4		1	
其中	货币收入	2	
	实物收入及其他收入	3	
	视同销售收入	4	
二、扣除项目金额合计 5=6+7+14+17+21		5	
1. 取得土地使用权所支付的金额		6	
2. 房地产开发成本 7=8+9+10+11+12+13		7	
其中	土地征用及拆迁补偿费	8	
	前期工程费	9	
	建筑安装工程费	10	
	基础设施费	11	
	公共配套设施费	12	
	开发间接费用	13	
3. 房地产开发费用 14=15+16		14	
其中	利息支出	15	
	其他房地产开发费用	16	
4. 与转让房地产有关的税金等 17=18+19+20		17	
其中	营业税	18	
	城市维护建设税	19	
	教育费附加	20	
5. 财政部规定的其他扣除项目		21	
三、增值额 22=1−5		22	
四、增值额与扣除项目金额之比(%)23=22÷5		23	
五、适用税率(核定征收率)(%)		24	
六、速算扣除系数(%)		25	
七、应缴土地增值税税额 26=22×24−5×25		26	
八、减免税额(减免性质代码:________)		27	
九、已缴土地增值税税额		28	
十、应补(退)土地增值税税额 29=26−27−28		29	

续表

<table>
<tr><td colspan="6">以下由纳税人填写：</td></tr>
<tr><td>纳税人声明</td><td colspan="5">此纳税申报表是根据《中华人民共和国土地增值税暂行条例》及其实施细则和国家有关税收规定填报的，是真实的、可靠的、完整的。</td></tr>
<tr><td>纳税人签章</td><td></td><td>代理人签章</td><td></td><td>代理人
身份证号</td><td></td></tr>
<tr><td colspan="6">以下由税务机关填写：</td></tr>
<tr><td>受理人</td><td></td><td>受理日期</td><td>年　月　日</td><td>受理税务
机关签章</td><td></td></tr>
</table>

填表说明：

一、适用范围

土地增值税纳税申报表(六)，适用于从事房地产开发与建设的纳税人，及非从事房地产开发的纳税人，在整体转让在建工程时填报，数据应填列至其他类型房地产类型中。

二、土地增值税纳税申报表

(一) 表头项目

1. 纳税人识别号：填写税务机关为纳税人确定的识别号。

2. 项目名称：填写纳税人所开发并转让的房地产开发项目全称。

3. 项目编号：是在进行房地产项目登记时，税务机关按照一定的规则赋予的编号，此编号会跟随项目的预征清算全过程。

4. 所属行业：根据《国民经济行业分类》(GB/T 4754—2011)填写。该项可由系统根据纳税人识别号自动带出，无须纳税人填写。

5. 登记注册类型：单位，根据税务登记证或组织机构代码证中登记的注册类型填写；纳税人是企业的，根据国家统计局《关于划分企业登记注册类型的规定》填写。该项可由系统根据纳税人识别号自动带出，无须纳税人填写。

6. 主管部门：按纳税人隶属的管理部门或总机构填写。外商投资企业不填。

7. 开户银行：填写纳税人开设银行账户的银行名称；如果纳税人在多个银行开户的，填写其主要经营账户的银行名称。

8. 银行账号：填写纳税人开设的银行账户的号码；如果纳税人拥有多个银行账户的，填写其主要经营账户的号码。

(二) 表中项目

1. 表第1栏"转让房地产收入总额"，按纳税人在转让房地产开发项目所取得的全部收入额(不含增值税)填写。

2. 表第2栏"货币收入"，按纳税人转让房地产开发项目所取得的货币形态的收入额(不含增值税)填写。

3. 表第3栏"实物收入及其他收入"，按纳税人转让房地产开发项目所取得的实物形态的收入和无形资产等其他形式的收入额(不含增值税)填写。

4. 表第4栏"视同销售收入"，纳税人将开发产品用于职工福利、奖励、对外投资、分配给股东或投资人、抵偿债务、换取其他单位和个人的非货币

性资产等，发生所有权转移时应视同销售房地产，其收入不含增值税。

5. 表第6栏"取得土地使用权所支付的金额"，按纳税人为取得该房地产开发项目所需要的土地使用权而实际支付(补交)的土地出让金(地价款)及按国家统一规定交纳的有关费用的数额填写。

6. 表第8栏至表第13栏，应根据《中华人民共和国土地增值税暂行条例实施细则》(财法字〔1995〕6号，以下简称《细则》)规定的从事房地产开发所实际发生的各项开发成本的具体数额填写。

7. 表第15栏"利息支出"，按纳税人进行房地产开发实际发生的利息支出中符合《细则》第七条(三)规定的数额填写。如果不单独计算利息支出的，则本栏数额填写为"0"。

8. 表第16栏"其他房地产开发费用"，应根据《细则》第七条(三)的规定填写。

9. 表第18栏至表第20栏，按纳税人转让房地产时所实际缴纳的税金数额(不包括增值税)填写。

10. 表第21栏"财政部规定的其他扣除项目"，是指根据《中华人民共和国土地增值税暂行条例》(国务院令第138号，以下简称《条例》)和《细则》等有关规定所确定的财政部规定的扣除项目的合计数。

11. 表第24栏"适用税率"，应根据《条例》规定的四级超率累进税率，按所适用的最高一级税率填写。

12. 表第25栏"速算扣除系数"，应根据《细则》第十条的规定找出相关速算扣除系数来填写。

13. 表第27栏"减免性质代码"：按照税务机关最新制发的减免税政策代码表中的最细项减免性质代码填报。

14. 表第28栏"已缴土地增值税税额"，按纳税人已经缴纳的土地增值税的数额填写。

15. 数据应填列至其他类型房地产类型中。

土地增值税纳税申报表(七)

(非从事房地产开发的纳税人核定征收适用)

税款所属时间： 年 月 日至 年 月 日　　　　填表日期： 年 月 日

金额单位：元至角分　　　　面积单位：平方米

纳税人识别号 | | | | | | | | | | | | | | | | | | | |

纳税人名称		项目名称		项目编号		项目地址	
所属行业		登记注册类型		纳税人地址		邮政编码	
开户银行		银行账号		主管部门		电　话	

项　　目				行次	金　额
一、转让房地产收入总额				1	
其中	货币收入			2	
	实物收入			3	
	其他收入			4	
二、扣除项目金额合计				5	
(1) 提供评估价格	1. 取得土地使用权所支付的金额			6	
	2. 旧房及建筑物的评估价格			7	
	其中	旧房及建筑物的重置成本价		8	
		成新度折扣率		9	
	3. 评估费用			10	
(2) 提供购房发票	1. 购房发票金额			11	
	2. 发票加计扣除金额			12	
	其中：房产实际持有年数			13	
	3. 购房契税			14	
	4. 与转让房地产有关的税金等			15	
其中	营业税			16	
	城市维护建设税			17	
	印花税			18	
	教育费附加			19	
三、增值额				20	
四、增值额与扣除项目金额之比(%)				21	
五、适用税率(核定征收率)(%)				22	
六、速算扣除系数(%)				23	
七、应缴土地增值税税额				24	
八、减免税额(减免性质代码：)				25	
九、已缴土地增值税税额				26	
十、应补(退)土地增值税税额 27＝24－25－26				27	
以下由纳税人填写：					

续 表

<table>
<tr><td>纳税人声明</td><td colspan="5">此纳税申报表是根据《中华人民共和国土地增值税暂行条例》及其实施细则和国家有关税收规定填报的，是真实的、可靠的、完整的。</td></tr>
<tr><td>纳税人签章</td><td></td><td>代理人签章</td><td></td><td>代理人
身份证号</td><td></td></tr>
<tr><td colspan="6">以下由税务机关填写：</td></tr>
<tr><td>受理人</td><td></td><td>受理日期</td><td>年　月　日</td><td>受理税务机关
签章</td><td></td></tr>
</table>

本表一式两份，一份纳税人留存，一份税务机关留存。

填表说明：

一、适用范围

土地增值税纳税申报表(七)适用于非从事房地产开发的纳税人，清算方式为核定征收时填报。该纳税人应在签订房地产转让合同后的七日内，向房地产所在地主管税务机关填报土地增值税纳税申报表(七)。

土地增值税纳税申报表(七)还适用于以下从事房地产开发的纳税人核定征收时填报：将开发产品转为自用、出租等用途且已达到主管税务机关旧房界定标准后，又将该旧房对外出售的。

纳税人在填报土地增值税纳税申报表(七)时，应同时提交税务机关出具的核定文书。

二、土地增值税纳税申报表(七)主要项目填表说明

(一) 表头项目

1. 纳税人识别号：填写税务机关为纳税人确定的识别号。

2. 项目名称：填写纳税人转让的房地产项目全称。

3. 登记注册类型：单位，根据税务登记证或组织机构代码证中登记的注册类型填写；纳税人是企业的，根据国家统计局《关于划分企业登记注册类型的规定》填写。该项可由系统根据纳税人识别号自动带出，无须纳税人填写。

4. 所属行业：根据《国民经济行业分类》(GB/T 4754—2011)填写。该项可由系统根据纳税人识别号自动带出，无须纳税人填写。

5. 主管部门：按纳税人隶属的管理部门或总机构填写。外商投资企业不填。

(二) 表中项目按税务机关出具的核定文书要求填写。